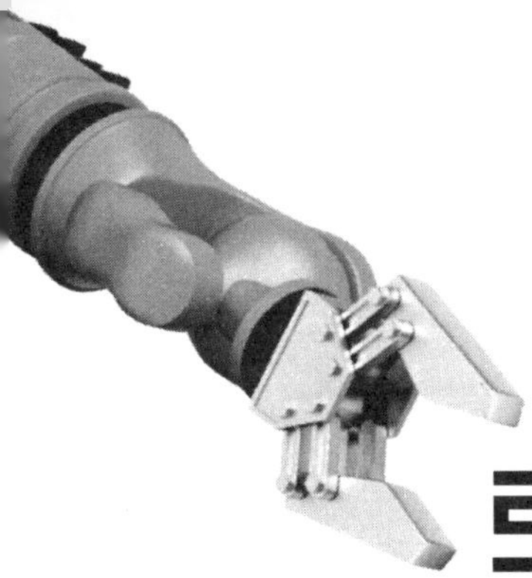

# 로봇 제어를 위한 AVR128 인터페이스용 VHDL 컴포넌트 설계

## MBPT-2000을 이용한 컴포넌트 기반의 VHDL 실습

박 세 현 지음

VHDL을 이용하여 설계 할 수 있는 다양한 컴포넌트들에 대한 설계서를 마련하였디. 다양한 컴보넌트들은 Atmega 128에 BUS 인터페이스할 수 있게 하였다. 그리고 디지털 설계에 필요한 기본적 컴포넌트 설계에서부터 복잡한 컴포넌트설계까지 VHDL의 다양한 응용과 적용 기법을 배울 수 있다.

도서출판 그린

# Preface

현재 대부분의 디지털 시스템의 설계는 고성능 마이크로프로세서를 중심으로 주변 로직과 전용 응용 칩으로 인터페이스되어 있으며 주변 로직과 전용 응용 칩은 FPGA(Field Programmable Gate Array)나 CPLD(Complex Programmable Logic Device)을 사용하여 VHDL로 설계한다. VHDL로 설계된 각종 주변 로직과 전용 칩로 이루어진 컴포넌트들은 독립적으로 사용되는 경우는 적으며 주로 고성능 마이크로프로세서에 인터페이스되어 사용된다.

지금까지의 VHDL을 소개한 책들에서는 주로 기본 이론이나 기본 설계 개념에서 국한되어 있어 마이크로프로세서 시스템 설계에서 실제 인터페이스 할 수 있는 주변 로직과 전용 칩 컴포넌트들의 설계에 대한 기술서는 전무하다.

본서에는 맨엔텔(주)의 디지털 설계 키트 MBPT-2000의 도움으로 디지털 시스템 설계자가 VHDL을 이용하여 설계 할 수 다양한 컴포넌트들에 대한 설계서를 마련하였다. 본서에 설계한 다양한 컴포넌트들은 ALTERA의 VHDL 설계툴과 cyclonc 칩을 사용하여 설계한 것이다. 그리고 본서에는 설계된 다양한 컴포넌트들은 시중에서 가장 많이 사용하고 있는 마이크로프로세서 Atmega 128에 BUS 인터페이스 할 수 있는 컴포넌트로 구현하였다. 즉 VHDL 컴포넌트들을 포트(PORT)에 연결한 것과 달리 BUS 인터페이스된 컴포넌트들은 Atmega 128과 독립적으로 동작하면서 Atmega 128의 새로운 포트인 것처럼 데이터를 교환한다.

ALTERA의 cyclone 칩 내부에도 NIOS와 같은 소프트웨어 코어를 사용하여 마이크로프로세서를 구현 가능하다. 그러나 본서에 NIOSII을 사용하지 않은 이유는 다음과 같다.

먼저 Atmega 128은 NIOSII와 달리 현재 가장 범용적으로 사용되는 마이크로프로세서이다. Atmega 128은 사용 빈도가 많은 것이 큰 장점이며 이것은 Atmega 128의 설계에 부여된 시간과 노력이 회수 될 수 있다는 의미가 된다. 그러나 NIOSII 경우 아직 시장이 형성되기 위해 시간이 필요하다. 그리고 NIOSII는 ALTERA FPGA의 내부에 소프트웨어 코어로 구현되는 장점이 있지만 FPGA와 별도로 NIOSII을 위한 주변 로직 즉 Flash 메모리, SRAM, DRAM 등이 요구는 단점이 있다. Atmega 128 경우 FPGA와 Atmega 128만 사용하면 된다. 즉 Atmega 128의 경우에는 칩 내부에 Flash 메모리 SRAM, IO등이 존재하여 FPGA에 단독으로 인터페이스 할 수 있지만 NIOSII 경우에는 NIOSII 수행을 위한 프로그램과 데이터를 저장하기 위한 여분의 하드웨어 인터페이스들이 요구되므로 NIOSII 로 설계하였을 때 하드웨어 비용이 많이 드는 단점이 있다.

더군다나 Atmega 128 설계 툴과 Atmega 128 C 언어에 익숙한 설계자라면 새롭게 배워야하는 NIOSII 설계 툴과 NIOSII C 언어에 대한 부담이 없는 장점이 있다.

본서에서는 VHDL을 이용하여 설계 할 수 있는 다양한 컴포넌트들에 대한 설계서를 마련하였다. 다양한 컴포넌트들은 Atmega 128에 BUS 인터페이스할 수 있게 하였다. 그리고 본서는 디지털 설계에 필요한 기본적 컴포넌트 설계에서부터 복잡한 컴포넌트설계까지 VHDL의 다양한 응용과 적용 기법을 배울 수가 있다.

특히 본서에서는 로봇 제어를 한 기본적 컴포넌트들에 대한 설계 지침을 마련되어 있어 로봇 설계할 시 많은 참고가 될 수 있다. 일반적으로 마이크로프로세서의 Port 인터페이스만으로 로봇을 제어 할 시 마이크로프로세서의 프로그램의 부하가 많아질 수 있다. 그러나 주변 컴포넌트들을 Bus 인트페이스하게 되면 많은 IO 기능들을 컴포넌트들에 의해 독립적으로 수행함으로 마이크로프로세서의 프로그램 수행 부담이 경감되고 효과적인 프로그램 설계가 가능하여 진다.

본서에서는 VHDL 이론과 더불어 수업할 수 있는 디지털 시스템 컴포넌트들에 대한 설계 위주의 실습서이다. 본 실습을 통하여 공고생, 전문대생, 학부 3· 4학년의 디지털 설계 및 실습, VLSI 설계 및 실습, 컴퓨터 구조 및 실습 등과 같은 과목의 강좌에 사용될 수 있으며 대학이나 대학원 및 연구소의 VHDL의 컴포넌트 구현의 지침서로서 사용될 수 있다.

마지막으로 본서의 저술에 많은 도움을 주신 분들에게 이 자리를 빌어 충심으로 감사드립니다. 특히 본서의 출간과 많은 도움을 주신 맨엔텔 정 광욱 사장님과 맨엔텔 김대희 박사님께 감사드립니다. 그리고 본서를 내기까지 실험실에서 설계된 VHDL의 컴포넌트들을 맨엔텔 디지털 실험 키트 MBPT-2000에 하나 하나 검증을 통해 본서의 문장를 교정해준 이 석재군을 이 자리를 빌어 진심으로 감사드린다.

저자 씀

# Contents

# 실험 제목 : VHDL 기본 입·출력

**실험 목적 :** 조합 논리 회로와 순서논리회로의 차이를 알아보고 스위치와 LED를 이용하여 VHDL시스템 디자인을 위한 기본 설계툴을 배운다.

**기초 지식 :** VHDL 기본 이론.

**자　　료 :** 설치 및 준비 사항 : Quartus II(9.0이상) 설치, Cyclone I

**실험 절차 :** ① Quartus II(9.0이상) 설치.
② VHDL설계.
③ 다운 로드.

# Ⅰ. 실험 실습

## 1. 실험 절차

QuartusⅡ에 의한 VHDL설계는 다음의 그림과 같은 절차로 수행된다. 먼저 프로젝트를 생성 하여야 하는데 New Project Wizard…를 클릭해주면 아래 붉은색 네모박스와 같은 창이 뜬다. 그 다음 초록색 선이 그어져 있는 곳에 새로운 프로젝트를 담을 폴더를 생성해주고 파란색 선이 그어져 있는 곳에 프로젝트 이름을 입력을 하면 된다.

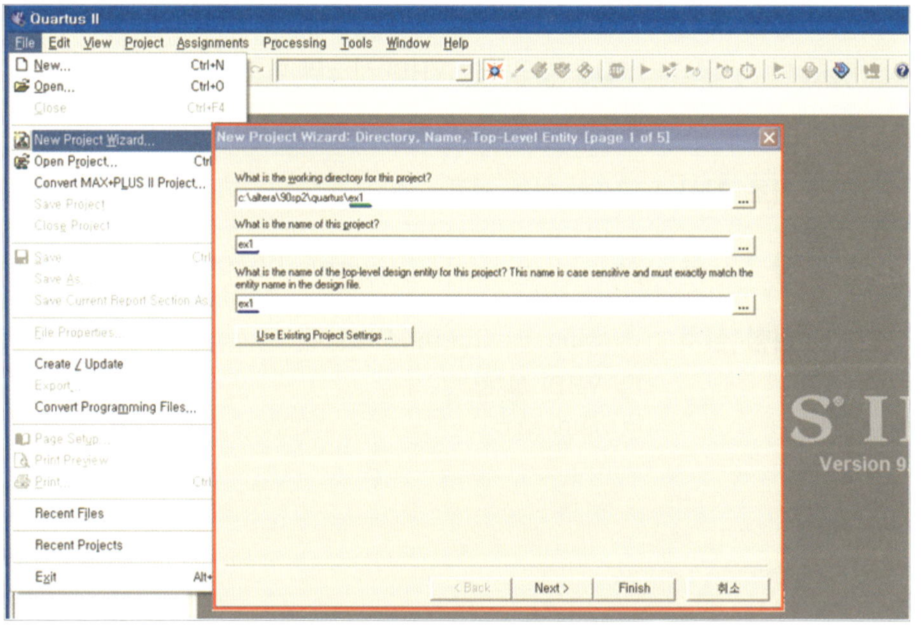


[그림 1.1] 프로젝트 만들기

다음은 사용할 디바이스를 설정해 줘야 한다. 우선 붉은색 선이 그어져있는 부분을 선택해서 Device집단에서 실제 사용될 디바이스 이름인 CycloneⅠ를 선택해주고 CycloneⅠ에 맞는 디바이스의 종류를 파란색 선이 그어져있는 부분처럼 설정한다. 그리고 Next ➜ Next 후에 Finish버튼을 눌러주면 된다.

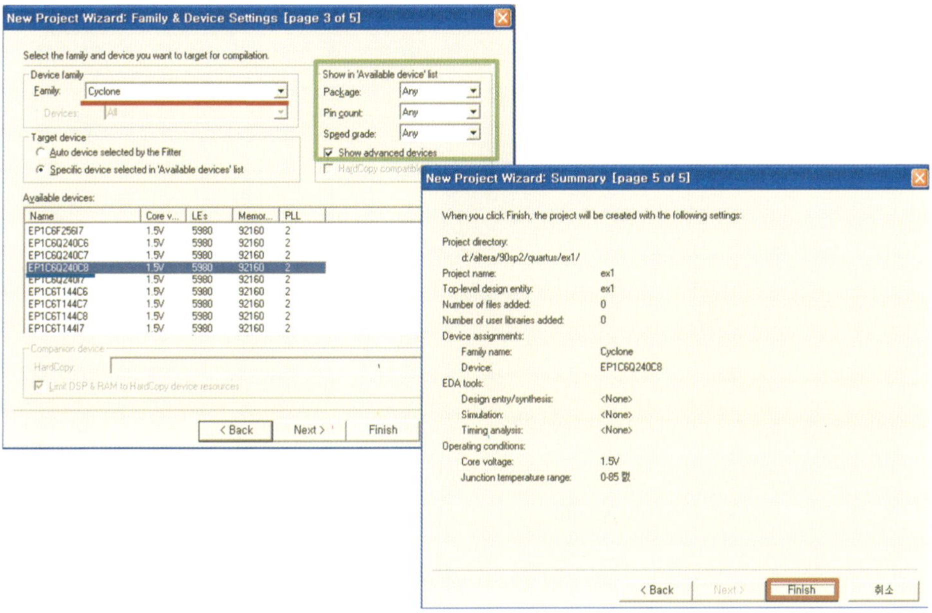


[그림 1.2] 디바이스 설정 (Cyclone – EP1C6Q240C8)

VHDL설계 파일을 생성하는 방법은 붉은색 네모가 그려져 있는 새 파일을 선택한 후 그 아래에 초록색 네모가 그려져 있는 VHDL File을 선택해준다.

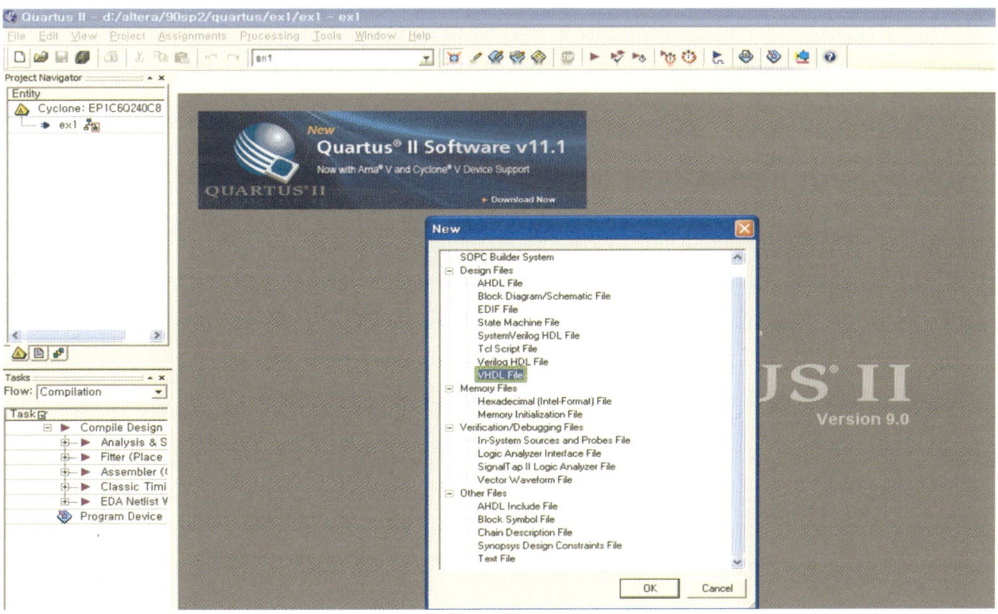


[그림 1.3] VHDL파일 생성

VHDL File을 선택했으면 [그림 1.4]처럼 프로그램을 작성해준 뒤 컴파일을 한다.

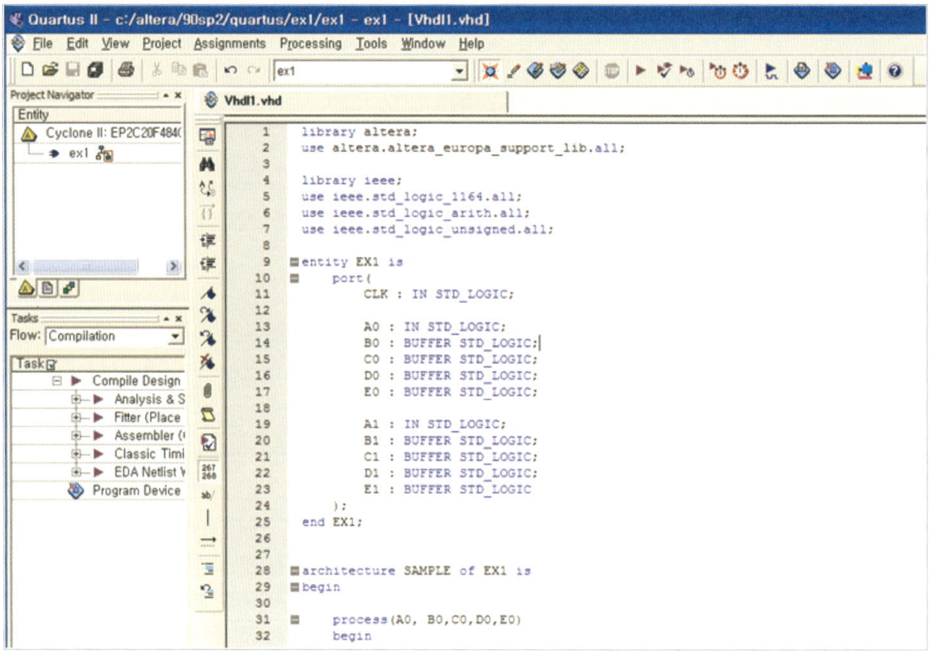


[그림 1.4] VHDL소스 작성 및 컴파일

프로그램을 작성하고 컴파일을 한 후 VHDL의 entity에 해당하는 핀을 설정한다. 핀을 설정하기 위해 Pin planner에 들어서 아래 붉은색 네모에 보이는 것처럼 entity에 해당하는 노드 이름이 나열되고 거기에 파란색 네모에서 보이는 것처럼 적절한 핀을 넣어 주면 된다.

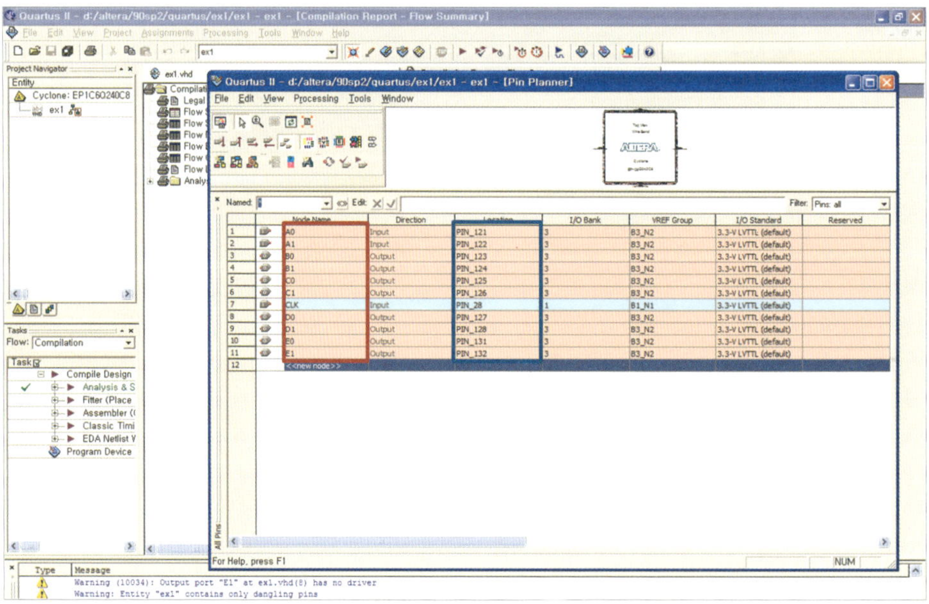


[그림 1.5] 핀 설정

그 다음으로 핀의 세부 옵션, 즉 Pin Option을 설정한다. 이것은 Device and Pin Option을 선택한 후 Device and Pin Option에서 Unused Pins를 선택하여(좌측 위 붉은색 네모) 아래의 붉은색 네모처럼 input tri-stated로 설정해준다. 그리고 configuration을 선택하여(위쪽 파란색 네모) Active serial을 선택한 뒤 Configuration device를 보드에 달려있는 EPCS1을 선택해주고 OK버튼을 눌러주면 된다.

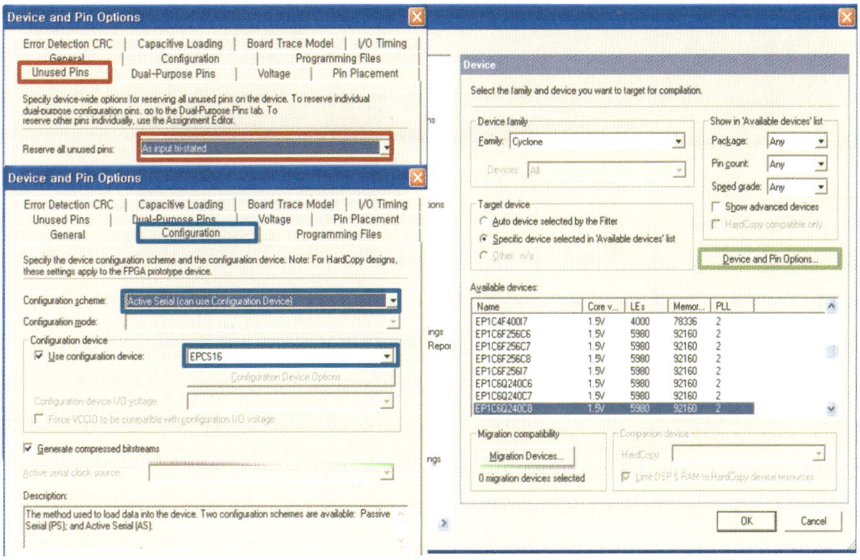


[그림 1.6] 디바이스 설정

이상과 같이 설정이 끝났으면 컴파일을 다시 해준다. 그러면 컴파일을 성공했다는 메시지가 뜨게 된다.

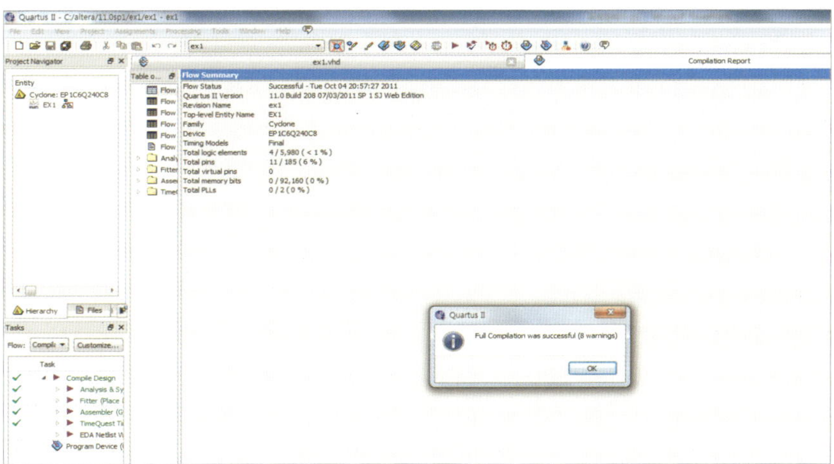


[그림 1.7] 컴파일

컴파일이 끝났으면 컴파일된 VHDL 파일을 디바이스에 프로그램 하여야 한다. 프로그램 하기 위해서 파란색 네모가 그려져 있는 Programmer버튼을 눌러 초록색 네모가 그려져 있는 창을 띄운다. 붉은색 네모가 그려져 있는 Hardware Setup을 눌러 붉은색 선으로 표시한 것처럼 USB-Blaster를 선택해 준다.

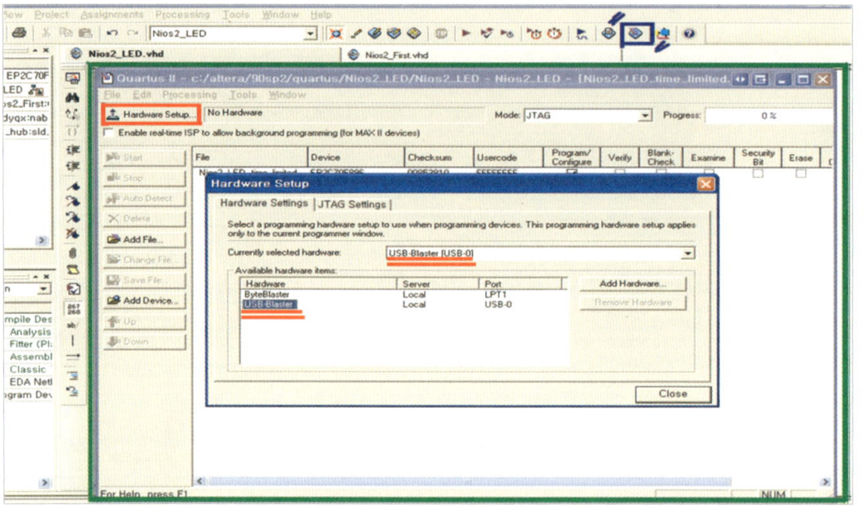

[그림 1.8] 하드웨어 설정

Hardware Setup이 끝났으면 노란색 네모로 표시된 Add File…을 선택한 후 컴파일된 VHDL파일과 같은 이름의 POF파일을 선택한다. 그리고 선택된 디바이스가 제대로 설정되었는지 그리고 Program/Configure에 체크가 되어 있는지 확인한 후 Start버튼을 클릭하여 다운로드 해주면 된다. 정상적으로 다운로드가 완료되었다면 Progress에 100%가 표시된다.

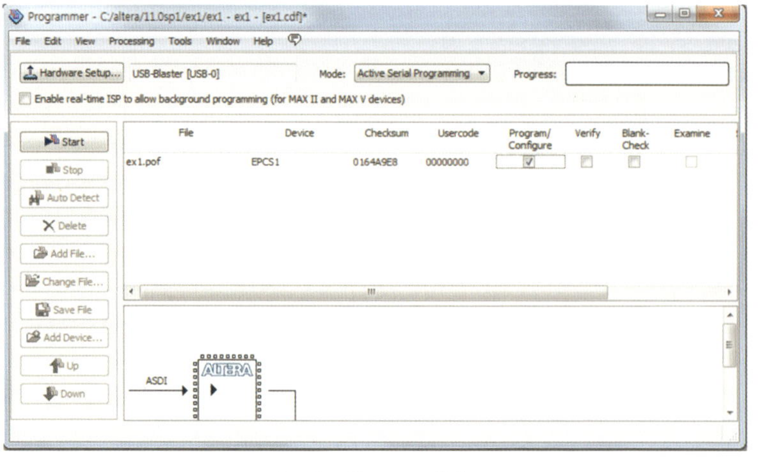

[그림 1.9] 프로그래밍

## 1-1 SIGNALTAP 사용법

Quartus II에서는 JTAG을 사용하여 Logic Analyzer기능을 갖추고 있다. FPGA의 하드웨어를 검증하기 위해서는 시그널탭을 사용하면 매우 편리하다. 일단 VHDL을 컴파일하고 이를 FPGA에 다운로드한 뒤 FPGA를 동작하면 그 결과를 시그널탭에서 확인할 수 있다.

앞서 다운로드된 VHDL파일을 검증하기 위해서 다음과 같은 절차로 시그널탭을 사용할 수 있다.

시그널탭을 사용하기 위해 메뉴 상에서 Tools를 선택한 후 SignaltapII Logic Analyzer를 선택한다.

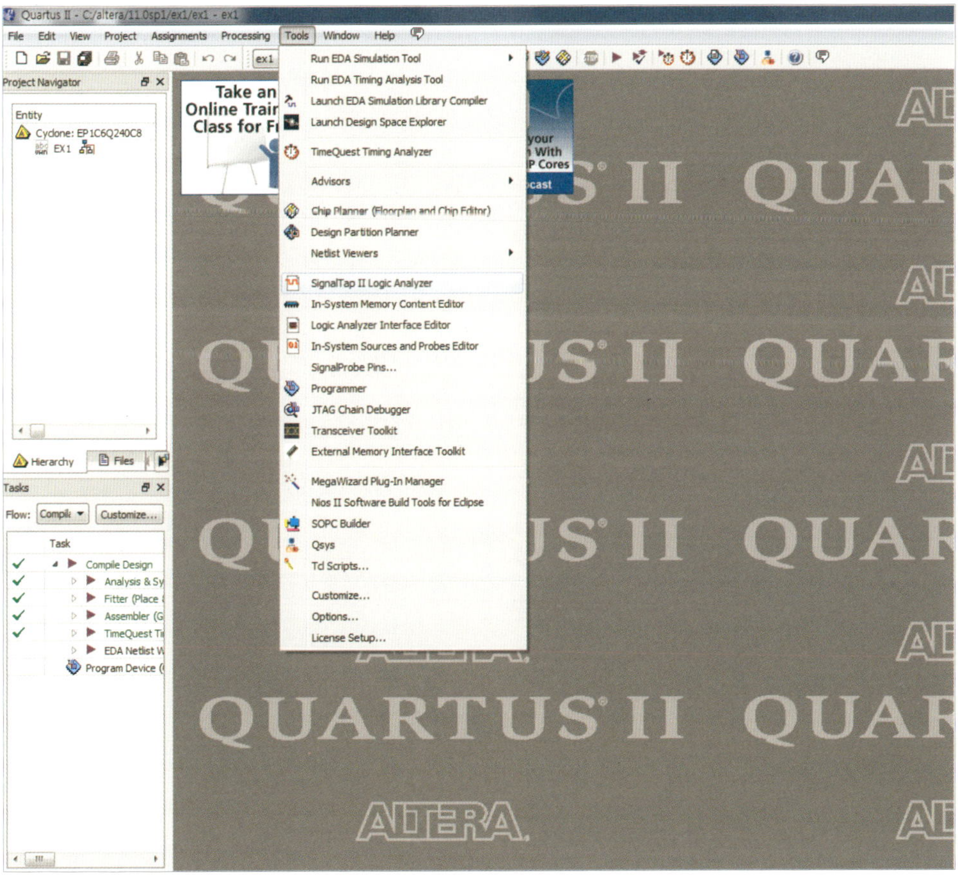


[그림 1.10] 시그널탭

[그림 1.11]은 처음 시그널탭을 실행하면 보이는 화면이다.

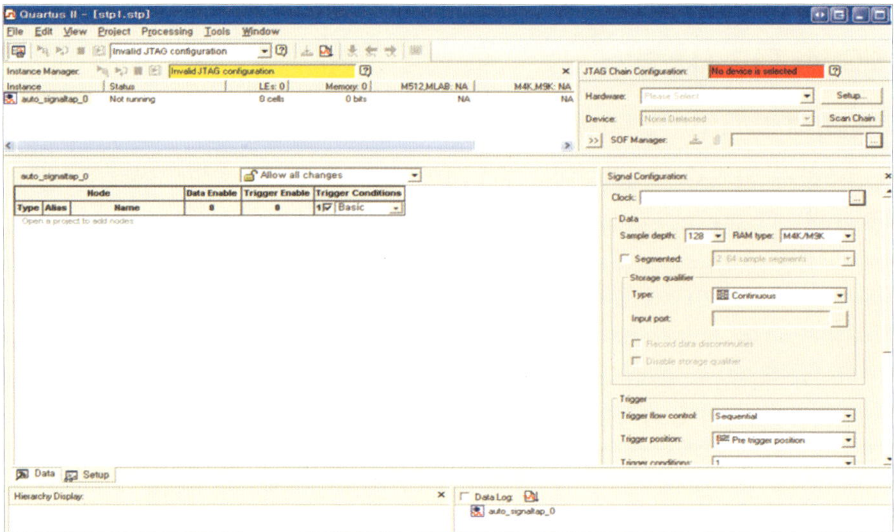


[그림 1.11] 시그널탭 설정_1

우선 하드웨어 설정을 하는데, Setup을 선택한 후 USB-Blaster를 설정해준다.

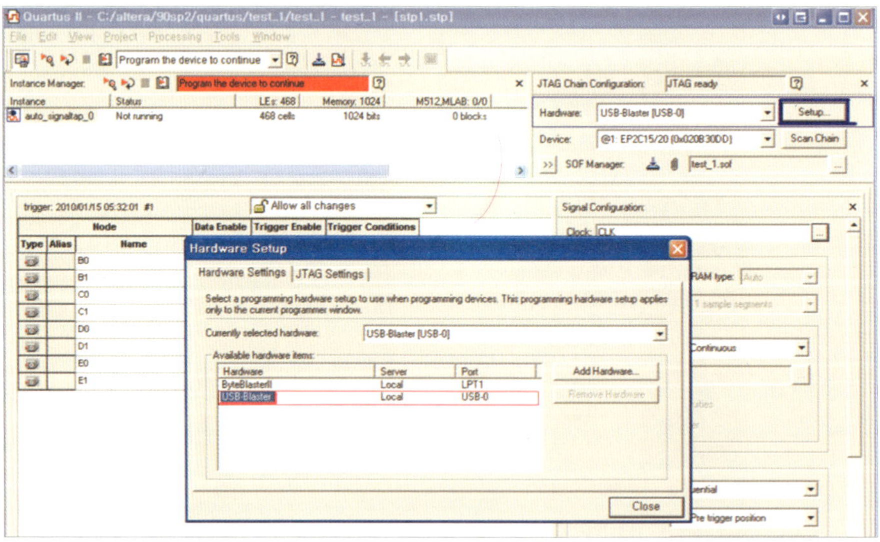


[그림 1.12] 시그널탭 설정_2

이번엔 sof파일을 등록해 줘야 하는데, 그림에 파란색 네모 창을 선택하면 나타나는 폴더 안에 있는 sof파일을 선택하고 열기를 선택해주면 된다. VHDL의 컴파일된 파일은 pof 파일과 sof파일이 있는데, pof파일은 엑티브 시리얼 방식의 프로그램 기록용 파일이며 이것은 EEPROM에 저장되어 파워가 소멸되더라도 지워지지 않는다. JTAG용 sof파일은 SRAM에 직접 저장됨으로 파워가 소멸되면 지워지는 문제가 있다. 다만 테스트용이나 시그널탭을 사용하기 위해서는 sof파일을 사용하는 것이 편리하다.

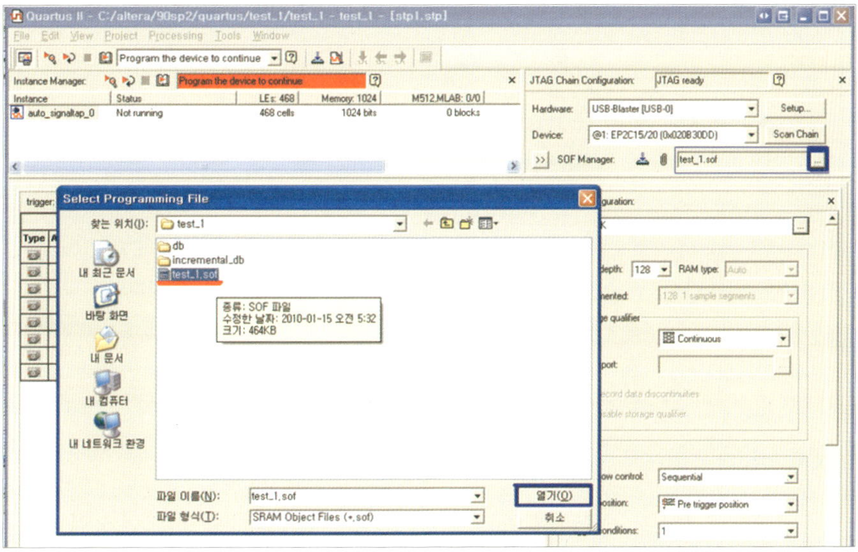

[그림 1.13] 시그널탭 설정_3

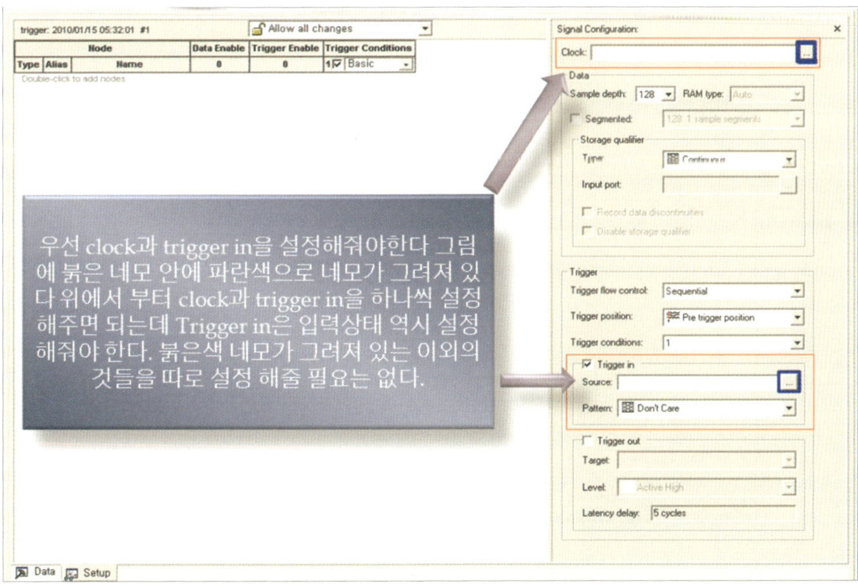


[그림 1.14] 시그널탭 설정_4

clock과 trigger in 설정을 위해 파란색 네모를 선택하면 아래와 같은 그림이 나타나는데 여기서 List를 누르게 되면 좌측에 핀들이 나타나게 된다. 그 중에 트리거와 클럭을 위한 신호를 오른쪽 Selected Node로 넣어주면 되는 것이다.

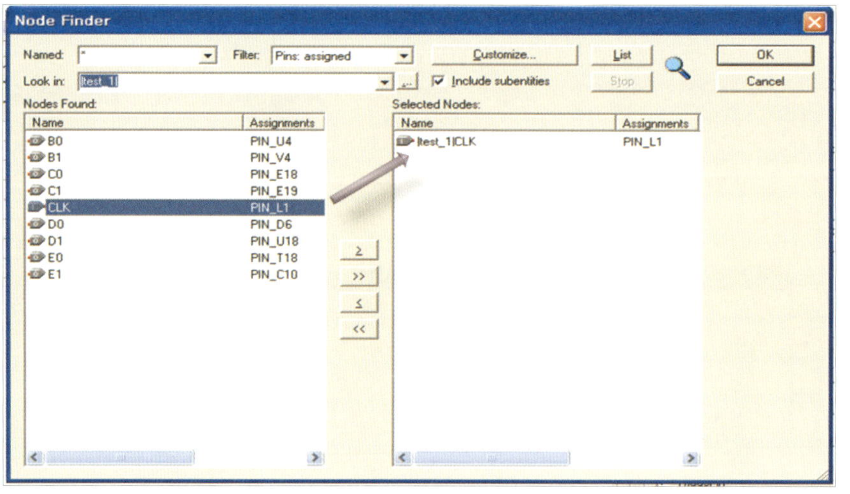

[그림 1.15] 시그널탭 설정_5

그 다음 확인할 시그널을 추가해줘야 하는데 그림에 초록색 줄이 그어져있는 부분을 더블클릭하면 아래와 같이 Node Finder라는 창이 나타나는데 자신이 시그널탭으로 검증하고자 하는 시그널을 List를 눌러 불러온 후 오른쪽에 추가해주면 된다.

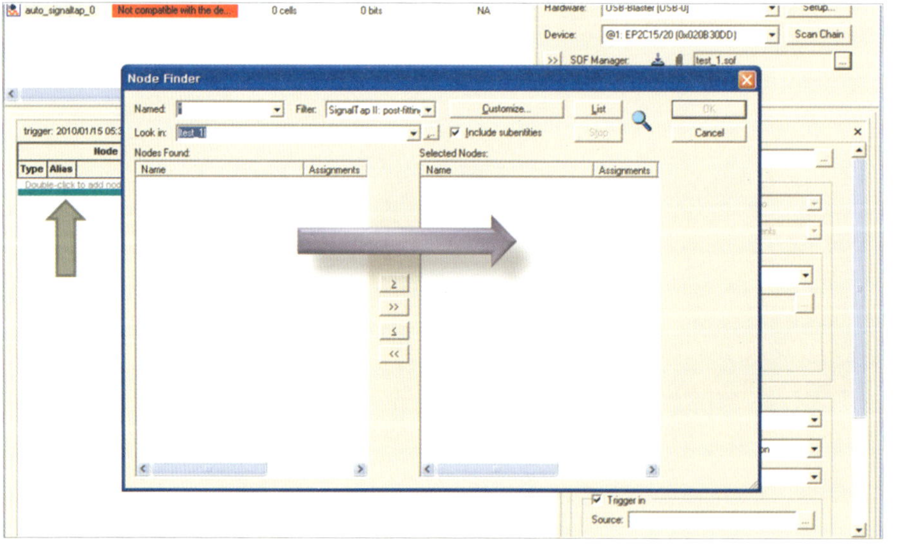

[그림 1.16] 시그널탭 설정_6

Hardware Setup, sof파일등록, Clock, Trigger in, 그리고 확인하고자 하는 시그널 설정을 모두 마쳤을 경우 나타나는 화면이다.

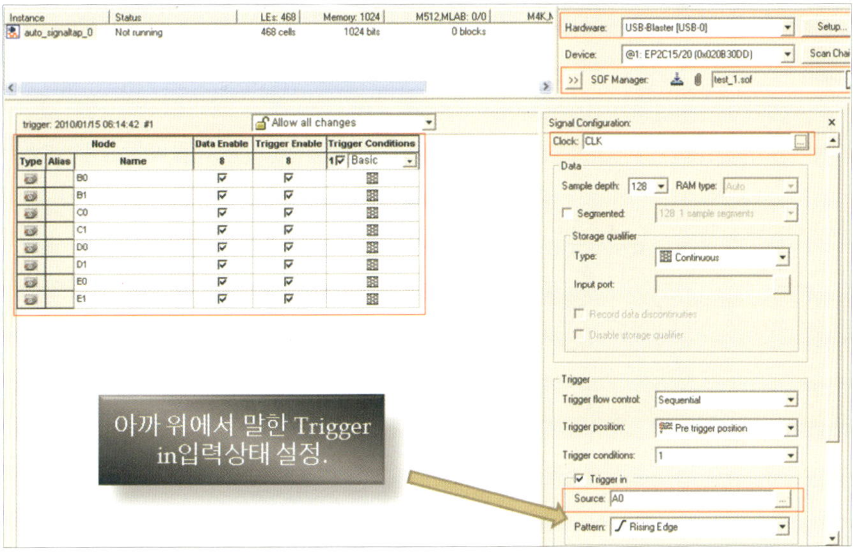


[그림 1.17] 시그널탭 설정_7

이제 설정들이 문제없이 완료되었다면 컴파일을 한번 해준다. 컴파일은 쿼터스에서 해주면 된다.

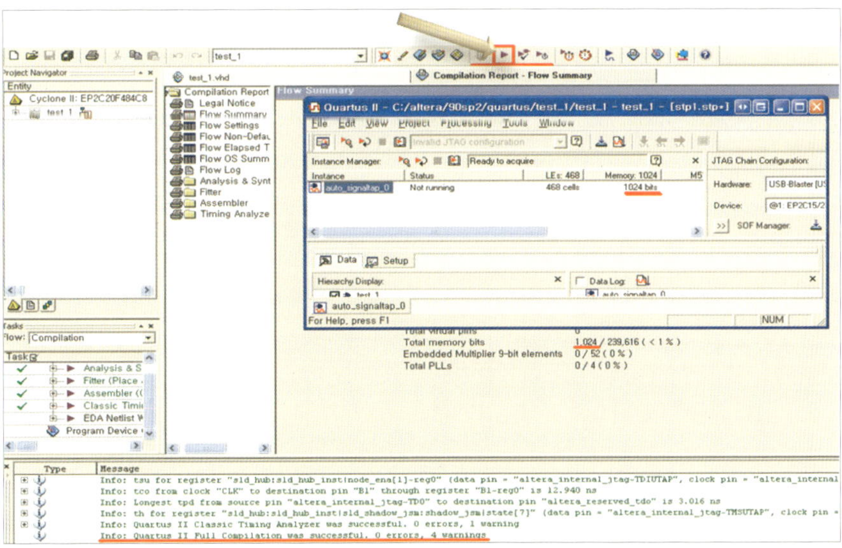

[그림 1.18] 시그널탭 설정_8

컴파일까지 완료되었다면 붉은색 네모로 표시되어 있는 다운로드 버튼을 선택해 다운로드를 먼저 해준 뒤에 Run버튼을 선택해서 실행시키면 된다.

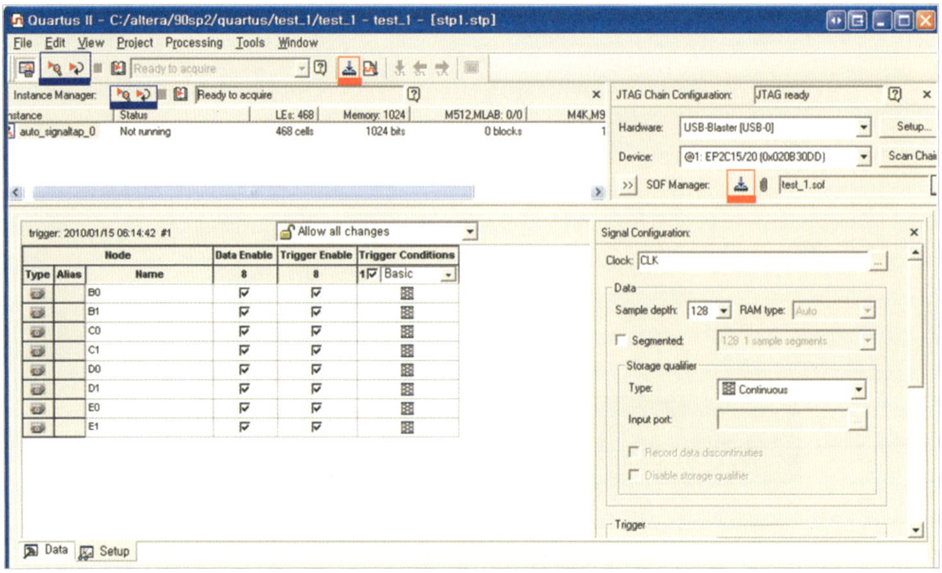

[그림 1.19] 시그널탭 실행

[그림 1.20]은 Run Analysis를 선택해서 한번 길이로 샘플링하여 출력한 화면이다. 이 화면 밑에 Data와 Setup이 보일 것이다. 여기서 Data를 선택하면 확인할 수 있다.

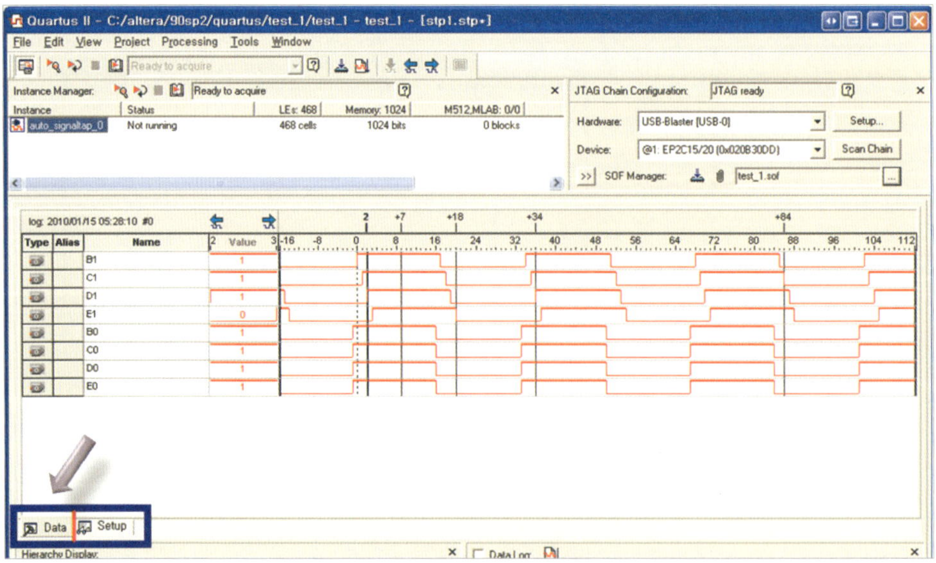

[그림 1.20] 시그널탭 실행확인_1

[그림 1.21]은 Autorun Analysis를 선택해서 실시간으로 샘플링한 데이터를 출력하고 있는 화면이다.

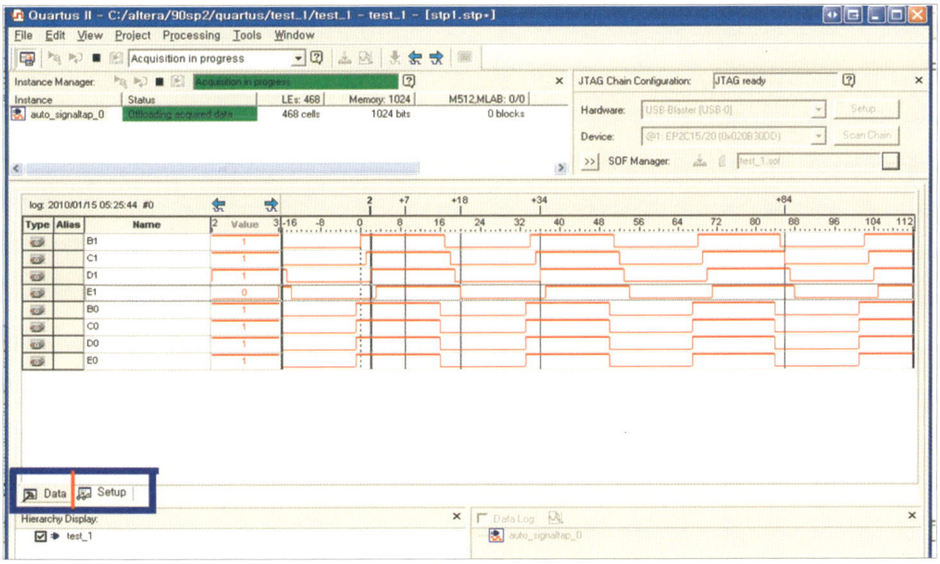

[그림 1.21] 시그널탭 실행확인_2

## 2. 프로그램 소스

```
library altera;
use altera.altera_europa_support_lib.all;

library ieee;
use ieee.std_logic_1164.all;
use ieee.std_logic_arith.all;
use ieee.std_logic_unsigned.all;

entity EX1 is
      port(
           CLK : IN STD_LOGIC;

        A0 : IN STD_LOGIC;
        B0 : BUFFER STD_LOGIC;
```

```
        C0 : BUFFER STD_LOGIC;
        D0 : BUFFER STD_LOGIC;
        E0 : BUFFER STD_LOGIC;

            A1 : IN STD_LOGIC;
        B1 : BUFFER STD_LOGIC;
        C1 : BUFFER STD_LOGIC;
        D1 : BUFFER STD_LOGIC;
        E1 : BUFFER STD_LOGIC
        );
end EX1;

architecture SAMPLE of EX1 is
begin

      process(A0, B0,C0,D0,E0)
      begin
                  B0 <= A0;
                  C0 <= B0;
                  D0 <= C0;
                  E0 <= D0;
      end process;

      process(CLK)
      begin
            if CLK'event and CLK ='1' then
                  B1 <= A1;
                  C1 <= B1;
                  D1 <= C1;
                  E1 <= D1;
            end if;
      end process;
 end SAMPLE;
```

# 3. 프로그램 소스 설명

**- 하드웨어 프로그램 소스 -**

```
process(A0,B0,C0,D0,E0)
begin
        B0 <= A0;
        C0 <= B0;
        D0 <= C0;
        E0 <= D0;
end process;
```

process(A0,B0,C0,D0,E0)에서 A0,B0,C0,D0,E0는 조합논리회로의 구현이며 단순히 시간적으로 클럭과 무관한 단순 지연 흐름이다. 즉 A0의 값은 B0로 전달될 때 단순히 선 연결에 불과하며 그 사이에 버퍼가 존재한다. 따라서 A0에서 B0로 B0에서 C0로 C0에서 D0는 클럭과 무관히게 A0의 값이 E0에 전달된다.

```
 process(CLK)
begin
    if CLK'event and CLK ='1' then
        B1 <= A1;
        C1 <= B1;
        D1 <= C1;
        E1 <= D1;
    end if;
end process;
```

process(CLK)에서 A1,B1,C1,D1,E1은 순서논리회로의 구현이며 클럭에 의해 신호가 전달 된다. 즉 A1의 값은 B1로 전달될 때 클럭의 상승에 의해서 전달되며 A1의 값의 변화가 B1값의 변화로 전달될 때 한 개의 클럭이 필요하다. 따라서 A1에서 B1로 B1에서 C1로 C1에서 D1의 전달은 클럭이 요구되며 최종적으로 A1이 E1으로 전달될 때 4개의 클럭이 필요하다. 다시 말하면 4개의 D 플립플롭이 직렬적으로 연결되어 있는 것과 같다.

# Ⅱ. 실험 결과

VHDL에서 조합 논리 회로와 순서논리회로의 차이는 조합 논리 회로는 입력의 변화가 곧바로 지연을 거쳐 출력에 그대로 전달되는 것을 말하며, 순서논리회로의 경우에는 클럭에 의해서 신호가 전달된다.

조합 논리회로에서의 프로세서 감지문은 입력 시그널을 모두 언급해 줘야 하나 순서논리회로의 경우에는 클럭만 언급해 주면 된다.

# Ⅲ. 실험 과제

간단한 10비트 카운터를 설계하고 시그널 탭으로 카운터의 동작 상태를 알아본다.

## 실험 실습 안내서 [2주차]

**실험 제목 :** **AVR(ATmega128) 입출력 포트 INTERFACE**

**실험 목적 :** 마이크로프로세서 ATmega128을 위한 버스 인터페이스를 설계하고 간단한 입출력 포트를 설계한다.

**기초 지식 :** ATmega128 Bus, 인터페이스, 입출력 포트.

**자　　료 :** 설치 및 준비 사항 : Quartus II(9.0이상) 설치, Cyclone I

**실험 절차 :** ① Quartus II(9.0이상) 설치.
② VHDL설계.
③ 다운 로드.

# Ⅰ. 실험 실습

## 1. 기본 이론

### 1-1 AVR 기본이론

FPGA에서 사용되는 마이크로 컨트롤러에 컴포넌트는 여러 가지가 있지만 Altera사에서는 주로 Nios 컴포넌트를 사용한다. Altera에서 제공하고 있는 Nios 컴포넌트는 CycloneⅡ 이상에서 구현할 수 있다. 그리고 Nios 컴포넌트는 32비트의 강력한 마이크로프로세서지만 실제 구현상 FPGA의 많은 하드웨어 리소스를 점유하고 있고 리소스에 대한 하드웨어 코스트가 비싼 편이다. 또한 여기서 무시할 수 없는 비용은 새로운 프로세서에 대한 사양의 이해와 소프트웨어에 구현에 관한 것이다.

이러한 이유로 해서 실제 FPGA에 사용되는 마이크로프로세서는 FPGA외부에 ARM이나 AVR 혹은 8051을 사용한다. 본서에서는 시중에 많은 프로세서 중 일반적으로 잘 알려지고 많이 사용되는 AVR을 사용하여 FPGA 컴포넌트를 인터페이스 하는데 중점을 둔다.

산업용으로 오랫동안 사용되고 있는 마이크로컨트롤러는 8051계열이다. 8051계열에서 최근 AVR128이 많이 사용되는데 AVR128은 ATmel사에서 개발되었다. ATmel사에서 제작된 AVR은 RISC구조의 저전력 CMOS 8비트 마이크로컨트롤러이다. AVR은 각각 프로그램 메모리와 데이터 메모리를 갖는 하버드 구조이다.

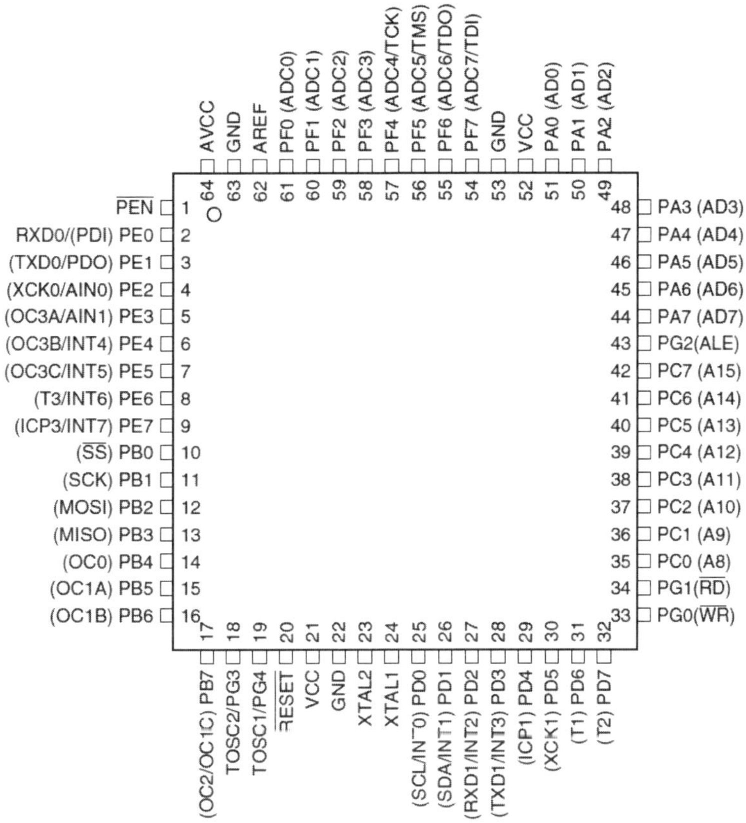

[그림 2.1] AVR128의 외부 핀 구조

일반적으로 마이크로컨트롤러에는 프로그램 메모리와 데이터 메모리로 구분되어 내장되어 있다. AVR128의 프로그램 메모리는 비휘발성 메모리인 플래쉬 메모리를 사용하고 있고 128K 바이트의 용량을 가진다.

AVR128은 8비트 마이크로컨트롤러 이지만 AVR128의 명령어들이 16비트 혹은 32비트로 구성되어 있으므로 프로그램 메모리인 플래쉬 메모리는 64K * 16바이트로 구성된다. 이것은 AVR128의 명령어가 2바이트의 배수로 되어 있어 프로그램 메모리의 액세스 타임을 높이기 위함이다. 이 메모리는 ISP 기술을 이용하여 PC에서 작성한 프로그램을 직접 다운로드 할 수 있게 되어있다.

AVR128의 데이터 메모리는 읽기 쓰기가 가능한 SRAM타입의 메모리이다. 이 데이터 메모리는 바이트 주소가 지정되며 데이터 메모리의 최대 크기는 64K 바이트 즉, 데이터 주소로 0x0000에서 0xFFFF이다. 데이터 메모리의 0x0000번지부터 0x10FF까지는 32개의 레지스터와 64개의 I/O레지스터 그리고 내부 SRAM으로 구성되어 있다. 따라서 0x1100부터 0xFFFF까지는 비어 있으며 사용자가 외부의 데이터 메모리로 활용할 수가 있다. 일반적으로 VHDL에서 디자인된 각종 하드웨어 컴포넌트는 외부 데이터 메모리에 연결하여 C언어로 구동할 수 있다.

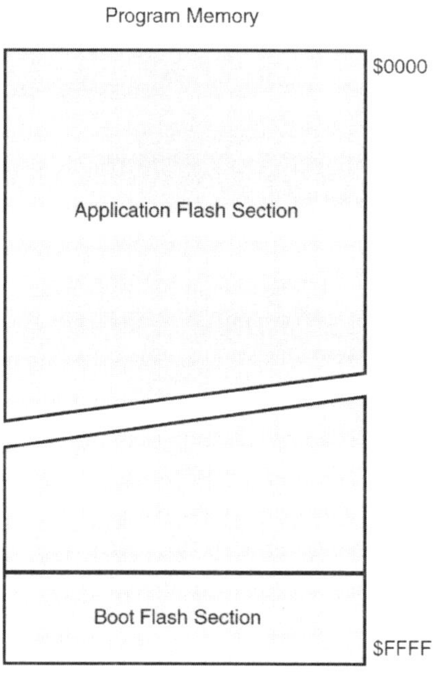


[그림 2.2] AVR128의 프로그램 메모리 구조

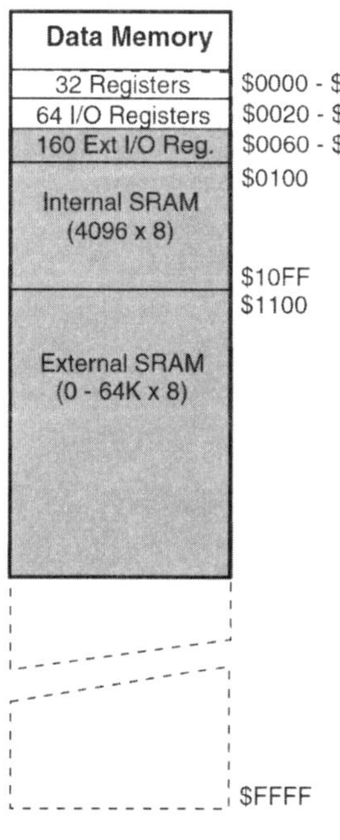


[그림 2.3] AVR128의 데이터 메모리 구조

AVR128의 외부 데이터 메모리를 확장하기 위하여 AVR내부의 레지스터를 설정하여야 한다. 이 내부 레지스터는 MCU제어 레지스터와 확장 메모리 제어 레지스터A, 확장 메모리 제어 레지스터B이다. MCU 제어 레지스터는 전체적인 시스템 기능을 설정하는 레지스터로 외부 데이터 메모리와 관련된 비트는 비트 7과 6이다. 나머지 비트의 SE와 SM0에서 SM2는 슬립모드에 사용되며 IVSL과 IVCE는 인터럽트 벡터 제어에 사용됨으로 이들 비트에 대해서는 관련 참고 자료를 참조한다.

- **비트 7/SRE비트** : 이 비트는 외부 데이터 메모리 영역의 엑세스를 가능하기 위해 사용된다. 이 비트가 0이면 PORTA와 PORTC는 일반적인 병열 I/O포트가 되고 이 비트가 1이면 PORTA와 PORTC는 A15~A8, AD7~AD0, ALE, nWR, nRD 등과 같은 외부 데이터 메모리 영역의 엑세스를 위한 신호가 외부로 출력되게 된다.
- **비트 6/SRW10** : 이 비트는 웨이트 사이클 수를 지정하는데 사용된다. 외부 데이터 메모리를 접근할 때 CPU의 속도와 외부 데이터 메모리의 속도를 맞추기 위하여 사용되나 실제 FPGA에 의한 인터페이스에서는 웨이트 사이클을 0으로 둔다.

따라서 외부 데이터 메모리를 인터페이스 하기 위해서 MCUCR은 0x80으로 둔다.

| 7 | 6 | 5 | 4 | 3 | 2 | 1 | 0 | |
|---|---|---|---|---|---|---|---|---|
| SRE | SRW10 | SE | SM1 | SM0 | SM2 | IVSEL | IVCE | MCUCR |
| R/W | R/W | R/W | R/W | R/W | R/W | R/W | R/W | |
| 0 | 0 | 0 | 0 | 0 | 0 | 0 | 0 | |

[그림 2.4] AVR128의 MCU제어 레지스터

확장 메모리 제어 레지스터는 메모리의 영역을 분할하거나 웨이트 싸이클을 제어하는데 사용되는 레지스터이다. 비트 6~4는 SRL2~0이며 메모리를 두 개의 섹터로 구분하는 기능을 담당한다. 예를 들면 SRL2~0비트가 '100'이면 Upper sector = 0x8000 - 0xFFFF이고 Lower sector = 0x1100 - 0x7FFF이다. 이것은 데이터 메모리 공간을 두 부분으로 나누어 각각의 속도를 서로 달리 접근하기 위함이다. 실제 VHDL에 의한 데이터 메모리의 인터페이스 상에서는 섹터 분할이 불필요하고 속도는 최대 속도인 0웨이트로 설정 가능하다. 따라서 XMCRA = 0x00으로 설정하여 Low 섹터를 무시하고 Upper 섹터를 외부 데이터 메모리 공간 전부로 설정한다. 즉 Upper 섹터는 0x1100에서 0xFFFF까지이다.

| SRL2 | SRL1 | SRL0 | Sector Limits |
|---|---|---|---|
| 0 | 0 | 0 | Lower sector = N/A<br>Upper sector = 0x1100 - 0xFFFF |
| 0 | 0 | 1 | Lower sector = 0x1100 - 0x1FFF<br>Upper sector = 0x2000 - 0xFFFF |
| 0 | 1 | 0 | Lower sector = 0x1100 - 0x3FFF<br>Upper sector = 0x4000 - 0xFFFF |
| 0 | 1 | 1 | Lower sector = 0x1100 - 0x5FFF<br>Upper sector = 0x6000 - 0xFFFF |
| 1 | 0 | 0 | Lower sector = 0x1100 - 0x7FFF<br>Upper sector = 0x8000 - 0xFFFF |
| 1 | 0 | 1 | Lower sector = 0x1100 - 0x9FFF<br>Upper sector = 0xA000 - 0xFFFF |
| 1 | 1 | 0 | Lower sector = 0x1100 - 0xBFFF<br>Upper sector = 0xC000 - 0xFFFF |
| 1 | 1 | 1 | Lower sector = 0x1100 - 0xDFFF<br>Upper sector = 0xE000 - 0xFFFF |

[그림 2.5] AVR128의 외부 데이터 메모리의 섹터분할

| | 7 | 6 | 5 | 4 | 3 | 2 | 1 | 0 |
|---|---|---|---|---|---|---|---|---|
| XMCRA | – | SRL2 | SRL1 | SRL0 | SRW01 | SRW00 | SRW11 | – |
| | R | R/W | R/W | R/W | R/W | R/W | R/W | R |
| | 0 | 0 | 0 | 0 | 0 | 0 | 0 | 0 |

[그림 2.6] AVR128의 확장 메모리 제어 레지스터

| SRWn1 | SRWn0 | Wait States |
|---|---|---|
| 0 | 0 | No wait-states |
| 0 | 1 | Wait one cycle during read/write strobe |
| 1 | 0 | Wait two cycles during read/write strobe |
| 1 | 1 | Wait two cycles during read/write and wait one cycle before driving out new address |

[그림 2.7] AVR128의 확장 메모리 제어 레지스터에 의한 웨이트 싸이클 설정

| | 7 | 6 | 5 | 4 | 3 | 2 | 1 | 0 |
|---|---|---|---|---|---|---|---|---|
| XMCRB | XMBK | – | – | – | – | XMM2 | XMM1 | XMM0 |
| | R/W | R | R | R | R | R/W | R/W | R/W |
| | 0 | 0 | 0 | 0 | 0 | 0 | 0 | 0 |

[그림 2.8] AVR128의 확장메모리 제어 레지스터B

확장 메모리 제어 레지스터B는 외부 데이터 메모리의 조소의 상위 바이트 중에서 어디까지 주소 기능을 사용할 것인지를 설정하는데 사용되는 레지스터이다. 다음 그림은 외부 데이터 메모리가 확장되었을 경우에 주소 비트와 PORTC와의 상관관계이다. XMCRB의

비트 7은 외부 메모리의 버스 키퍼 기능을 하거하는 비트로서 이 비트를 1로 설정하면 AD7~AD0 신호선은 버스 키퍼 기능으로 사용할 수 있다. 이 기능은 전력 소모를 줄이는데 도움이 된다. XMM2~0비트들은 PORTC와 기능을 겸하고 있는 주소 버스의 상위 바이트가 어느 부분까지 주소 버스 신호로 사용될 지를 결정하는 비트로서. 이 비트를 다양하게 설정함으로써 A15~A8의 일부분만 주소 버스로 사용할 수 있으며, 그 나머지 비트들은 PORTC로서의 기능으로 사용된다.

따라서 XMCRB = 0x80으로 두어 외부 데이터 메모리의 주소 버스로 사용되는 비트를 8비트로 하여 PORTC의 기능을 없애는 대신 PORTC를 A15~A8로 사용하며 60KB전체를 외부 데이터 메모리로 사용한다.

| XMM2 | XMM1 | XMM0 | # Bits for External Memory Address | Released Port Pins |
|---|---|---|---|---|
| 0 | 0 | 0 | 8 (Full 60 KB space) | None |
| 0 | 0 | 1 | 7 | PC7 |
| 0 | 1 | 0 | 6 | PC7 - PC6 |
| 0 | 1 | 1 | 5 | PC7 - PC5 |
| 1 | 0 | 0 | 4 | PC7 - PC4 |
| 1 | 0 | 1 | 3 | PC7 - PC3 |
| 1 | 1 | 0 | 2 | PC7 - PC2 |
| 1 | 1 | 1 | No Address high bits | Full Port C |

[그림 2.9] AVR128의 PORTC와 외부 메모리의 확장 시 주소비트

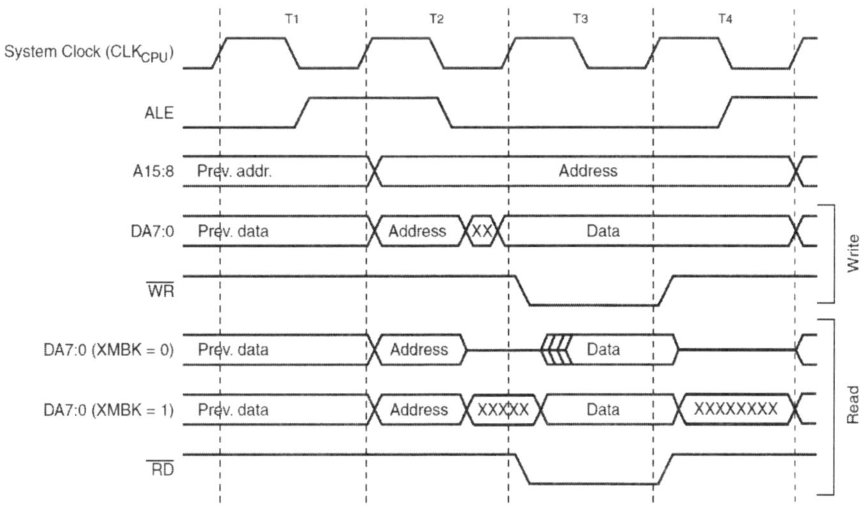


[그림 2.10] AVR128의 외부 데이터 메모리 엑세스 사이클

AVR128의 외부 SRAM을 인터페이스는 타이밍도에 근거하여 설계한다. AVR128은 16비트 주소선과 8비트 데이터선이 있다. 주소선은 A15~A0로 나타내며 상위 8비트 주소 A15~A8과 하위 8비트 주소 A7~A0로 구성되어 있다. 그런데 하위 8비트 주소선은 주소선과 데이터선을 공유한다. AVR128의 외부 데이터 메모리 액세스 사이클을 보면 외부 메모리 액세스 사이클은 4사이클 즉 T1, T2, T3, 및 T4를 가진다. T2 사이클의 클럭 상승에서 주소 정보가 나오고 T3와 T4에서는 데이터 정보가 나온다. AVR128은 T2사이클에서 T4사이클까지 상위 주소 A15~A8가 출력되나 하위 주소인 A7~A0은 T2사이클의 하강에서 주소 정보가 소멸하고 T3에서 데이터정보가 실리게 되어 있다. 즉 먼저 주소가 나오고 나중에는 데이터가 실리게 된다.

따라서 하위주소인 A7~A0를 AD7~AD0 명명하는 이유가 주소와 데이터가 공유되어 있기 때문이다. 하위 주소와 데이터 정보를 별도로 추출하기 위하여 ALE 신호를 이용한다. T1에서 T2사이클 동안에 ALE가 1이 되고 이 신호에 의해서 AD7~AD0의 주소 정보를 D 플립플롭에 의한 래치를 시켜야 된다. 즉 D 플립플롭의 클럭은 ALE가 된다. 또한 D 플립플롭의 출력은 안정된 하위주소인 A7~A0가 된다. 한편 nRD와 nWR는 각각 Read 와Write의 제어 신호이며 엑티브 로우에서 동작된다.

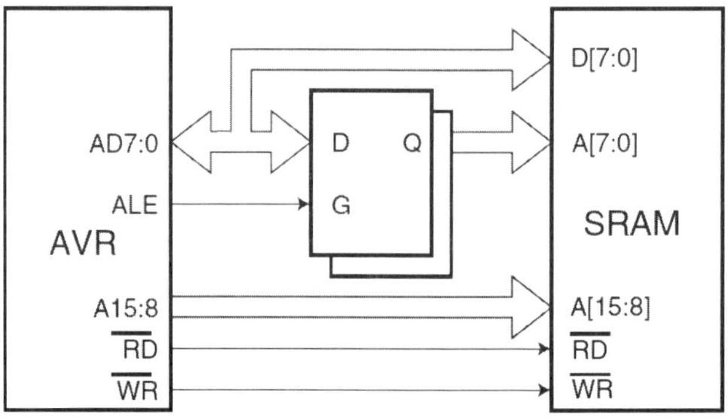


[그림 2.11] AVR128의 외부 데이터메모리 확장을 위한 인터페이스

## 1-2 AVR128과 FPGA인터페이스를 위한 VHDL 실습 하드웨어 블록도

다음 [그림 2.13]은 8비트 스위치포트와 8비트 LED포트를 AVR128을 통하여 인터페이스하고 프로그램하는 실습이다. AVR에서 ALE, AD7_AD0, A15_A8, nRD및 nWR을 FPGA에 연결하고 inport와 outport 컴포넌트를 이용하여 8비트 스위치 포트와 8비트 LED포트를 제어한다.

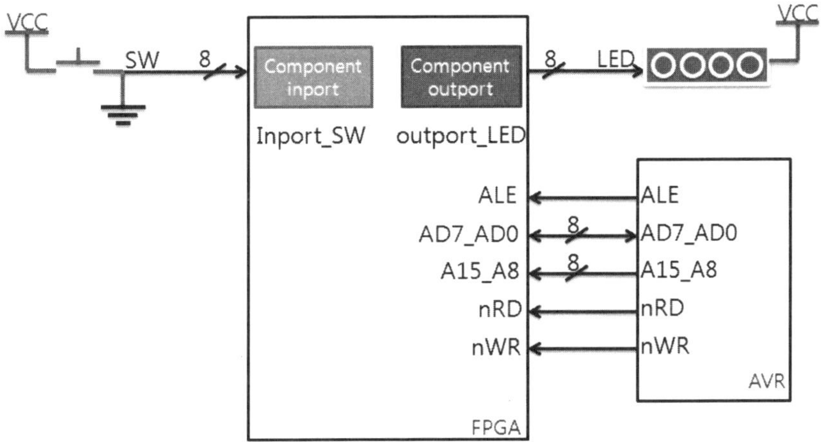


[그림 2.12] AVR128과 FPGA인터페이스

[그림 2.13] Cyclone보드와 AVR128, LED/Switch 기판

## 2. 프로그램 소스

### -하드웨어 프로그램 소스-

```
Library ieee;
use ieee.std_logic_1164.all;
use ieee.std_logic_arith.all;
```

```
use ieee.std_logic_unsigned.all;

entity test2 is
        port(
                        A15_A8          : in std_logic_vector(7 downto 0); -- address
                        AD7_AD0         : inout std_logic_vector(7 downto 0);   --
                                          address/data
                        ALE             : in std_logic;
                        nRD,nWR         : in std_logic;
                        inport_SW       : in std_logic_vector(7 downto 0);
                        outport_LED     : out std_logic_vector(7 downto 0)
                );
end test2;

architecture SAM of test2 is

  signal nCS_SW,nCS_LED                 : std_logic;
        signal A7_A0                    : std_logic_vector( 7 downto 0);
        signal Addr15_0                 : std_logic_vector(15 downto 0);
        signal SW_DATA                  : std_logic_vector( 7 downto 0);
        signal INTER_AD7_AD0            : std_logic_vector( 7 downto 0);

        component inport is
        port(
                        nEN             : in std_logic;
                        inport_SW       : in std_logic_vector(7 downto 0);
                        inport_data     : out std_logic_vector(7 downto 0)
                );
        end component;

        component outport is
        port(
                        clk             : in std_logic;
                        outport_data    : in std_logic_vector( 7 downto 0);
                        outport_LED     : out std_logic_vector(7 downto 0)
                );
        end component;

        begin
```

```
-- BUS interface
process(ALE, nCS_SW, SW_DATA, AD7_AD0)
        begin

        -- AVR address latch
        if ALE = '1' then
                A7_A0 <= AD7_AD0;
                AD7_AD0            <= (others =>'Z');

        -- read cycle
        elsif nCS_SW = '0' then
                AD7_AD0           . <=  SW_DATA;

        -- write cycle
        elsif nCS_LED = '0' then
                INTER_AD7_AD0      <=  AD7_AD0;
                AD7_AD0            <= (others =>'Z');

        else
                INTER_AD7_AD0      <=  AD7_AD0;
                AD7_AD0            <= (others =>'Z');
        end if;

end process;


-- 16 bit address
Addr15_0 <= A15_A8(7 downto 6) & "000000"& A7_A0;

-- Address Decorder
process( Addr15_0, nRD, nWR )
begin

        if (Addr15_0 = x"8000" ) and ( nWR = '0') then -- Select LED
                nCS_LED <= '0';
        else
                nCS_LED <= '1';
        end if;
```

```
            if (Addr15_0 = x"c000" ) and ( nRD = '0') then -- Select SWITCH
                    nCS_SW <= '0';
            else
                    nCS_SW <= '1';
            end if;
        end process;

  in_port : inport
        port map(
                            nCS_SW,
                            inport_SW,
                            SW_DATA
        );

        out_port : outport
        port map(
                            clk                 => nCS_LED ,
                            outport_data        => INTER_AD7_AD0,
                            outport_LED         => outport_LED
        );

end SAM;
```

(component inport) 프로그램 소스

```
Library ieee;
use ieee.std_logic_1164.all;

entity inport is
        port(
                nEN             : in std_logic;
                inport_SW       : in std_logic_vector(7 downto 0);
                inport_data     : out std_logic_vector(7 downto 0)
            );
end inport;
```

```
architecture sam of inport is

        begin

        Inputport : process ( nEN, inport_SW )
        begin

                if nEN = '0' then
                        inport_data  <= inport_SW;
                end if;
        end process;

end sam;
```

(component outport)프로그램 소스

```
Library ieee;
use ieee.std_logic_1164.all;

entity outport is
        port(
                        clk                 : in std_logic;
                        outport_data        : in std_logic_vector( 7 downto 0);
                        outport_LED         : out std_logic_vector(7 downto 0)
                );
end outport;

architecture sam of outport is
        begin

                Output_port: process(clk )                              -- output port
                begin
                if  clk'event and  clk ='1' then
                        outport_LED <=  outport_data ;
                end if;
        end process;

end sam;
```

**소프트웨어 프로그램 소스**

```
#include <avr/io.h>

#define LED_BASE_ADDR   0x8000
#define SW_BASE_ADDR    0xC000
#define LED_DATA              (*(volatile unsigned char *)(LED_BASE_ADDR))
#define SWITCH_DATA           (*(volatile unsigned char *)(SW_BASE_ADDR))

int main(void){
   MCUCR = 0x80;
   XMCRA = 0x00;
   XMCRB = 0x80;

   unsigned char data =0;

        while(1){
                data = SWITCH_DATA;
                LED_DATA = data;
        }
}
```

## 3. 프로그램 소스 설명

**-하드웨어 프로그램 소스-**

AVR128과 FPGA를 인터페이스하기 위하여 버스 인터페이스를 시도한다. 다음의 프로세스는 AVR과 FPGA의 입출력 포트 인터페이스를 위한 것이다. AVR의 ALE가 1일 때 주소 버스의 AD7_AD0에 주소가 인가되고, ALE가 LOW일 때 주소 버스의 AD7_AD0에 데이터가 출력된다. 따라서 ALE가 1일 때 주소를 A7_A0에 저장한다. 그리고 이 경우 AD7_AD0에 Z를 두는 것은 AD7_AD0이 입출력 포트로 정의되어 있기 때문이다. 그러므로 AD7_AD0이 입력일 때 AVR이 주소를 출력하고 AD7_AD0이 출력일 때 하이임피던스로 두게 한다.

입출력 포트의 선택 단자는 nCS_SW와 nCS_LED가 있다. nCS_SW는 입력포트 제어 단자이고 nCS_LED는 출력포트 제어 단자이다. 각각 외부에 스위치와 LED를 연결하여 테스트한다.

nCS_SW가 0일때 스위치 데이터를 AD7_AD0에 인가하고 그 외의 경우에는 출력으로서 AD7_AD0를 FPGA의 내부 버스인 INTER_AD7_AD0에 인가한다. 그리고 AD7_AD0는 하이임피던스로 둔다. 즉 READ 시에는 AD7_AD0를 FPGA상에서 출력 방향으로 두고 WRITE 시에는 FPGA상에서 입력 방향으로 두는 것이다. AD7_AD0는 inout모드이므로 입력 시에는 출력을 하이임피던스로 두어야 한다.

```
-- BUS interface
    process(ALE, nCS_SW, SW_DATA, AD7_AD0)
        begin

        -- AVR address latch
        if ALE = '1' then
                A7_A0 <= AD7_AD0;
                AD7_AD0          <= (others =>'Z');

        -- read cycle
        elsif nCS_SW = '0' then
                AD7_AD0          <= SW_DATA;

        -- write cycle
        elsif nCS_LED = '0' then
                INTER_AD7_AD0    <= AD7_AD0;
                AD7_AD0          <= (others =>'Z');

        else
                INTER_AD7_AD0    <= AD7_AD0;
                AD7_AD0          <= (others =>'Z');
        end if;

    end process;
```

16비트의 주소는 A15_A8그리고 A7_A0까지이다. A15_A8의 (5 downto 0)까지는 사용하지 않는다. 따라서 다음과 같이 16비트 주소를 형성시킨다.

```
-- 16 bit address
        Addr15_0 <= A15_A8(7 downto 6) & "000000"& A7_A0;.
```

16비트 주소를 통하여 Addr15_0이 x"8000"이 되고 nWR가 0일 때 LED포트를 선택하고 Addr15_0이 x"C000"이고 nRD가 0이면 스위치 입력포트가 선택 된다. 출력 포트와 입력 포트는 아래와 같이 설계한다. LED포트가 선택 되는 신호인 nCS_LED가 로우에서 하이로 전환 될 때 AVR에 데이터인 INTER_AD7_AD0가 출력 포트인 outport_LED에 기록 된다. 입력 포트를 제어하기 위해서는 스위치 입력포트 선택 신호인 nCS_SW가 0일 때 스위치 값을 AVR에 전달한다. 즉 스위치 데이터(SW_DATA)는 nCS_SW가 0일 때 외부핀인 AD7_AD0에 전달된다. 여기서 주의할 것은 출력포트는 클럭의 상승에 의해서 동작 되고 입력포트는 LOW레벨에서 동작된다.

```
        Output_port: process(clk )                          -- output port
                begin
                if  clk'event and  clk ='1' then
                        outport_LED <=  outport_data ;
                end if;
        end process;


        Inputport : process( nEN, inport_SW )
        begin

                if nEN = '0' then
                        inport_data  <= inport_SW;
                end if;
        end process;
```

**-소프트웨어 프로그램 소스-**

AVR과 FPGA를 인터페이스한 후 AVR을 이용하여 하드웨어테스트 프로그램을 작성한다. AVR 프로그램은 PORTA와 PORTC가 PORT의 기능이 아닌 인터페이스용 시그널로 바꾸기 위해서 초기 값으로 MCUCR = 0x80;, XMCRA = 0x00;, XMCRB = 0x80; 설정한다.

VHDL소스에서 입출력 PORT의 주소는 LED포트가 0x8000이고 SW포트가 0xC000이므로 포인터를 이용하여 다음과 같이 작성 한다. 즉 SW포트를 읽어서 8비트 데이터 메모리에 저장하고 이를 LED포트로 출력하는 것이다. 프로그램 수행시 SW의 값에 따라 LED 데이터 값이 변함을 알 수 있다.

```
while(1){
        data = SWITCH_DATA;
        LED_DATA = data;
}
```

# Ⅱ. 실험 결과

스위치의 데이터가 LED로 나타남을 알 수 있다. 스위치의 데이터는 FPGA로부터 AVR128의 버스를 통하여 인식되고 프로그램에 의하여 받아들이게 된다. 그리고 스위치 데이터는 AVR128프로그램에 의해서 AVR128버스 인터페이스를 통하여 FPGA에 전달되고 LED에 출력된다.

# Ⅲ. 실험 과제

간단한 입출력은 많은 하드웨어 장치를 제어하는데 기본 컴포넌트로서 이용될 수 있을 것이다. AVR128의 입출력 포트의 수가 한정되어 있으나 AVR128버스 인터페이스를 통한 입출력 포트는 어드레스의 범위 만큼 그 수를 확장할 수가 있다. LED 포트를 2개 스위치 포트를 2개로 하여 간단한 입출력 포트를 설계하여 보자.

실험 실습 안내서 [3주차]

# 실험 제목 : AVR(ATmega128) 입출력 포트 INTERFACE

**실험 목적 :** 마이크로프로세서 ATmega128을 위한 버스 인터페이스를 설계하고 범용(GPIO) 입출력 방향을 설정 할 수 있는 범용 입출력 포트를 설계한다.

**기초 지식 :** ATmega128 Bus, 인터페이스, 범용 입출력 포트.

**자　　료 :** 설치 및 준비 사항 : Quartus II(9.0이상) 설치, Cyclone I

**실험 절차 :** ① Quartus II(9.0이상) 설치.
② VHDL설계.
③ 다운 로드.

# Ⅰ. 실험 실습

## 1. 기본이론

### 1-1 범용 입출력포트(GPIO)기본이론

범용 입출력 포트란 하나의 포트에 입력포트와 출력포트의 기능을 범용적으로 가질 수 있게 설계된 포트이다. 범용 입출력 포트에서는 하나의 포트 핀이 입력포트가 되거나 출력 포트가 되는 기능을 가지고 있어 반드시 입출력 방향을 결정시켜야 한다. 이러한 입출력방향을 설정하는 포트가 내부에 존재 하여야 한다. 다음 그림은 범용 입출력 포트의 내부 블록도이다. 여기에서 Data_out_buffer는 출력 포트의 데이터를 가지고 있고 Data_out에 연결된 3-state버퍼는 입력 포트의 데이터를 가지고 있다. 그리고 ddr_registor는 이 두 포트를 선택하는 역할을 하며 포트의 입출력을 결정한다.

ddr_registor의 데이터가 1일 경우 GPIO_pin에는 Data_out_buffer가 연결되므로 출력 포트가 된다. 만약 ddr_registor가 0일 경우 Data_out_buffer의 출력이 GPIO_pin으로 나갈 수 없으므로 GPIO_pin의 데이터는 3-state버퍼를 통하여 Data_out으로 출력된다. 따라서 ddr_registor가 0일 경우 CPU측에서 보면 입력 포트가 된다. 즉 ddr_registor의 값이 1이면 입력포트가 되고 0이면 출력 포트가 된다.

입력 포트일 경우 ddr_registor가 0이고 외부의 CPU 신호에 의해 발생되는 nEN이 0이 되면 입력 포트의 데이터가 Data_out에 인가다.

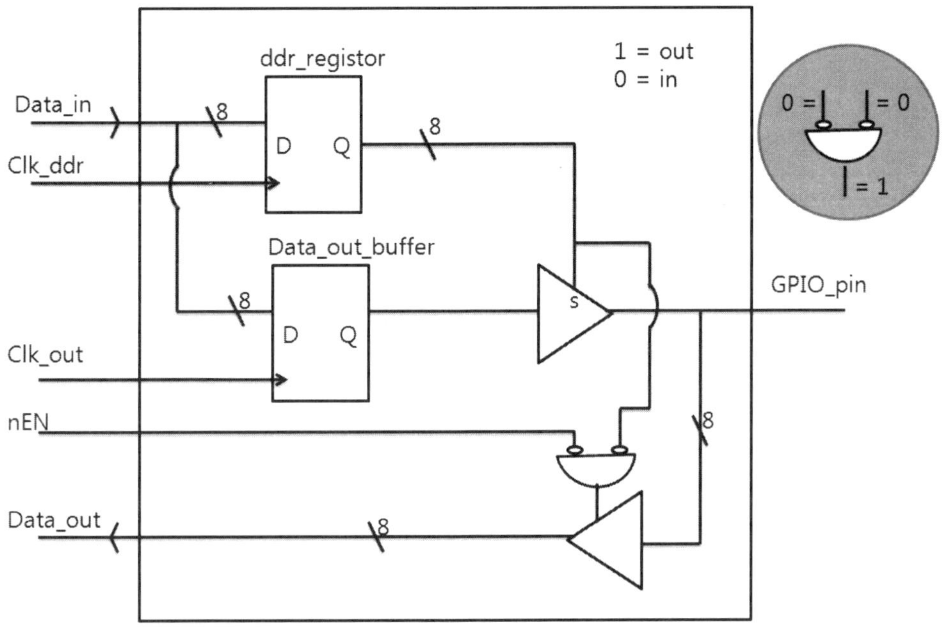


[그림 3.1] AVR128과 FPGA인터페이스를 위한 VHDL 실습 하드웨어 블록도

다음 그림은 8비트 스위치포트와 8비트LED포트를 AVR128을 통하여 인터페이스하고 프로그램하는 실습이다. AVR에서 ALE, AD7_AD0, A15_A8, nRD및 nWR을 FPGA에 연결하고 GPIO컴포넌트를 이용하여 8비트 스위치 포트와 8비트 LED포트를 제어한다.

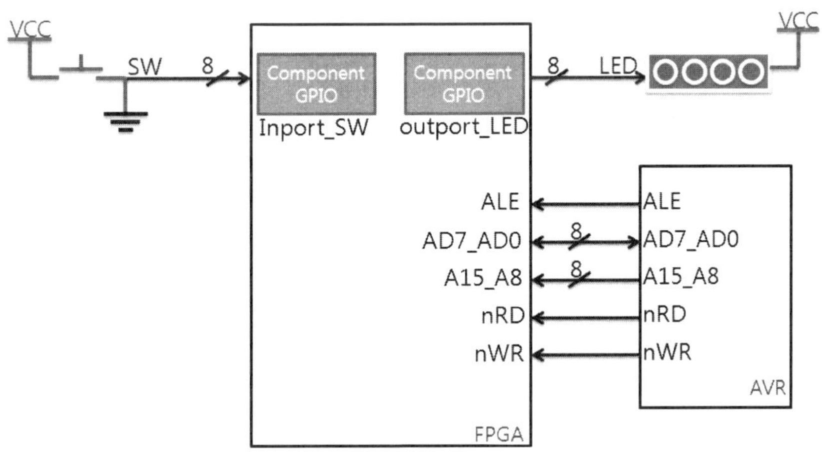


[그림 3.2] AVR과 FPGA인터페이스

[그림 3.3] Cyclone보드와 AVR128, LED/Switch 기판

## 2. 프로그램 소스

**-하드웨어 프로그램소스-**

```
Library ieee;
use ieee.std_logic_1164.all;

entity test2 is
        port(
                ALE             : in std_logic;
                AD7_AD0         : inout std_logic_vector(7 downto 0); -- address/data
                A15_A8          : in std_logic_vector(7 downto 0);    -- address
                nRD, nWR        : in std_logic;
                gpio_pin1       : inout std_logic_vector(7 downto 0); -- input test:SW
                gpio_pin        : inout std_logic_vector(7 downto 0)  -- output test:LED
                );
end test2;

architecture SAM of test2 is

        signal nCS_DDR, nCS_IN, nCS_OUT      : std_logic;
        signal nCS_DDR1, nCS_IN1, nCS_OUT1   : std_logic;
```

```
signal A7_A0                      : std_logic_vector( 7 downto 0);
signal Addr15_0                   : std_logic_vector(15 downto 0);
signal DATA_IN                    : std_logic_vector( 7 downto 0);
signal DATA_IN1                   : std_logic_vector( 7 downto 0);
signal INTER_AD7_AD0              : std_logic_vector( 7 downto 0);

component gpio is
port(
        clk_out, clk_ddr, nEN     : in std_logic;
        data_in                   : in std_logic_vector( 7 downto 0);
        data_out                  : out std_logic_vector( 7 downto 0);
        gpio_pin                  : inout std_logic_vector(7 downto 0)
        );
end component;

begin

-- BUS interface
process(ALE, nCS_IN, DATA_IN, AD7_AD0)
        begin

        -- AVR address latch
        if ALE = '1' then
                A7_A0 <= AD7_AD0;
                AD7_AD0 <= (others =>'Z');
        -- read cycle
        elsif nCS_IN = '0' then
                AD7_AD0 <=  DATA_IN;
        elsif nCS_IN1 = '0' then
                AD7_AD0 <=  DATA_IN1;

        -- write cycle
        else
                INTER_AD7_AD0 <=  AD7_AD0;
                AD7_AD0 <= (others =>'Z');
        end if;

end process;
```

```
-- 16 bit address
Addr15_0 <= A15_A8(7 downto 6) & "000000"&A7_A0;

-- Address Decorder
process( Addr15_0, nRD, nWR )
begin

        if (Addr15_0 = x"8000" ) and ( nWR = '0') then          -- Select output
                nCS_OUT <= '0';
        else
                nCS_OUT <= '1';
        end if;

        if (Addr15_0 = x"8000" ) and ( nRD = '0') then        -- Select input
                nCS_IN <= '0';
        else
                nCS_IN <= '1';
        end if;

        if (Addr15_0 = x"8001" ) and ( nWR = '0') then        -- Select DDR cotrol
                nCS_DDR <= '0';
        else
                nCS_DDR <= '1';
        end if;


        if (Addr15_0 = x"8002" ) and ( nWR = '0') then          -- Select output
                nCS_OUT1  <= '0';
        else
                nCS_OUT1 <= '1';
        end if;

        if (Addr15_0 = x"8002" ) and ( nRD = '0') then          -- Select input
                nCS_IN1 <= '0';
        else
                nCS_IN1 <= '1';
        end if;
```

```
                if (Addr15_0 = x"8003" ) and ( nWR = '0') then      -- Select DDR cotrol
                        nCS_DDR1 <= '0';
                else
                        nCS_DDR1 <= '1';
                end if;

        end process;


        gpio_port: gpio
        port map(
                         nCS_OUT, nCS_DDR, nCS_IN,
                         INTER_AD7_AD0,
                         DATA_IN,
                         gpio_pin
         );

        gpio_port1: gpio
        port map(
                         nCS_OUT1, nCS_DDR1, nCS_IN1,
                         INTER_AD7_AD0,
                         DATA_IN1,
                         gpio_pin1
         );

end SAM;
```

(component GPIO)프로그램 소스

```
Library ieee;
use ieee.std_logic_1164.all;

entity gpio is
        port(
                clk_out, clk_ddr, nEN      : in std_logic;
                data_in                    : in std_logic_vector( 7 downto 0);
                data_out                   : out std_logic_vector( 7 downto 0);
                gpio_pin                   : inout std_logic_vector(7 downto 0)
                );
end gpio;
```

```
architecture sam of gpio is
  signal ddr_registor                          : std_logic_vector( 7 downto 0);
  signal data_in_buffer                        : std_logic_vector( 7 downto 0);
  signal data_out_buffer                       : std_logic_vector( 7 downto 0);
         begin

                ddr_port: process(clk_ddr )                   -- output port
                begin
                if  clk_ddr'event and clk_ddr ='1' then
                        ddr_registor <= data_in;
                end if;
                end process;

                out_port: process(clk_out )                   -- output port
                begin
                if  clk_out'event and clk_out ='1' then
                        data_out_buffer <= data_in;
                end if;
                end process;

                gpio_port:  process(ddr_registor,  nEN,  data_out_buffer,  gpio_pin)
                                -- output port
                begin
                        for i in 7 downto 0 loop

                                if ddr_registor(i) = '1' then        -- out mode
                                        gpio_pin(i) <= data_out_buffer(i);
                                else                                  -- in mode
                                        gpio_pin(i) <= 'Z';
                                        if nEN ='0' then
                                        data_out(i) <= gpio_pin(i);
                                        end if;
                                end if;

                        end loop;
           end process;

end sam;
```

**-소프트웨어 프로그램 소스-**

```
#include <avr/io.h>

#define GPIO_PORT        (*(volatile unsigned char *)(0x8000))
#define GPIO_DDR         (*(volatile unsigned char *)(0x8001))
#define GPIO_PORT1       (*(volatile unsigned char *)(0x8002))
#define GPIO_DDR1        (*(volatile unsigned char *)(0x8003))


void delay_us(unsigned char time_us)
{ register unsigned char i;
    for(i=0; i< time_us; i++)
      { asm volatile("PUSH R0");
        asm volatile("POP R0");
        asm volatile("PUSH R0");
        asm volatile("POP R0");
        asm volatile("PUSH R0");
        asm volatile("POP R0");
      }
}


void delay_ms(unsigned int time_ms)
{ register unsigned int i;
   for(i=0; i< time_ms; i++)
      {delay_us(250);
       delay_us(250);
       delay_us(250);
       delay_us(250);
      }
}


int main(void){

   unsigned char data = 0;
```

```
    MCUCR = 0x80;
    XMCRA = 0x00;
    XMCRB = 0x80;

    GPIO_DDR1 = 0x00;        // Direction in
    GPIO_DDR  = 0xff;        // Direction out

    while(1){

            GPIO_PORT = 0xaa;
            delay_ms(500);
            GPIO_PORT = 0x55;
            delay_ms(500);

            GPIO_PORT = 0xaa;
            delay_ms(500);
            GPIO_PORT = 0x55;
            delay_ms(500);

            while(1){
                    data = GPIO_PORT1;
                    GPIO_PORT = data;
            }

    }
}
```

# 3. 프로그램 소스 설명

**-하드웨어 프로그램 소스-**

GPIO를 테스트하기 위하여 입력을 위한 GPIO와 출력을 위한 GPIO의 두 개의 포트를 사용하였다. 그 두 개의 포트는 Component GPIO 하나를 사용하여 두 개를 사례화시켰다.

GPIO의 인터페이스 방식은 앞장에서 설명한 간단한 입출력 포트 설계와 동일하다. 따라서 GPIO 컴포넌트에 대해서 알아보면 다음과 같다.

| signal | AVR 제어신호 | VHDL | 주소 |
|---|---|---|---|
| Clk_ddr | nWR = 0 | nCS_ddr | 0x8001 |
| Clk_out | nWR = 0 | nCS_out | 0x8000 |
| nEN | nRD = 0 | nCS_in | 0x8000 |

**DDR값 설정**
CLK_DDR 이 상승일때 DATA_IN값이 DDR_registor로 들어간다.

**출력 Mode**
DDR 이 '1'이고 CLK_OUT이 상승일때 DATA_IN 값이 GPIO_PIN에 출력된다.

**입력 Mode**
DDR = '0' , nEN = '0'일때 GPIO_PIN값이 입력되어 DATA_OUT에 나온다.

[그림 3.4] GPIO 컴포넌트를 이용한 입출력 포트 설계

GPIO의 입출력 제어를 위해서 DDR 레지스터를 사용한다. DDR 레지스터는 선택 클럭이 nCS_ddr이며 주소는 0x8001이다. 그리고 GPIO의 출력을 위해서 사용되는 선택 클럭은 CLK_out이며 주소는 0x8000이다. GPIO의 입력은 GPIO의 출력과 동일한 주소를 사용한다. 다만 AVR제어 신호 nWR이 0일 때 CLK_out가 발생되며 AVR제어 신호 nRD가 0일 때는 nEN이 선택 된다. 따라서 AVR 제어신호 nWR과 nRD에 의해서 입출력이 수행되며 동일한 주소를 가진다.

Component GPIO를 살펴보면 다음과 같다. Component GPIO는 DDR 레지스터에 동작방식은 일반 출력 포트와 동일하나 GPIO 컴포넌트 내부에 기록이 된다. 출력 포트는 data_out_buffer를 사용한다. data_out_buffer는 ddr_register의 값이 1일 때 출력 포트로 데이터가 출력된다.

프로세서 gpio_port를 살펴보면 for_loop문으로 구성되어 있다. ddr_register에 임의에 한 비트가 1이면 그에 해당하는 data_out_buffer의 비트값이 GPIO_pin으로 출력되고 0일때는 해당 외부 gpio_pin의 비트 값이 data_out으로 입력된다. 여기에서 입력되는 시점은 nEN이 0일 때 입력된다. 이때 gpio_pin은 하이임피던스를 출력시킨다. 이 과정을 8비트 즉 0에서 7까지 반복하게 된다.

**-소프트웨어 프로그램 소스-**

VHDL소스에서 범용 8비트 GPIO 포트는 두 개를 사용한다. 하나의 GPIO 포트는 LED 포트로 사용하고 또 하나의 GPIO 포트는 스위치 포트로 사용한다. 각각의 주소는 GPIO_PORT, GPIO_PORT1이며 각각 0x8000과 0x8002이다. GPIO 포트를 사용하기 위해서는 입출력 방향을 결정하여야 하는데 방향을 결정하는 포트는 GPIO_DDR과 GPIO_DDR1이다. 각각의 주소는 0x8001번지와 0x8003번지이다. GPIO_DDR1은 0x00으로 두고 GPIO_DDR은 0xff로 두어서 GPIO_PORT1을 입력으로 설정하고 GPIO_PORT는 출력으로 설정한다.

출력포트 GPIO_PORT를 0xaa와 0x55로 반복하여 출력한 후 GPIO_PORT1의 데이터를 받아서 GPIO_PORT로 출력한다.

# Ⅱ. 실험 결과

GPIO_PORT의 LED가 0xaa, 0x55로 반복한 후 GPIO_PORT1의 스위치 값이 GPIO_PORT의 LED로 출력된다.

# Ⅲ. 실험 과제

GPIO는 각각의 비트를 입력 혹은 출력으로 설정이 가능하다. 위 AVR 프로그램을 변화시켜 GPIO_PORT 상위 4비트를 입력 하위 4비트를 출력으로 설정하고 GPIO_PORT1의 상위 4비트를 출력 하위 4비트를 입력으로 설정한다. 그리고 GPIO_PORT 상위 4비트를 GPIO_PORT1에 상위 4비트로 출력하고 GPIO_PORT1의 하위 4비트를 GPIO_PORT 하위 4비트로 출력한다.

## 실험 실습 안내서 [4주차]

# 실험 제목 : SERIAL ADC 컴포넌트 설계와 제어

**실험 목적 :** SPI 통신을 이용하여 시리얼 A/D컨버터를 제어하고 ADC데이터를 LED로 표시한다.

**기초 지식 :** SPI통신 기본 이론, ADC 기본 이론.

**자　　료 :** 설치 및 준비 사항 : Quartus II(9.0이상) 설치, Cyclone I, MCP3208(ADC)

**실험 절차 :** ① Quartus II(9.0이상) 설치.
② VHDL설계.
③ 다운 로드.

# Ⅰ. 실험 실습

## 1. 기본이론

### 1-1 시리얼 ADC(MCP3208) 기본이론

MCP3208은 2.7V 8채널 12비트 A/D컨버터이다. 일반적으로 A/D컨버터는 병렬 인터페이스로 되어 있으나 MCP3208은 직렬 인터페이스를 취하고 있다. 특히 업계 표준인 SPI 직렬 인터페이스를 취하고 있어 다루기에 매우 용이하다. 다만 마이크로프로세서에서 이를 사용하기 위해서는 복잡한 SPI통신을 구현하여야 하나 VHDL에서 이를 간단히 컴포넌트화 하여 사용하려 한다.

MCP3208은 주로 센서 인터페이스나 프로세서 컨트롤 데이터 획득 배터리 구동 시스템에 주로 사용되며 전력 소비가 작고 외부 인터페이스가 간단하여 병렬 A/D컨버터 보다 편리한 관계로 업계에서 많이 사용하고 있다.

MCP3208은 SPI 프로토콜을 사용하고 있고 100ksps의 변환속도를 가지며 디바이스의 동작전압 레인지가 2.7V에서 5.5V까지 넓은 범위를 커버하고 있어 전원 인가에 매우 편리하다.

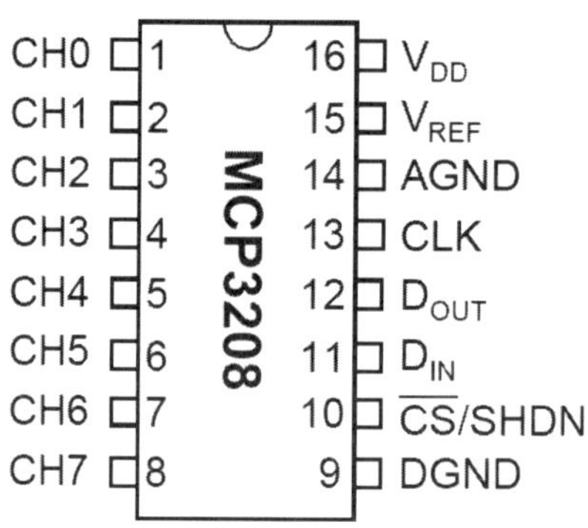


[그림 4.1] MCP3208의 외형 핀 배치

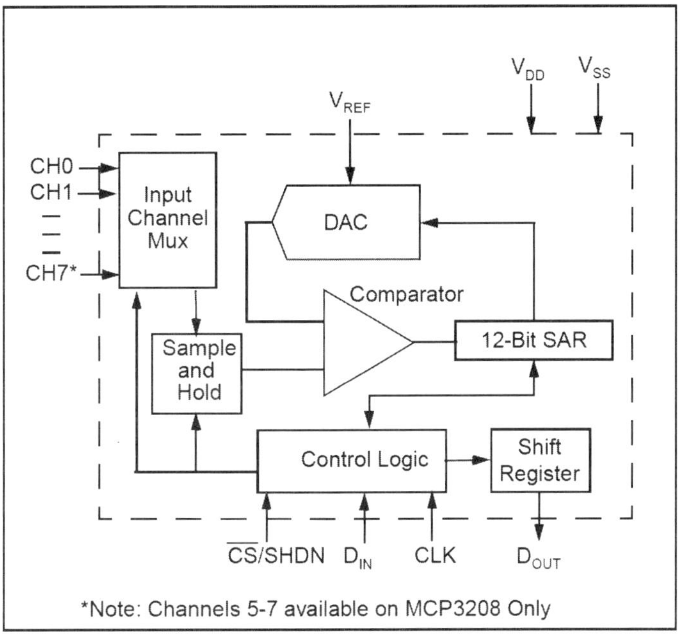


[그림 4.2] MCP3208의 내부 동작 블록도

| NAME | FUNCTION |
|---|---|
| $V_{DD}$ | +2.7V to 5.5V Power Supply |
| DGND | Digital Ground |
| AGND | Analog Ground |
| CH0-CH7 | Analog Inputs |
| CLK | Serial Clock |
| $D_{IN}$ | Serial Data In |
| $D_{OUT}$ | Serial Data Out |
| $\overline{CS}$/SHDN | Chip Select/Shutdown Input |
| $V_{REF}$ | Reference Voltage Input |

[그림 4.3] MCP3208의 핀 배치

MCP3208은 아날로그 전원과 디지털 전원이 분리되어 있어서 VDD에서 2.7V에서 5.5V의 넓은 범위를 커버하는 대신 디지털 그라운드와 아날로그 그라운드를 DGND와 AGND로 각각 구별한다.

SPI 통신을 위해서 클럭과 DIN과 DOUT을 가지며 DIN에서 채널정보와 START제어 신호를 주면 DOUT에서 12비트의 데이터가 클럭의 의해서 출력된다.

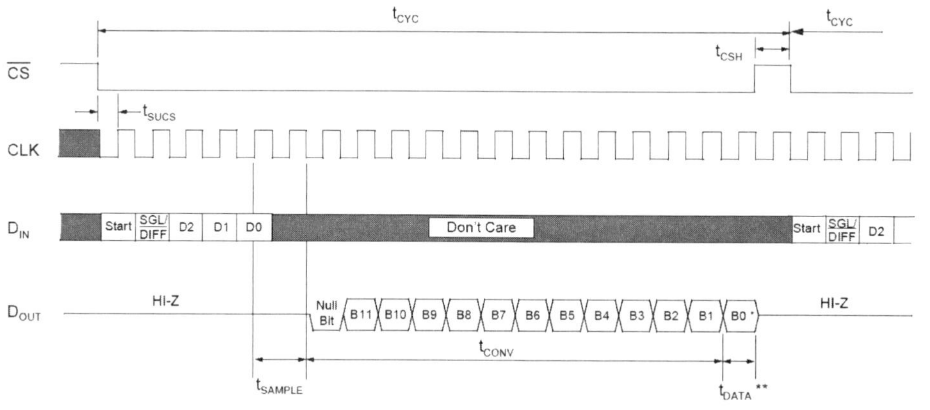


* After completing the data transfer, if further clocks are applied with $\overline{CS}$ low, the A/D Converter will output LSB first data, then followed with zeros indefinitely. See Figure 5-2 below.

** $t_{DATA}$: during this time, the bias current and the comparator power down while the reference input becomes a high impedance node, leaving the CLK running to clock out the LSB-first data or zeros.

[그림 4.4] MCP3208의 타이밍도

MCP3208은 칩 셀렉트 로우에 의해서 DIN에 A/D컨버터 START 명령을 내린다. 즉 CS가 로우이고 클럭이 상승일 때 DIN의 "1"값에 의해서 A/D컨버터가 START 된다.

모든 DIN에 제어 정보와 채널 정보는 CS가 로우이고 클럭이 상승일 때 MCP3208의 제어 레지스터에 랫치된다. DIN은 START, SGL/DIFF, D2, D1, D0로 구성되며 이것은 ADC의 스타트와 입력 채널을 선정한다.

| CONTROL BIT SELECTIONS | | | | INPUT CONFIGURATION | CHANNEL SELECTION |
|---|---|---|---|---|---|
| SINGLE/ $\overline{DIFF}$ | D2 | D1 | D0 | | |
| 1 | 0 | 0 | 0 | single ended | CH0 |
| 1 | 0 | 0 | 1 | single ended | CH1 |
| 1 | 0 | 1 | 0 | single ended | CH2 |
| 1 | 0 | 1 | 1 | single ended | CH3 |
| 1 | 1 | 0 | 0 | single ended | CH4 |
| 1 | 1 | 0 | 1 | single ended | CH5 |
| 1 | 1 | 1 | 0 | single ended | CH6 |
| 1 | 1 | 1 | 1 | single ended | CH7 |
| 0 | 0 | 0 | 0 | differential | CH0 = IN+<br>CH1 = IN- |
| 0 | 0 | 0 | 1 | differential | CH0 = IN-<br>CH1 = IN+ |
| 0 | 0 | 1 | 0 | differential | CH2 = IN+<br>CH3 = IN- |
| 0 | 0 | 1 | 1 | differential | CH2 = IN-<br>CH3 = IN+ |
| 0 | 1 | 0 | 0 | differential | CH4 = IN+<br>CH5 = IN- |
| 0 | 1 | 0 | 1 | differential | CH4 = IN-<br>CH5 = IN+ |
| 0 | 1 | 1 | 0 | differential | CH6 = IN+<br>CH7 = IN- |
| 0 | 1 | 1 | 1 | differential | CH6 = IN-<br>CH7 = IN+ |

[그림 4.5] MCP3208의 DI 제어 비트

SINGLE/DIFF는 single ended인가 differential ended인가 구별한다. 즉 SINGLE/DIFF가 1이면 단일 입력채널을 사용하며 0이면 두 개의 채널을 하나의 입력 채널로 사용한다. 예를 들면 SINGLE/DIFF, D2, D1, D0가 '1000'이면 CH0가 선택된다. 그러나 '0000'이면 CH0와 CH1이 IN+와 IN-의 입력으로 선택된다.

## 1-2 시리얼 ADC(MCP3208)를 이용한 하드웨어 블록 다이어그램

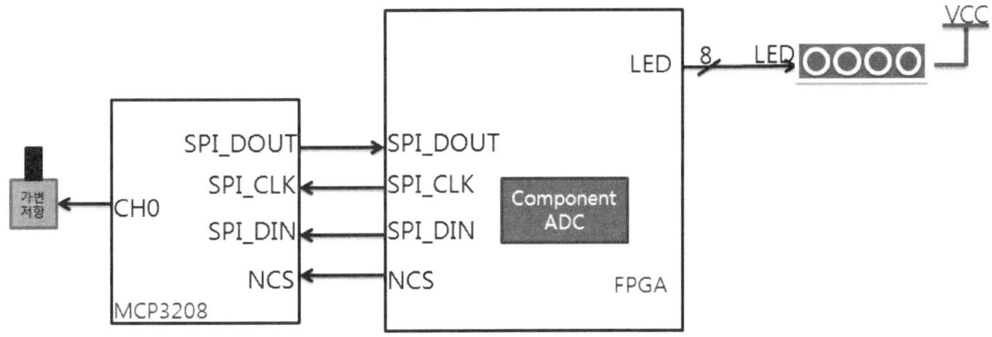


[그림 4.6] MCP3208과 FPGA인터페이스

[그림 4.7] ADC/DAC, RS-232/USB 기판

## 1-3 시리얼 ADC(MCP3208)를 이용한 컴포넌트 하드웨어

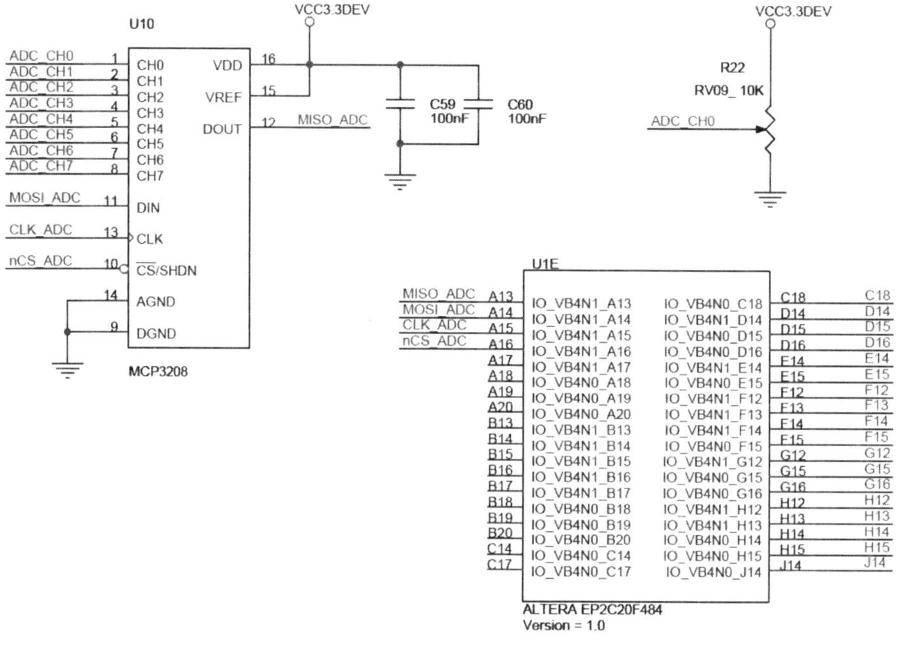

[그림 4.8] 시리얼 ADC(MCP3208)를 이용한 컴포넌트 하드웨어 회로도

# 2. 프로그램 소스

**-하드웨어 프로그램 소스-**

```
library ieee;
use ieee.std_logic_1164.all;

entity ADC_SERIAL is
        port(
                CLK            : in  std_logic;   -- Master Clock 20 Mhz

                NCS            : out std_logic;
```

```
        SPI_CLK           : out std_logic;  -- MCP3208:<- CLK
        SPI_DIN           : out std_logic;  -- MCP3208:<- SPI_DIN
        SPI_DOUT          : in  std_logic;  -- MCP3208:-> SPI_DIN

        LED               : out std_logic_vector(7 downto 0)
    );
end ADC_SERIAL;

architecture sample of ADC_SERIAL is

    component ADC is
    port(           NCS             : out std_logic;
                    SPI_CLK         : out std_logic;
                    SPI_DIN         : out std_logic;
                    SPI_DOUT        : in std_logic;

                    CLK             : in std_logic;              -- 20 MHZ
                    ADC_CH          : in std_logic_vector(3 downto 0);
                                                         -- SGL/DIFF + CH_No
                    ADC_DATA        : out std_logic_vector(11 downto 0);
                    ADC_DATA_READY : out std_logic
    );
    end component;


    signal ADC_DATA_READY, ADC_data_ready_next : std_logic;
    signal ADC_DATA           : std_logic_vector(11 downto 0);
    signal ADC_buffer         : std_logic_vector(7 downto 0);


begin

    MCP3208: ADC
    port map(
                    NCS,
                    SPI_CLK,
                    SPI_DIN,
                    SPI_DOUT,
```

```
                    CLK,
                    ADC_CH => "0000",
                    ADC_DATA => ADC_DATA,
                    ADC_DATA_READY => ADC_DATA_READY
        );


        led_display :process(ADC_DATA_READY)
        begin
                    if ADC_DATA_READY'event and ADC_DATA_READY= '1' then
                            LED <= not ADC_DATA(11 downto 4);
                    end if;
        end process;

end sample;
```

### (component ADC)프로그램 소스

```
library ieee;
use ieee.std_logic_1164.all;

entity ADC is
        port(   NCS                 : out std_logic;
                SPI_CLK             : out std_logic;
                SPI_DIN             : out std_logic;
                SPI_DOUT            : in std_logic;

                clk                 : in std_logic;    -- 20 MHZ
                ADC_CH              : in std_logic_vector(3 downto 0); -- SGL/DIFF + CH_No
                ADC_DATA            : out std_logic_vector(11 downto 0);
                ADC_DATA_READY      : out std_logic
        );
end ADC;

architecture sample of ADC is

        signal div_clk_cnt                  : integer range 0 to 10;
        signal div_clk                      : std_logic;
```

```
    signal SPI_CLK_BUFFER            : std_logic;

    signal SPI_bit_count             : integer range 0 to 21;
    signal SPI_DATA_IN               : std_logic_vector(4 downto 0);
    signal SPI_DATA_OUT              : std_logic_vector(11 downto 0);



begin

    process(clk)                              -- system clk : 50MHZ
    begin                                     -- 20M / 100k * 20 = MAX HZ = 10
        if clk'event and clk = '1' then
            if div_clk_cnt < 10 then
                div_clk_cnt <= div_clk_cnt + 1;
                div_clk <= '0';
            else
                div_clk_cnt <= 0;
                div_clk <= '1';
                SPI_CLK_BUFFER <= not(SPI_CLK_BUFFER);

            end if;
        end if;
    end process;

    process(clk)                              --SPI : bit counter
    begin
        if clk'event and clk = '1' then
          if div_clk = '1' then
                if SPI_CLK_BUFFER  ='1' then
                    if (SPI_bit_count < 21) then
                        SPI_bit_count <= SPI_bit_count+1;
                    else
                        SPI_bit_count <= 0;
                    end if;
                end if;
            end if;
        end if;
```

```
        end process;

        process(clk)        -- SPI_DATA_IN  <= "11000"( start(1)+ Single(1)/Diff(0) +
CH_Number:000 )
        begin
                if clk'event and clk = '1' then
                        if div_clk = '1' then
                                if SPI_bit_count = 0 then
                                        NCS <='1';
                                        SPI_DATA_IN <= "1"& ADC_CH ;
                                        ADC_DATA_READY <= '0';
                                elsif SPI_bit_count = 21 then       -- ADCdata ready !!
                                        NCS <='1';
                                        ADC_DATA <= SPI_DATA_OUT;
                                        ADC_DATA_READY <= '1';
                                else                                -- 1 - 20
                                        ADC_DATA_READY <= '0';
                                        NCS <='0';

                                        if SPI_CLK_BUFFER = '1' then

                                                SPI_CLK <= '0';
                                        -- falling edge of SPI CLK : SPI data setting

                                        if(SPI_bit_count < 6) then     -- 1,2,3,4,5
                                            SPI_DIN <= SPI_DATA_IN(4);
                                         SPI_DATA_IN <= SPI_DATA_IN(3 downto 0)&'0';
                                        end if;
                                        else
                                                SPI_CLK <= '1';
                                        -- rising_edge of SPI CLK: SPI data latch

                                        if(SPI_bit_count > 7 ) then     --8,9,--,19
                                                        SPI_DATA_OUT <=
                                            SPI_DATA_OUT(10 downto 0) & SPI_DOUT;
                                                end if;

                                        end if;
                                end if;
```

```
                    end if;
                end if;
        end process;

end  sample;
```

## 3. 프로그램 소스 설명

**-하드웨어 프로그램 소스-**

component ADC: entity ADC MCP3208의 SPI통신을 구현하기 위해서 적절한 클럭 주파수에 분주가 필요하다. 시스템 클럭을 20Mhz라고 할때 시스템 클럭이 100Khz에서 동작하기 위해서 클럭을 약 10분주 한다. 그리고 분주된 클럭을 div_clk라고 둔다. 즉 div_clk가 '1'일 때 시스템 클럭에 동기하여 SPI통신을 하게 된다.

SPI_bit_count는 0에서부터 21까지 카운터 된다. SPI통신에서 SPI_bit_count는 SPI_DATA_IN과 SPI_DATA_OUT에 대한 각각의 위치를 지정하기 위해서 사용된다. SPI_bit_count가 '0'일 때 nCS를 '1'로 초기화 하고 ADC_CH의 정보를 SPI_DATA_IN에 저장한다.

SPI_bit_count가 '21'이면 nCS를 '1'로 두고 SPI_DATA_OUT을 MCP3208의 컨버젼된 데이터가 ADC_DATA에 저장한다. 실제 MCP3208의 SPI통신에 의한 제어는 SPI_bit_count '1'에서 '20'까지 이다. 이 기간 동안 nCS는 '0'이 된다. SPI_bit_count가 '6'보다 작고 SPI_CLK가 '0'(SPI_CLK의 하강 엣지)일 때 SPI_DATA_IN이 시프트 되어 SPI_DIN(외부 핀)으로 전송한다. 그리고 SPI_bit_count가 '7'보다 크고 '20'보다 작고 SPI_CLK가 '1'(SPI_CLK의 상승 엣지)일 때  SPI_DOUT(외부 핀)을 시프트 하여 SPI_DATA_OUT에 저장시킨다. 다시 말하면 SPI_CLK의 상승에서 채널 정보를 보내고 하강에서 데이터를 받아 들인다.

## 4. entity ADC_SERIAL 프로그램 소스 설명

컴포넌트 ADC를 사용하여 이를 LED로 디스플레이하는 프로그램이다. entity ADC에서 데이터 변환이 완료 되었을 때 즉, SPI_bit_count가 '21'일 때 ADC_DATA_READY가 '1'이 된다. 이 ADC_DATA_READY는 컴포넌트 ADC가 데이터 변환 완료가 되었다는 것을 알린다. 이것을 이용하여 컴포넌트 ADC에 ADC_DATA를 ADC_DATA_READY에 상승에서 LED로 디스플레이 한다.

# Ⅱ. 실험 결과

AD컨버터(MCP3208)의 채널0번에 가변저항을 인가하고 8비트 LED의 변화를 본다. 가변 저항의 저항값을 변화시켰을 때 해당 전압값이 변화되고 LED에 출력 값이 변화되는 것을 알아볼 수 있다.

# Ⅲ. 실험 과제

LED의 포트를 하나 더 생성시키고 채널을 AD컨버터(MCP3208)의 채널을 증가시켜 LED의 변화 값을 살펴보자.

실험 실습 안내서 [5주차]

# 실험 제목 : AVR128을 이용한 SERIAL ADC 컴포넌트 설계

**실험 목적 :** AVR128을 이용하여 SERIAL ADC컴포넌트를 인터페이스하고 제어한다.

**기초 지식 :** SPI통신 기본 이론, ADC 기본 이론. AVR128기본 이론

**자 료 :** 설치 및 준비 사항 : Quartus II(9.0이상) 설치, Cyclone I , MCP3208(ADC), AVR128

**실험 절차 :** ① Quartus II(9.0이상) 설치.
② VHDL설계.
③ 다운 로드.

# Ⅰ. 실험 실습

## 1. 기본이론

AVR128과 앞 장에서 설계된 MCP3208컴포넌트 ADC를 이용하여 AVR128에서 사용할 수 있는 시스템 구성을 다음과 같이 하였다. 이를 위해 VHDL 프로그램과 C 프로그램은 다음과 같다.

### 1-2 시리얼 ADC(MCP3208)를 이용한 하드웨어 블록도

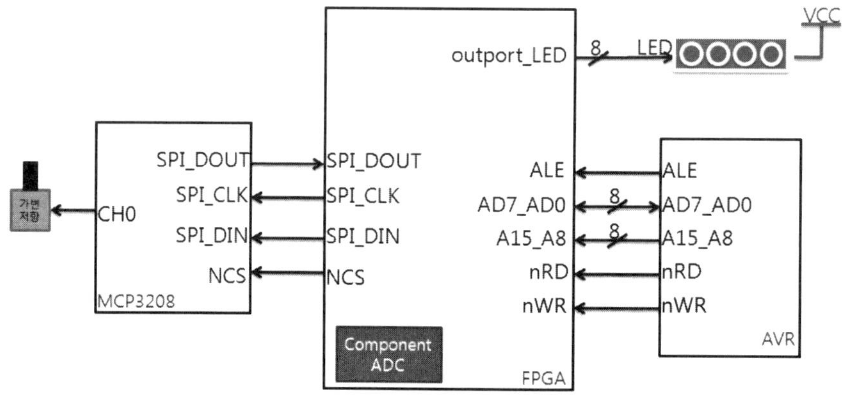


[그림 5.1] MCP3208, AVR과 FPGA인터페이스

[그림 5.2] ADC/DAC, RS-232/USB 기판

# 2. 프로그램 소스

## - 하드웨어 프로그램 소스 - (VHDL 프로그램)

```
library ieee;
use ieee.std_logic_1164.all;
use ieee.std_logic_arith.all;
use ieee.std_logic_unsigned.all;

entity ADC_AVR is
      port (
           -- global signals:
             CLK              : in STD_LOGIC;

           -- AVR interface
             A15_A8           : in std_logic_vector(7 downto 0);        -- address
             AD7_AD0          : inout std_logic_vector(7 downto 0);   -- address/data
             ALE              : in std_logic;
             nRD, nWR         : in std_logic;
             outport_LED      : out std_logic_vector(7 downto 0);
           -- MCP3208
            NCS               : out std_logic;
            SPI_CLK           : out std_logic;      -- MCP3208:<- CLK
            SPI_DIN           : out std_logic;      -- MCP3208:<- SPI_DIN
            SPI_DOUT          : in std_logic        -- MCP3208:-> SPI_DIN
           );
end ADC_AVR;


architecture sam of ADC_AVR is

   component ADC is
      port(     NCS              : out std_logic;
                SPI_CLK          : out std_logic;
                SPI_DIN          : out std_logic;
                SPI_DOUT         : in  std_logic;
```

```
            CLK              : in std_logic;                        -- 20 MHZ
            ADC_CH           : in std_logic_vector(3 downto 0);  -- SGL/DIFF + CH_No
            ADC_DATA         : out std_logic_vector(11 downto 0);
            ADC_DATA_READY   : out std_logic
        );
        end component;


        signal ADC_DATA_READY          : std_logic;
        signal ADC_DATA                : std_logic_vector(11 downto 0);
        signal ADC_DATA_LOW            : std_logic_vector( 7 downto 0);
        signal ADC_DATA_HIGH           : std_logic_vector( 7 downto 0);
        signal ADC_channel             : std_logic_vector( 7 downto 0);


        -- AVR signal
        signal nCS_ADC_LOW, nCS_ADC_HIGH, nCS_CH, nCS_LED    : std_logic;
        signal A7_A0                          : std_logic_vector( 7 downto 0);
        signal Addr15_0                       : std_logic_vector(15 downto 0);
        signal INTER_AD7_AD0                  : std_logic_vector( 7 downto 0);

begin

--component
  MCP3208: ADC
        port map(
                    NCS,
                    SPI_CLK,
                    SPI_DIN,
                    SPI_DOUT,

                    CLK,
                    ADC_CH => ADC_channel(3 downto 0),
                    ADC_DATA => ADC_DATA,
                    ADC_DATA_READY => ADC_DATA_READY
        );

--BUSinterface
        process(ALE, nCS_ADC_LOW, nCS_ADC_HIGH, nCS_CH, nCS_LED
```

```
                ,ADC_DATA, ADC_data_ready, AD7_AD0)
    begin
     if ALE = '1' then
       A7_A0 <= AD7_AD0;
       AD7_AD0 <= (others =>'Z');
    -- read cycle
    elsif nCS_ADC_LOW = '0' then
          AD7_AD0 <= ADC_DATA( 7 downto 0);
    elsif nCS_ADC_HIGH = '0' then
   AD7_AD0 <= ADC_data_ready & "000" & ADC_DATA( 11 downto 8);

    -- write cycle
    elsif nCS_CH = '0' then
          INTER_AD7_AD0 <= AD7_AD0;
          AD7_AD0 <= (others =>'Z');
    elsif nCS_LED = '0' then
          INTER_AD7_AD0 <= AD7_AD0;
          AD7_AD0 <= (others =>'Z');
    else
          INTER_AD7_AD0 <= AD7_AD0;
          AD7_AD0 <= (others =>'Z');
    end if;

end process;


-- 16 bit address
Addr15_0 <= A15_A8(7 downto 6)& "000000"& A7_A0;

-- Address Decorder
process( Addr15_0, nRD, nWR )
begin

     if (Addr15_0 = x"8000" ) and ( nWR = '0') then      -- Select ADC_channel
          nCS_CH <= '0';
     else
          nCS_CH <= '1';
     end if;
```

```
        if (Addr15_0 = x"8001" ) and ( nWR = '0') then         -- Select LED
            nCS_LED <= '0';
        else
            nCS_LED <= '1';
        end if;

        if (Addr15_0 = x"c000" ) and ( nRD = '0') then         -- Select ADC_DATA_LOW
            nCS_ADC_LOW <= '0';
        else
            nCS_ADC_LOW <= '1';
        end if;

        if (Addr15_0 = x"c001" ) and ( nRD = '0') then         -- Select ADC_DATA_HIGH
            nCS_ADC_HIGH <= '0';
        else
            nCS_ADC_HIGH <= '1';
        end if;
    end process;


  -- external device

    CH_setting: process( nCS_CH )                         -- output port for CH setting
        begin
        if nCS_CH'event and nCS_CH ='1' then
            ADC_channel  <= INTER_AD7_AD0;
        end if;
    end process;

    Output_port: process( nCS_LED )                       -- output port for LED
        begin
        if nCS_LED'event and nCS_LED ='1' then
            outport_LED <= INTER_AD7_AD0;
        end if;
    end process;

endsam;
```

## -소프트웨어 프로그램 소스- (C 프로그램)

```
#include <stdio.h>
#include <avr/io.h>
#include <avr/signal.h>
#include <avr/interrupt.h>
#include <avr/pgmspace.h>
#include <util/delay.h>

#define ADC_channel       (*(volatile unsigned char *)(0x8000))
#define LED               (*(volatile unsigned char *)(0x8001))
#define ADC_DATA_LOW      (*(volatile unsigned char *)(0xC000))
#define ADC_DATA_HIGH     (*(volatile unsigned char *)(0xC001))

void delay_us(unsigned int time_us)
{    register unsigned int i;
   for(i=0;i<time_us;i++)
   {
      asm volatile("PUSH R0");
      asm volatile("POP R0");
      asm volatile("PUSH R0");
      asm volatile("POP R0");
      asm volatile("PUSH R0");
      asm volatile("POP R0");
   }
}
void delay_ms(unsigned int time_ms)
{    register unsigned int j;
   for(j=0;j<time_ms;j++)
   {
      delay_us(250);
      delay_us(250);
      delay_us(250);
      delay_us(250);
   }
}
int main(void){

   MCUCR = 0x80;
```

```
XMCRA = 0x00;
XMCRB = 0x80;

      while(1){

              unsigned int adc_data;
              ADC_channel = 0x00;    //setting adc CH 0
      while(1)
      {
              do
              { adc_data = ADC_DATA_HIGH;

              }while((adc_data & 0x80) != 0x80);
        adc_data = (( adc_data & 0x0f ) << 8 );
        adc_data = adc_data + ADC_DATA_LOW ;
        LED =~(adc_data >>4);
       delay_ms(1);
    }
  }
}
```

## 3. 프로그램 소스 설명

**-하드웨어 프로그램 소스-**

AVR128과 ADC를 인터페이스 하기 위한 VHDL의 entity는 CLK과 AVR128 인터페이스와 컴포넌트 MCP3208시그널로 구성되어 있다.

컴포넌트 ADC는 앞서 설계한 MCP3208의 컴포넌트와 동일하다. architecture와 begin 사이에 컴포넌트 ADC를 선언하고 실제 컴포넌트를 begin이하에서 포트맵을 통하여 인스턴트시킨다. 여기서 ADC컴포넌트 포트 시그널은 모두 위치 결합을 시키고 이름 결합은 ADC_CH를 ADC_Channel(3 downto 0)로 결합하고 ADC_DATA는 ADC_DATA 그리고 ADC_DATA_READY는 ADC_DATA_READY로 결합한다.

특정 위치에서의 컴포넌트 이름 결합이 수행 된 후 그 뒤는 모두 이름 결합이 되어야 한다. AVR128에서 제어되어야 할 포트시그널은 ADC_Channel(3 downto 0)로 여기에 아날로그 입력 채널을 선택한다. 그리고 AVR128에서 ADC변환 완료된 데이터를 알아보기 위한 플래그는 ADC_DATA_READY이며 이 비트가 1일 때 ADC_DATA가 변환 완료된 데이터가 된다.

MCP3208은 12비트 A/D컨버터 이고 AVR128은 8비트 데이터 버스를 가지고 있으므로 ADC_DATA를 읽기 위해서는 12비트가 필요하다. 따라서 2바이트를 읽어야 하므로 ADC_DATA를 ADC_DATA_LOW, ADC_DATA_HIGH로 지정 하였다. ADC_DATA_HIGH는 8비트 중 4비트만 사용함으로 최상위 비트를 ADC_DATA_READY로 두어 AVR128의 데이터버스로 전달 할 때 ADC_data_ready & "000" & ADC_DATA( 11 downto 8)로 데이터를 받는다.

AVR128에서 FPGA내의 출력 포트로 설정되어야 할 것은 채널 설정 값 ADC_Channel과 outport_LED이다. 이들 주소는 각각 x"8000"와 x"8001"번지이다. 그리고 AVR128에서 FPGA내의 입력 포트로 설정되어야 할 것은 ADC데이터이며 이 데이터는 16비트로 ADC_DATA_LOW와 ADC_DATA_HIGH이다. 이들 주소는 각각 x"C000"와 x"C001"이다.

**-소프트웨어 프로그램 소스-**

하드웨어 설계에서 설정된 포트 주소들은 아래와 같다.

```
#define ADC_channel         (*(volatile unsigned char *)(0x8000))
#define LED                 (*(volatile unsigned char *)(0x8001))
#define ADC_DATA_LOW        (*(volatile unsigned char *)(0xC000))
#define ADC_DATA_HIGH       (*(volatile unsigned char *)(0xC001))
```

이들 주소에서 포인터를 이용하여 AVR128에서 사용한다. MCP3208의 입력 채널 0번에 가변저항기를 통한 전압을 인가하고 이를 A/D컨버터 하기 위하여 ADC_channel을 0x00으로 두고 ADC변환을 하여 본다. 변환이 완료된 것을 알아보기 위하여 ADC_DATA_HIGH를 받고 ADC_DATA_HIGH의 최상위 비트가 1이 될 때까지 기다린다. 이 최상위 비트가 1이면 MCP3208이 변환 완료되었다는 것을 알려 주므로 이때 ADC_DATA_LOW를 읽어 adc_data에 저장한다. 이때 ADC_DATA_HIGH의 값은 4비트만 유효하므로 adc_data를 0x0f로 끝낸 후 상위 8비트로 시프트 하여 사용한다. 획득된 ADC데이터를 LED로 보기 위하여 우측으로 4비트 시프트한 후 LED포트로 출력한다. 여기서 LED포트는 8비트 출력 포트이다.

# Ⅱ. 실험 결과

AD컨버터(MCP3208)의 채널 0번에 가변저항을 인가하고 8비트 LED의 변화를 본다. 가변 저항의 저항값을 변화시켰을 때 해당 전압값이 변화되고 LED에 출력 값이 변화되는 것을 알아볼 수 있다.

# Ⅲ. 실험 과제

AD컨버터(MCP3208)의 채널 2번에 온도 센서를 달고 이것을 AVR128을 통하여 온도를 인식해 본다. 인식된 온도는 LED 또는 AVR128 시리얼을 이용하여 하이퍼터미널에 표시한다.

## 실험 실습 안내서 [6주차]

# 실험 제목 : SERIAL DAC 컴포넌트 설계와 제어

**실험 목적 :** SPI 통신을 이용하여 시리얼 D/A컨버터를 제어하고 디지털데이터를 DAC로 출력한다.

**기초 지식 :** SPI통신 기본 이론, DAC 기본 이론.

**자　　료 :** 설치 및 준비 사항 : Quartus II(9.0이상) 설치, Cyclone I, DAC7512N(DAC)

**실험 절차 :** ① Quartus II(9.0이상) 설치.
② VHDL설계.
③ 다운 로드.

# Ⅰ. 실험 실습

## 1. 기본이론

### 1-1 시리얼 DAC(DAC7512N) 기본이론

DAC7512N은 전원 전압이 +2.7V에서 +5.5V까지의 넓은 범위를 가지고 있다. 특히 DAC7512N은 5V에서 135uA의 전력 소모를 함으로써 일반 병렬 DAC보다 아주 낮은 전원을 소모 하고 있는 셈이다. 그리고 DAC7512N은 표준화된 SPI통신으로 30Mhz의 높은 속도로 12비트의 DAC변환이 이루어진다.

일반적으로 병렬 DAC로 마이크로프로세서에 인터페이스 하려면 많은 포트 핀이 필요하나 직렬 DAC의 경우 간단히 세 개의 포트를 사용하여 구현하기 때문에 매우 편리하다. 여기에서 직렬 DAC를 마이크로프로세서에서 사용하기 위해서는 복잡한 SPI통신을 구현하여야 하나 VHDL에서 이를 간단히 컴포넌트화 하여 사용하려 한다.

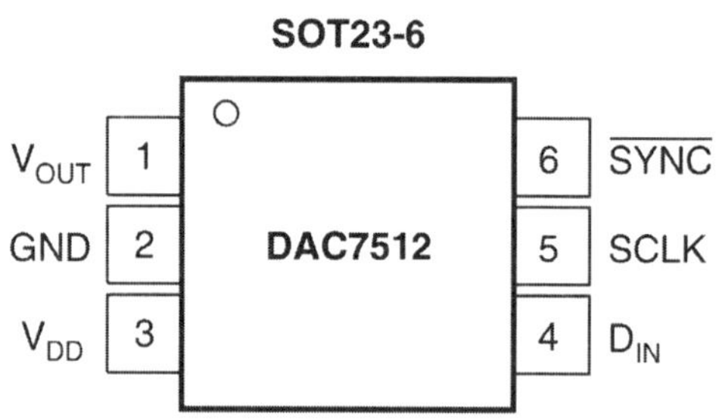


[그림 6.1] DAC7512N의 외형 핀 배치

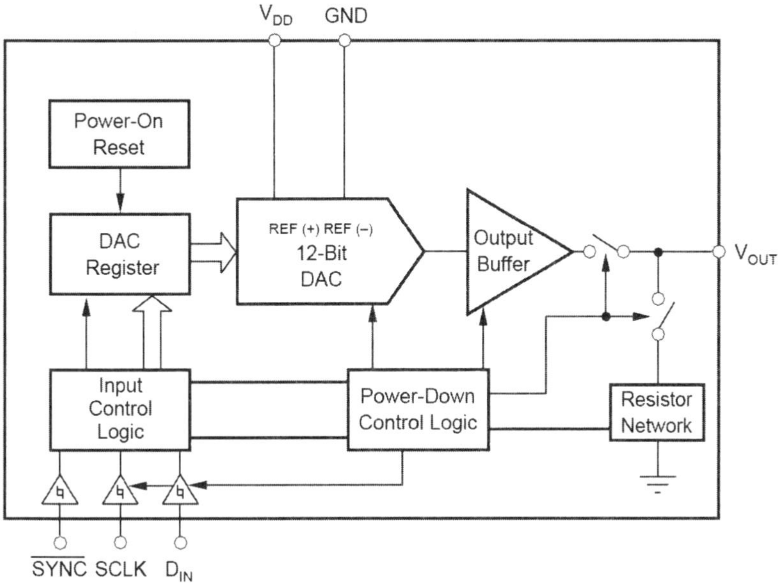


[그림 6.2] DAC7512N의 내부 동작 블록도

| PIN | NAME |
|---|---|
| 1 | $V_{OUT}$ |
| 2 | GND |
| 3 | $V_{DD}$ |
| 4 | $D_{IN}$ |
| 5 | SCLK |
| 6 | $\overline{SYNC}$ |

[그림 6.3] DAC7512N의 핀 배치

DAC7512N의 핀 구성을 보면 Vout은 DAC의 변환된 아날로그 출력이며 VDD는 전원 전압으로 +2.7V에서 +5.5V로 인가한다. 여기에서 GND는 전원 전압과 Vout의 공통 그라운드 이다.

SPI통신을 위해 마련된 핀은 DIN과 SCLK이며 Dout이 없는 이유는 DAC7512N이 출력제어 이므로 입력을 받을 필요가 없기 때문이다. 여기서 SYNC는 DIN의 시작을 알리는 동기신호이다.

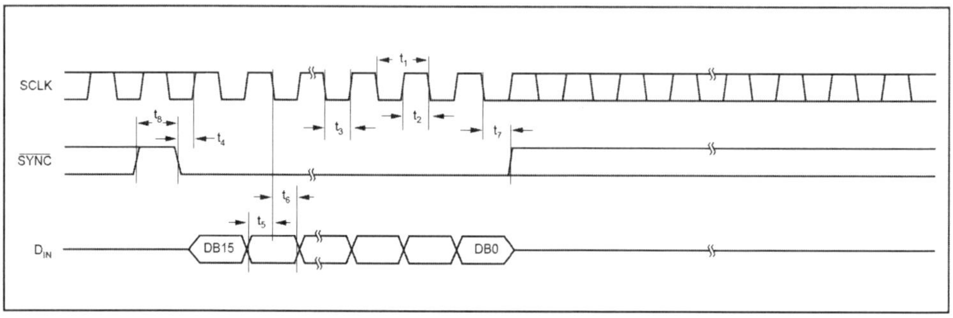


[그림 6.4] DAC7512N의 타이밍도

DAC7512N의 타이밍을 보면 SCLK가 SPI의 클럭이 되고 이 클럭에 의해서 직렬 데이터가 시프트 되어 DAC변환을 하게 된다. SYNC가 '1'일 때 DIN의 데이터가 시프트 시키는데 클럭의 상승에서 직렬 데이터를 최상위 비트부터 최하위 비트로 전송시킨다. 즉, DB15에서 DB0의 순으로 전달시킨다.

DAC7512N은 12비트 D/A 컨버터이나 실제 데이터 형식은 16비트의 직렬 데이터 형식을 가진다. 다음의 그림은 DAC7512N의 DATA INPUT REGISTER의 형식을 보여준다. 즉, DB15와 DB14는 정의되지 않으며 DB13과 DB12는 동작 모드를 설정한다. 일반적으로 정상 동작일 때 DB13과 DB12는 '00'값을 가지며 그 외의 값은 Power-Down Modes를 나타낸다. 즉 DB13과 DB12가 '00'일 때는 출력이 1KΩ의 그라운드로 연결된 것과 같이 동작하며 '11'일 경우에는 HIGH-Z를 나타낸다.

| DB15 | | | | | | | | | | | | | | | DB0 |
|---|---|---|---|---|---|---|---|---|---|---|---|---|---|---|---|
| X | X | PD1 | PD0 | D11 | D10 | D9 | D8 | D7 | D6 | D5 | D4 | D3 | D2 | D1 | D0 |

[그림 6.5] DAC7512N의 DATA INPUT REGISTER

| DB13 | DB12 | OPERATING MODE |
|---|---|---|
| 0 | 0 | Normal Operation |
| | | Power-Down Modes: |
| 0 | 1 | Output 1kΩ to GND |
| 1 | 0 | Output 100kΩ to GND |
| 1 | 1 | High-Z |

[그림 6.6] DAC7512N의 동작 모드

## 1-2 시리얼 DAC(DAC7512N)를 이용한 하드웨어 블록도

DAC7512를 이용한 모터 속도 제어를 간단하게 구성하여 본다. DAC7512를 외부에 인터페이스하고 컴포넌트 DAC를 이용하여 SPI시리얼 제어를 한다. 컴포넌트 DAC에 카운터 값을 출력하여 DAC7512의 출력 DAC_OUT에 해당 아날로그 값이 출력되고 이를 모터에 인가한다. 카운터 출력 값에 비례하는 모터의 속도 변화가 있는 지를 알아본다.

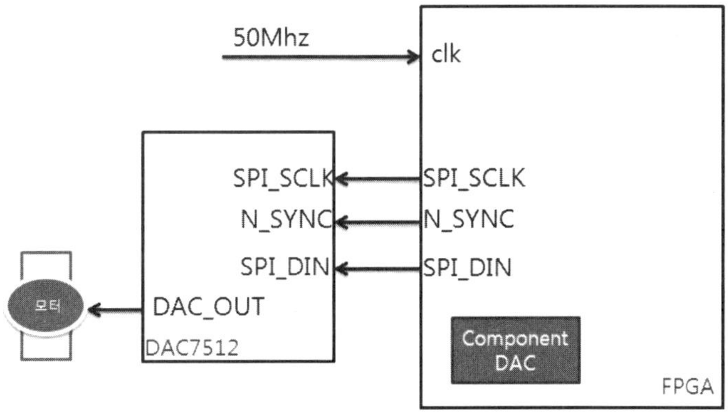


[그림 6.7] DAC7512와 FPGA인터페이스

[그림 6.8] ADC/DAC, RS-232/USB 기판

## 1-3 시리얼 DAC(DAC7512N)를 이용한 컴포넌트 하드웨어

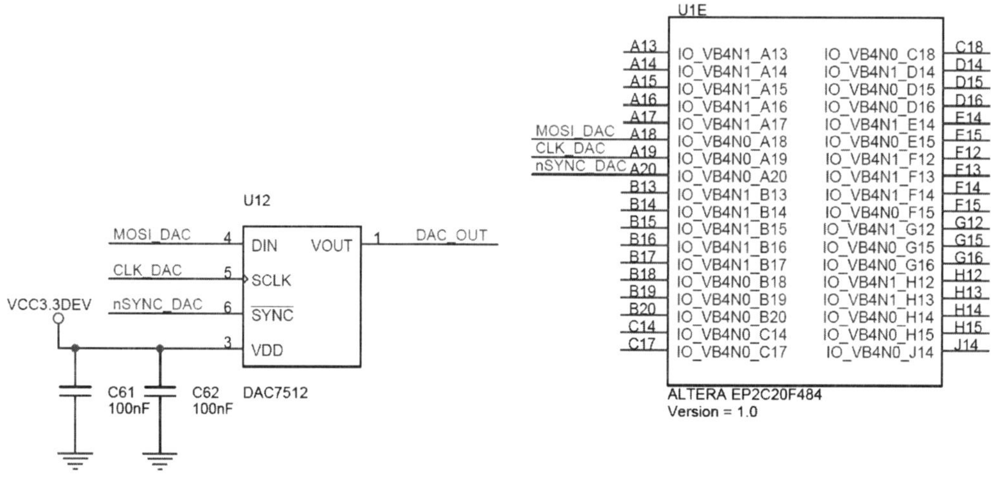


[그림 6.9] 시리얼 DAC(DAC7512N)를 이용한 컴포넌트 하드웨어 회로도

# 2. 프로그램 소스

```
library ieee;
use ieee.std_logic_1164.all;
use ieee.std_logic_unsigned.all;

entity DAC_SW is
        port(
                clk                      : in std_logic;   --50Mhz

                SPI_SCLK                 : out std_logic;  --25Mhz
                SPI_DIN                  : out std_logic;
                n_SYNC                   : out std_logic


        );
end DAC_SW;
```

```
architecture sam of DAC_SW is
--
        signal DAC_data                     : std_logic_vector(11 downto 0);
        signal dac_count                    : std_logic_vector(11 downto 0);
        signal dac_up_down                  : std_logic;
        signal DAC_ready                    : std_logic;

   component DAC is
        port(
                    clk             : in std_logic;     --50Mhz
                    SPI_SCLK        : out std_logic;    --25Mhz
                    SPI_DIN         : out std_logic;
                    n_SYNC          : out std_logic;
                    dac_ready       : out std_logic;
                    DAC_data        : in std_logic_vector(11 downto 0)
              );
        end component;

   begin

   process(DAC_ready)                                   -- SPI : bit counter
        begin                                           -- 0 ,1,  ,17
        if DAC_ready'event and DAC_ready = '1' then
                if  dac_up_down  = '1' then
                    if dac_count = x"fff" then
                        dac_up_down <= '0';
                    else
                        dac_count <= dac_count + 1;
                    end if;
                else
                    if dac_count = x"000" then
                        dac_up_down <= '1';
                    else
                        dac_count <= dac_count - 1;
                    end if;
                end if;
         end if;
        end process;
```

```
        dac_data <= dac_count;                                   -- DAC7512
                -- X X, PD1 PD2, dac( 11 downto 0)  : XX dont care, PD : power down
        DAC_com : DAC
        port map(
                        clk,                            --50Mhz
                        SPI_SCLK,                       --25Mhz
                        SPI_DIN,
                        n_SYNC,

                        dac_ready,
                        DAC_data
        );
        end sam;
```

(component DAC) 프로그램 소스

```
library ieee;
use ieee.std_logic_1164.all;
use ieee.std_logic_unsigned.all;

entity DAC is
        port(
                clk             : in std_logic;    --50Mhz
                SPI_SCLK        : out std_logic;   --25Mhz
                SPI_DIN         : out std_logic;
                n_SYNC          : out std_logic;
                dac_ready       : out std_logic;
                DAC_data        : in std_logic_vector(11 downto 0)
        );
end DAC;

architecture sam of DAC is

        signal div_clk          : std_logic;
        signal SPI_CLK_BUFFER   : std_logic;
        signal SPI_bit_count    : integer range 0 to 21;
        signal DAC_data_BUFFER  : std_logic_vector(15 downto 0);
        signal dac_count        : std_logic_vector(11 downto 0);
```

```
begin

    process(clk)                          -- system clk : 50MHZ
    begin                                 -- 50M / 100k * 20 = MAX HZ = 25
        if clk'event and clk = '1' then

            div_clk   <=  not div_clk;
            if div_clk = '0' then
                SPI_CLK_BUFFER <= not SPI_CLK_BUFFER;
            end if;
        end if;

    end process;

    process(clk)                               -- SPI : bit counter
    begin                                      -- 0 ,1,  ,17
        if clk'event and clk = '1' then
          if div_clk = '1' then
            if SPI_CLK_BUFFER = '1' then
                    if (SPI_bit_count < 19) then
                        SPI_bit_count <= SPI_bit_count+1;
                    else
                        SPI_bit_count <= 0;
                    end if;
                end if;
            end if;
        end if;
    end process;

    process(clk)
    begin
        if clk'event and clk = '1' then
          if div_clk = '1' then
            if SPI_bit_count = 0 then
              n_SYNC <= '0';
              DAC_data_BUFFER <= "0000" & dac_data;
                        dac_ready <= '1';
            elsif SPI_bit_count = 1 then
              n_SYNC <= '1';
```

```
                    dac_ready <= '0';
                else                            -- 2 - 17
                    dac_ready <= '0';
                    n_SYNC <=  '0';
                    if(SPI_bit_count < 19) then
                      if SPI_CLK_BUFFER = '1' then
                        SPI_SCLK <= '1';
                                        SPI_DIN <= DAC_data_BUFFER(15);
                        DAC_data_BUFFER(15downto0)   <=   DAC_data_BUFFER(14
downto 0) & '0' ;
                      else
                        SPI_SCLK <= '0';
                      end if;
                    end if;
                end if;

              end if;
            end if;
        end process;

end sam;
```

## 3. 프로그램 소스 설명

**-하드웨어 프로그램 소스-**

entity DAC를 이해하기 위하여 Component DAC를 설명하면 다음과 같다.

SPI클럭 발생을 위한 시그널이 SPI_CLK_BUFFER이다. SPI_CLK_BUFFER는 시스템 클럭 주파수가 50Mhz 일 때 약 25Mhz에서 동작하기 위해 2분주를 시켰다. SPI_bit_count는 DAC7512의 시리얼 데이터를 전송하기 위한 비트 카운터이다. 이 비트 카운터의 값에 따라 SPI_DIN값으로 데이터를 1비트씩 시프트시킨다. SPI_bit_count는 0에서 19까지 카운터 하며 0과 1은 DAC7512의 초기화를 위해서 사용하고 나머지 18카운터는 동작모드와 데이터 전송을 위하여 사용한다. SPI_bit_count가 0일 때 dac_data를 DAC_data_BUFFER에 저장한다. 이때 n_SYNC는 0으로 둔다. SPI_bit_count가 1이면 n_SYNC를 1로 두고

DAC7512의 데이터에 시작을 알린다. 이때부터 Din핀에 DB15부터 DB0까지의 데이터를 인가하면 된다.

SPI_bit_count가 2에서 19까지 SPI_CLK_BUFER가 1이면 SPI_SCLK를 1로 두고 DAC_data_BUFFER의 최상위비트(bit15)를 SPI_DIN에 출력한다. SPI_CLK_BUFFER가 1일 때 마다 DAC_data_BUFFE

R는 1비트 우측 시프트로 한다. SPI_CLK_BUFFER가 0이면 SPI_SCLK를 0으로 둔다.

Component DAC에 데이터를 인가하는 방식은 업다운 카운터를 사용한다. 컴포넌트 DAC에서 출력되는 DAC_ready가 0에서 1이 될 때 dac_count를 동작시킨다. dac_count는 0x000에서 0xfff로 1씩 증가되며 0xfff가 되면 다시 0x000으로 다운 카운터하여 삼각파 출력을 형성시킨다. 이 삼각파 출력을 Component DAC의 dac_data로 인가한다.

# Ⅱ. 실험 결과

VHDL 프로그램을 수행 후 DAC_OUT에 삼각파가 출력 되는 것을 오실로스코프로 확인하고 DC모터를 인가한다. DC모터의 두 극성 중 하나를 GND(그라운드)에 인가하고 다른 하나를 DAC_OUT에 연결한다. DAC_OUT에 출력 값에 따라 DC모터의 속도 변화가 있는지 알아본다.

# Ⅲ. 실험 과제

VHDL 프로그램을 수정하여 카운터 대신 스위치를 이용하여 모터 속도 제어를 한다. 스위치는 12비트로 구성하며 스위치 값에 변화에 따라 DC모터의 속도 변화가 되는지를 알아본다.

## 실험 실습 안내서 [7주차]

# 실험 제목 : AVR을 이용한 SERIAL DAC 컴포넌트 설계

**실험 목적 :** AVR과 SPI 통신을 이용하여 시리얼 D/A컨버터를 제어하고 디지털데이터를 DAC로 출력한다.

**기초 지식 :** AVR 인터페이스, SPI통신 기본 이론, DAC 기본 이론.

**자　　료 :** 설치 및 준비 사항 : Quartus II(9.0이상) 설치, Cyclone I, DAC7512N(DAC)

**실험 절차 :** ① Quartus II(9.0이상) 설치.
② VHDL설계.
③ 다운 로드.

# Ⅰ. 실험 실습

## 1. 기본이론

AVR128과 앞 장에서 설계된 DAC7512컴포넌트 DAC를 이용하여 AVR128에서 사용할 수 있는 시스템 구성을 다음과 같이 하였다. 이를 위해 VHDL프로그램과 C프로그램은 다음과 같다.

### 1-1 AVR128을 이용한 시리얼 DAC(DAC7512N)Component 설계 하드웨어 블록도

AVR128을 이용한 DAC7512Component를 설계하고 이것을 이용하여 모터 속도 제어를 간단하게 구현하여 본다. AVR128의 프로그램에 의해 DAC7512를 제어하고 DAC7512에 인터페이스된 DC모터 속도를 제어한다.

소프트웨어에 의해 출력 값을 제어하고 이 출력 값에 의해서 속도 변화가 있는지 알아본다.

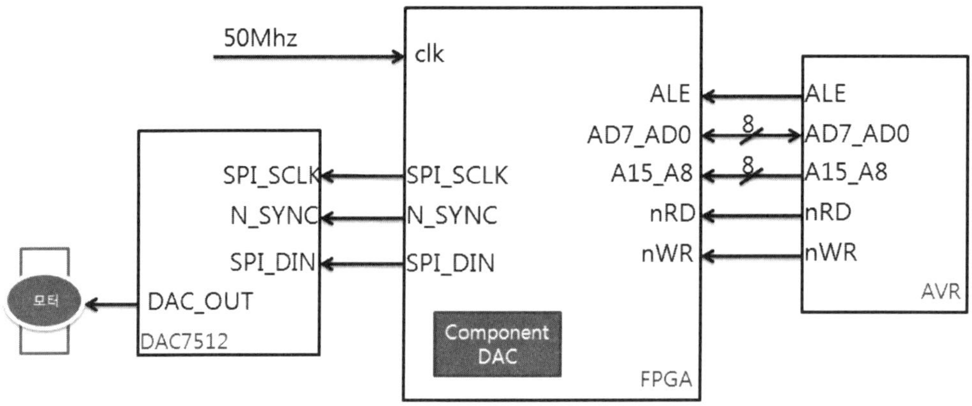


[그림 7.1] DAC7512, AVR과 FPGA인터페이스

[그림 7.2] ADC/DAC, RS-232/USB 기판

## 2. 프로그램 소스

### -하드웨어 프로그램 소스-

```
library iccc;
use ieee.std_logic_1164.all;
use ieee.std_logic_unsigned.all;

entity DAC_AVR is
        port(
                        clk             : in std_logic;   --50Mhz
                        SPI_SCLK        : out std_logic;  --25Mhz
                        SPI_DIN         : out std_logic;
                        n_SYNC          : out std_logic;
                        -- AVR interface
                        A15_A8   : in std_logic_vector(7 downto 0);      -- address
                        AD7_AD0  : inout std_logic_vector(7 downto 0); -- address/data
                        ALE             : in std_logic;
                        nRD,nWR         : in std_logic
        );
end DAC_AVR;

architecture sam of DAC_AVR is
        -- AVR signal
        signal nCS_DAC_READY, nCS_DAC_LOW, nCS_DAC_HIGH : std_logic;
```

```
	signal A7_A0				: std_logic_vector( 7 downto 0);
	signal Addr15_0				: std_logic_vector(15 downto 0);
	signal INTER_AD7_AD0			: std_logic_vector( 7 downto 0);
	-- DAC
	signal DAC_data				: std_logic_vector(11 downto 0);
	signal DAC_ready				: std_logic;

component DAC is
	port(
			clk			: in std_logic;			--50Mhz

			SPI_SCLK		:out std_logic;			--25Mhz
			SPI_DIN		: out std_logic;
			n_SYNC		: out std_logic;
			dac_ready			: out std_logic;
			DAC_data		: in std_logic_vector(11 downto 0)
		);
	end component;

begin
-- BUS interface
	process(ALE, nCS_DAC_READY, nCS_DAC_LOW, nCS_DAC_HIGH, dac_ready, AD7_AD0)
		begin
		if ALE = '1' then
			A7_A0 <= AD7_AD0;
			AD7_AD0 <= (others =>'Z');
		-- read cycle
		elsif nCS_DAC_READY = '0' then
			AD7_AD0 <=  "0000000" & dac_ready;

		-- write cycle
		elsif nCS_DAC_LOW = '0' then
			INTER_AD7_AD0 <= AD7_AD0;
			AD7_AD0 <= (others =>'Z');
		elsif nCS_DAC_HIGH = '0' then
			INTER_AD7_AD0 <= AD7_AD0;
			AD7_AD0  <= (others =>'Z');
		else
			INTER_AD7_AD0 <= AD7_AD0;
```

```
                AD7_AD0 <= (others =>'Z');
        end if;

    end process;

    -- 16 bit address
    Addr15_0 <= A15_A8(7 downto 6)& "000000"& A7_A0;

    -- Address Decorder
    process( Addr15_0, nRD, nWR )
    begin

        if (Addr15_0 = x"8000" ) and ( nWR = '0') then          -- Select DAC
                nCS_DAC_LOW <= '0';
        else
                nCS_DAC_LOW <= '1';
        end if;

        if (Addr15_0 = x"8001" ) and ( nWR = '0') then          -- Select DAC
                nCS_DAC_HIGH <= '0';
        else
                nCS_DAC_HIGH <= '1';
        end if;

        if (Addr15_0 = x"c000" ) and ( nRD = '0') then      --Select dac_ready
                nCS_DAC_READY <= '0';
        else
                nCS_DAC_READY <= '1';
        end if;

    end process;

    -- external device

    DAC_low_setting: process( nCS_DAC_LOW )          -- output port for CH setting
        begin
        if nCS_DAC_LOW'event and nCS_DAC_LOW  ='1' then
                DAC_data(7 downto 0) <= INTER_AD7_AD0;
        end if;
```

```
        end process;

        DAC_high_setting: process( nCS_DAC_HIGH )    -- output port for CH setting
                begin
                if nCS_DAC_HIGH'event and nCS_DAC_HIGH  ='1' then
                        DAC_data(11 downto 8 ) <= INTER_AD7_AD0(3 downto 0);
                end if;
        end process;

        DAC_com : DAC
        port map(
                        clk,                --50Mhz
                        SPI_SCLK,           --25Mhz
                        SPI_DIN,
                        n_SYNC,
                        dac_ready,
                        DAC_data
        );
        end sam;
```

(component DAC) 프로그램 소스

```
library ieee;
use ieee.std_logic_1164.all;
use ieee.std_logic_unsigned.all;

entity DAC is
        port(
                clk                 : in std_logic;    --50Mhz
                SPI_SCLK            : out std_logic;  --25Mhz
                SPI_DIN             : out std_logic;
                n_SYNC              : out std_logic;
                dac_ready           : out std_logic;
                DAC_data            : in std_logic_vector(11 downto 0)
        );
end DAC;

architecture sam of DAC is

        signal div_clk              : std_logic;
```

```
    signal SPI_CLK_BUFFER      : std_logic;
    signal SPI_bit_count       : integer range 0 to 21;
    signal DAC_data_BUFFER     : std_logic_vector(15 downto 0);
    signal dac_count           : std_logic_vector(11 downto 0);


begin

    process(clk)                        -- system clk : 50MHZ
    begin                               -- 50M / 100k * 20 = MAX HZ = 25
        if clk'event and clk = '1' then

            div_clk  <= not div_clk;
            if div_clk = '0' then
                SPI_CLK_BUFFER <= not SPI_CLK_BUFFER;
            end if;
        end if;

    end process;

    process(clk)                                -- SPI : bit counter
    begin                                       -- 0 ,1,  ,17
        if clk'event and clk = '1' then
            if div_clk = '1' then
                if SPI_CLK_BUFFER = '1' then
                    if (SPI_bit_count < 19) then
                        SPI_bit_count <= SPI_bit_count+1;
                    else
                        SPI_bit_count <= 0;
                    end if;
                end if;
            end if;
        end if;
    end process;


    process(clk)
    begin
        if clk'event and clk = '1' then
```

```
                    if div_clk = '1' then
                      if SPI_bit_count = 0 then
                        n_SYNC  <= '0';
                        DAC_data_BUFFER <= "0000" & dac_data;
                                  dac_ready  <= '1';
                      elsif SPI_bit_count = 1 then
                         n_SYNC  <= '1';
                         dac_ready  <= '0';
                      else                          -- 2 - 17
                         dac_ready  <= '0';
                         n_SYNC  <=  '0';
                         if(SPI_bit_count < 19) then
                           if SPI_CLK_BUFFER = '1' then
                             SPI_SCLK <= '1';
                                       SPI_DIN <= DAC_data_BUFFER(15);
                    DAC_data_BUFFER(15downto0)<=DAC_data_BUFFER(14 downto 0) & '0' ;
                          else
                             SPI_SCLK <= '0';
                          end if;
                        end if;
                     end if;

                  end if;
                end if;
        end process;

end sam;
```

**--소프트웨어 프로그램 소스-**

```
#include <stdio.h>
#include <avr/io.h>
#include <avr/signal.h>
#include <avr/interrupt.h>
#include <avr/pgmspace.h>
#include <util/delay.h>

#define DAC_READY                (*(volatile unsigned char *)(0xc000))
#define DAC_DATA_LOW             (*(volatile unsigned char *)(0x8000))
```

```
#define DAC_DATA_HIGH          (*(volatile unsigned char *)(0x8001))
void delay_us(unsigned int time_us)
{   register unsigned int i;
  for(i=0;i<time_us;i++)
  {
    asm volatile("PUSH R0");
    asm volatile("POP R0");
    asm volatile("PUSH R0");
    asm volatile("POP R0");
    asm volatile("PUSH R0");
    asm volatile("POP R0");
  }
}void delay_ms(unsigned int time_ms)
{   register unsigned int j;
  for(j=0;j<time_ms;j++)
  {
    delay_us(250);
    delay_us(250);
    delay_us(250);
    delay_us(250);
  }
}

int main(void){
  MCUCR = 0x80;
  XMCRA = 0x00;
  XMCRB = 0x80;
  unsigned int i;
  while(1)
  {
      for ( i= 0; i < 2048 ; i++){
        while( (DAC_READY & 0x01) != 0x01);
        DAC_DATA_LOW  = (i & 0xff);
        DAC_DATA_HIGH  = ( (i & 0xf00 ) >> 8 );
      }

  }
}
```

## 3. 프로그램 소스 설명

### -하드웨어 프로그램 소스-

앞 장에서 설명된 Component DAC의 포트 시그널 중 AVR 인터페이스에서 담당하는 시그널은 DAC_data와 dac_ready이다. DAC_data는 12비트로써 AVR출력 포트에 인터페이스 되고 dac_ready는 AVR입력 포트에 인터페이스 된다.

dac_ready는 DAC7512의 시리얼 데이터가 초기 상태이거나 전송 완료되어 n_SYNC가 0일 때 dac_ready를 1로 둔다. 이것은 AVR과 컴포넌트 DAC간에 동기를 위하여 사용되었다.

다음과 같이 nCS_DAC_READY가 0일 때 컴포넌트 DAC의 dac_ready를 AVR의 데이터 버스에 인가한다. elsif nCS_DAC_READY = '0' then은 주소가 0xc000이고 nRD가 0일 때 참이 된다.

```
elsif nCS_DAC_READY = '0' then
        AD7_AD0  <=  "0000000"& dac_ready;
```

AVR 소프트웨어에서 dac_ready가 1이 되기를 기다리고 1이 되면 DAC_data에 12비트에 출력 데이터를 인가시킨다. DAC7512의 데이터가 직렬 전송하는 동안에 DAC_data에 12비트 데이터를 인가하게 되면 중복 인가될 가능성이 있다. 이것을 피하기 위하여 dac_ready를 통해 AVR과 동기를 시킨다.

### -소프트웨어 프로그램 소스-

AVR128은 8비트의 데이터 버스를 가지고 8비트의 포트로 구성되어 있다. DAC7512는 12비트의 내부 데이터 비트를 가지고 있고 제어용으로 4비트를 첨가하고 있어 총 16비트 데이터 비트를 제어하여야 한다. 따라서 AVR128에 인터페이스 되어있는 DAC_data는 DAC_DATA_LOW와 DAC_DATA_HIGH에 각각 8비트 레지스터로 설계하여 총 16비트로 구성 하였다. 하위 8비트인 DAC_DATA_LOW는 주소가 0x8000번지이며 상위 8비트인 DAC_DATA_HIGH는 주소가 0x8001번지이다.

DAC7512와 AVR과 동기를 찾기 위하여 DAC_READY가 1인가를 검사한 후 DAC_READY가 1이면 FOR문을 이용하여 DAC_DATA_LOW와 DAC_DATA_HIGH에 변수 i값을 인가한다.

# Ⅱ. 실험 결과

AVR128 프로그램을 수행 후 DAC_OUT에 톱니파가 출력되는 것을 오실로스코프로 확인하고 DC모터를 인가한다. DC모터의 두 극성 중 하나를 GND(그라운드)에 인가하고 다른 하나를 DAC_OUT에 연결한다. DAC_OUT에 출력 값에 따라 DC모터의 속도 변화가 있는지 알아본다.

# Ⅲ. 실험 과제

AVR128 프로그램의 변수 i의 증가와 감소를 변화시켜 모터 속도 제어를 한다. 프로그램의 변화에 따라 DC모터의 속도 변화가 되는지를 알아본다.

# 실험 실습 안내서 [8주차]

**실험 제목 :** **AVR128을 이용한 SERIAL communication 컴포넌트 설계**

**실험 목적 :** 직렬 컴포넌트를 설계하여 AVR128로 인터페이스하고 프로그램하는 기법을 배움

**기초 지식 :** AVR 인터페이스, 직렬통신 기본 이론

**자 료 :** 설치 및 준비 사항 : Quartus II(9.0이상) 설치, Cyclone I, MAX232

**실험 절차 :** ① Quartus II(9.0이상) 설치.

② VHDL설계.

③ 다운 로드.

# Ⅰ. 실험 실습

## 1. 기본이론

### 1-1 시리얼 통신 기본이론

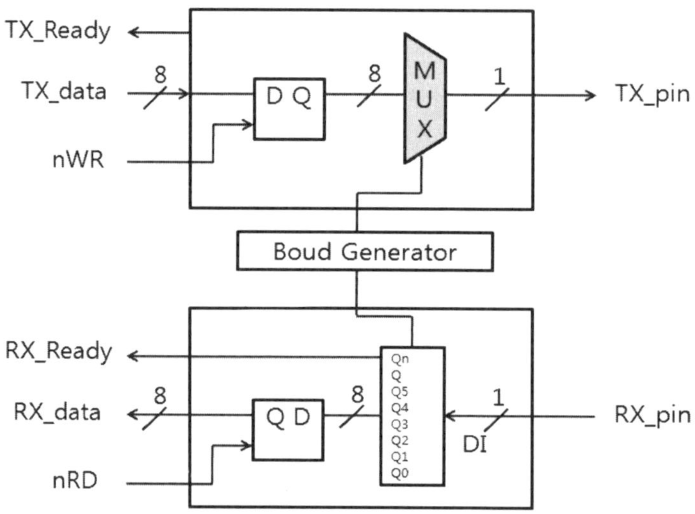


[그림 8.1] 시리얼 통신 송수신

직렬 통신은 병렬 통신에 비해 속도가 느리나 데이터 전송 선로 개수가 작기 때문에 임베디드 시스템 설계에 있어서 매우 중요한 위치를 차지한다. 병렬 통신은 단위 시간에 여러 개의 정보를 전송 할 수 있어 속도 면에서 직렬 통신보다 빠른 장점을 가지고 있으나 하드웨어적 연결선이 단위 정보의 개수 만큼 늘어남으로 하드웨어적 비용이 많이 요구된다. 직렬 통신은 병렬 통신에 비해 간단하며 대부분에 임베디드 프로세서에 표준으로 구현되어 있으며 일반적으로 RS232방식으로 외부 인터페이스로 널리 알려져 있다.

이 장에서는 직렬통신의 컴포넌트를 설계하고 AVR128에 인터페이스를 하려 한다. AVR128에는 이미 직렬 통신 포트가 두 개 있으나 센서 네트워크와 같은 복잡한 직렬 포트가 여러 개 필요할시 여기서 설계한 직렬 컴포넌트가 요구될 수가 있다. 그리고 직렬 통신 컴포넌트에 설계 방식과 인터페이스 방식을 설계함으로써 유사한 통신 모듈 설계에 유용한 정보가 될 수 있을 것이다.

직렬 통신은 정보가 한 번에 한 비트씩 송수신되어 처리된다. 직렬 통신의 외부 인터페이스는 RS232의 방식이며 송신과 수신 그리고 GND의 세 선으로 간단히 구현할 수 있다.

직렬 통신의 송신 방식은 데이터를 보내지 않을 시에는 로직 1로 유지되어 있다. 만약 데이터를 보낼 시에는 START코드로 로직 0을 보낸 뒤 이어 8비트 데이터를 1비트씩 전송 한다. 이를 위하여 송신 로직에는 시프트레지스터를 사용한다. 병렬을 직렬로 변환하는 시프트레지스터는 8비트에 병렬 데이터를 받아 이를 직렬 데이터로 변환 시키는 기능을 가지고 있다. 8비트에 데이터를 보낸 뒤 패리티 비트와 마지막으로 STOP코드로 로직 1을 전송한다.

직렬 통신의 수신은 송신과 같은 방법으로 직렬을 병렬로 변환하는 시프트레지스터를 사용한다. 실제 사용되는 수신 로직은 데이터 수신 선로에 잡음에 고려된 로직으로 구현한다. 다음 그림은 실제 잡음을 고려한 전송 선로에 수신 방식을 설명한 것이다.

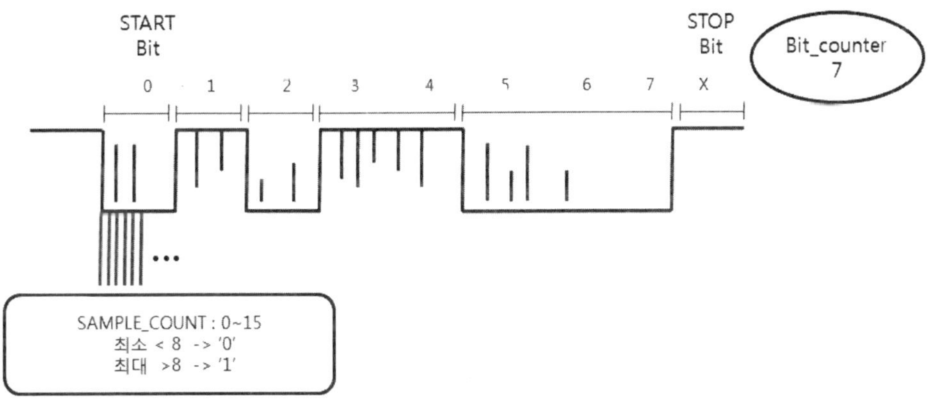


[그림 8.2] 시리얼 통신 데이터 수신 방식

수신 로직에 두 가지 주된 카운터는 샘플 카운트(SAMPLE_COUNT)와 비트 카운터(Bit_counter)이다. 샘플카운트의 역할은 수신된 개별 비트를 최대 16카운터로 두고 잡음을 고려한 로직 1을 카운터 하는 것이다. 임의 비트에서 잡음이 유도될 때 로직 1과 0이 랜덤하게 발생하는 경우가 존재한다. 해당 비트가 로직1의 상태라면 잡음이 유도 되더라도 로직 1이 나타날 확률이 높아지게 된다. 반대로 해당 비트가 로직 0 이라면 잡음이 유도 되더라도 로직 0이 나타날 확률이 높아질 것이다. 샘플카운터는 한 비트를 16등분 하여 각 등분 마다 로직1의 개수를 카운터 하는 것이다. 만약 샘플 카운터가 8보다 크면 해당 비트는 로직 1이 될 확률이 높으며 반대로 8 보타 적으면 로직 0이 될 확률이 높다.

따라서 샘플 카운터는 각 비트에 로직1과 0을 판단하는데 사용된다. 비트 카운터는 수신된 비트를 직렬을 변환하는 시프트레지스터에 횟수를 카운터 하는데 사용된다.

직렬 통신에 있어서 송수신 속도를 보레이트(baud율)라 한다. 송신부와 수신부는 같은 속도로 데이터를 주고 받아야 함으로 표준화된 속도 기준이 있다. 보레이트란 1초에 전송되고 받을 수 있는 비트 수를 말한다. 예를 들어 2400 보레이트란 1초에 2400비트를 송수신 하는 것을 말한다.

## 1-2 AVR128을 이용한 시리얼 컴포넌트 설계 하드웨어 블록도

시리얼 컴포넌트를 설계하여 AVR128에 인터페이스하고 테스트하는 프로그램을 작성하자.

수신 시리얼 컴포넌트를 테스트하기 위하여 스위치 포트로부터 8비트에 데이터를 받아 시리얼 컴포넌트를 통하여 하이퍼터미널로 전송하고 하이퍼터미널에서 스위치에 데이터를 확인한다. 스위치 데이터는 바이너리코드이며 하이퍼터미널에 표시되는 데이터는 아스키코드임을 주의한다. 예를 들어 스위치로 입력된 데이터가 0x31이라면 하이퍼터미널에 문자로 1이 표시됨을 주의한다. 따라서 inport_SW에 8비트 데이터를 하이퍼터미널에 핵사코드로 보고자 한다면 소프트웨어 처리가 필요하다.

송신 시리얼 컴포넌트를 테스트하기 위하여 하이퍼터미널에 키보드에 데이터를 시리얼로 받아 TX_LED에 8비트의 데이터로 표시한다. 하이퍼터미널에 키보드는 아스키코드로 발생하고 있으므로 TX_LED에 바이너리코드로 표시하기 위해서는 소프트웨어 처리가 필요하다.

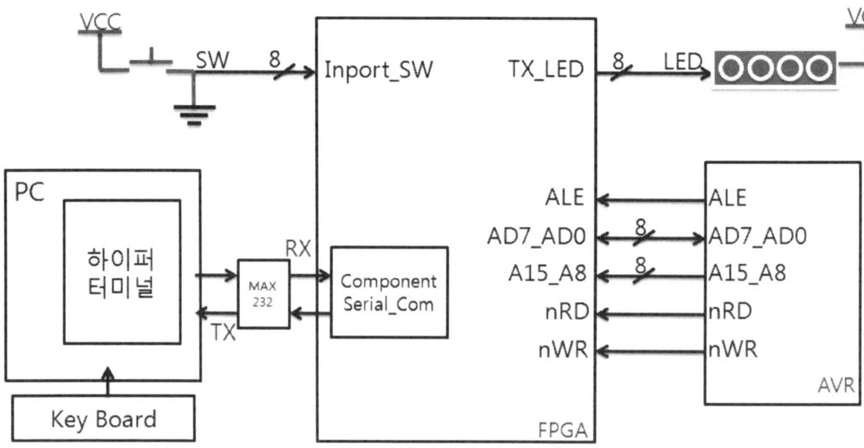


[그림 8.3] 시리얼 컴포넌트를 이용한 AVR 인터페이스

[그림 8.4] RS-232/USB 기판

## 2. 프로그램 소스

-하드웨어 프로그램 소스-

```
Library ieee;
use ieee.std_logic_1164.all;
use ieee.std_logic_arith.all;

entity test2 is
	port(
		clk			: in std_logic;			-- 20Mhz
		nReset		: in std_logic;		--active low
		ALE			: in std_logic;
		AD7_AD0		: inout std_logic_vector(7 downto 0); -- address/data
		A15_A8		: in std_logic_vector(7 downto 0); -- address
		nRD,nWR		: in std_logic;
		inport_SW		: in std_logic_vector(7 downto 0);
		outport_LED		: out std_logic_vector(7 downto 0);
		outport_Simul	: out std_logic_vector(7 downto 0);
		-- h/w test
		TX_led		: out std_logic_vector(7 downto 0);
		TX_pin		: out std_logic;
		RX_pin		: in std_logic
	);
end test2;
```

```
architecture SAM of test2 is

    signal nCS_SW,nCS_LED    : std_logic;
    signal nCS_Simul         : std_logic;
    signal A7_A0             : std_logic_vector( 7 downto 0);
    signal Addr15_0          : std_logic_vector(15 downto 0);
    signal SW_DATA           : std_logic_vector( 7 downto 0);
    signal INTER_AD7_AD0     : std_logic_vector( 7 downto 0);
    -- Baud rate = clk/16    : 2400 * 16 Hz* 2 (= 50000000/651)
    ---- TX
    signal          TX_ready           : std_logic;
    signal nCS_Serial_TX       : std_logic; -- active high when writing data to TX_data
        signal TX_data         : std_logic_vector(7 downto 0);        ---- RX

        signal RX_ready         : std_logic;
        signal nCS_Serial_RX : std_logic;    -- active high when read the data from Rx_data
        signal RX_data,RX_data_temp          : std_logic_vector(7 downto 0);
        signal nCS_Serial_Status : std_logic;
        signal Serial_Status        : std_logic_vector(7 downto 0);

      component SerialCom
      port(
              nReset    : in std_logic;  --active low
              clk       : in std_logic;  -- Baud rate = clk/16 : 2400 * 16 Hz* 2 (= 50000000/651)
              ---- TX
              TX_pin    : out std_logic;
              TX_ready  : buffer std_logic;
              nWR       : in std_logic;  -- active high when writing data to TX_data
              TX_data   : in std_logic_vector(7 downto 0);
              ---- RX
              RX_pin    : in std_logic;
              RX_ready  : buffer std_logic;
              nRD       : in std_logic; -- active high when read the data from Rx_data
              RX_data   : out std_logic_vector(7 downto 0)
        );
        end component;
        begin
        -- BUS interface
        process(nCS_SW,  nCS_Serial_RX,  nCS_Serial_Status,  SW_DATA,  RX_data_temp,
```

```
                    Serial_Status, AD7_AD0)
    begin
    if ALE = '1' then
            A7_A0 <= INTER_AD7_AD0;
            AD7_AD0            <= (others =>'Z');
    -- read cycle
    elsif nCS_SW = '0' then
            AD7_AD0            <=  SW_DATA;
    elsif nCS_Serial_RX = '0' then
            AD7_AD0            <=  RX_data_temp ;
    elsif nCS_Serial_Status = '0' then
            AD7_AD0            <=  Serial_Status;
    -- write cycle
    else
            INTER_AD7_AD0      <=  AD7_AD0;
            AD7_AD0            <= (others =>'Z');
    end if;

end process;

-- 16 bit address
Addr15_0 <= A15_A8(7 downto 6) & "00000000000" & A7_A0(2 downto 0);

-- Address Decorder
process( Addr15_0, nRD, nWR )
begin
    if (Addr15_0 = x"8000" ) and ( nWR = '0') then          -- Select LED
            nCS_LED <= '0';
    else
            nCS_LED <= '1';
    end if;
    if (Addr15_0 = x"8001" ) and ( nRD = '0') then          -- Select SWITCH
            nCS_SW <= '0';
    else
            nCS_SW <= '1';
    end if;
    if (Addr15_0 = x"8002" ) and ( nWR = '0') then          -- Select Simul
            nCS_Simul <= '0';
    else
```

```
                nCS_Simul <= '1';
            end if;
            if (Addr15_0 = x"8005" ) and ( nRD = '0') then     -- Select RX_data
                nCS_Serial_RX <= '0';
            else
                nCS_Serial_RX <= '1';
            end if;
            if (Addr15_0 = x"8006" ) and ( nWR = '0') then     -- Select TX_data
                nCS_Serial_TX <= '0';
            else
                nCS_Serial_TX <= '1';
            end if;
            if (Addr15_0 = x"8007" ) and ( nRD = '0') then --Select RX_TX status :
            RX_ready, TX_ready
                nCS_Serial_Status <= '0';
            else
                nCS_Serial_Status <= '1';
            end if;
        end process;

    -- external device

        Output_port_LED: process( nCS_LED )                    -- output port
            begin
            if nCS_LED'event and nCS_LED ='1' then
                outport_LED <= INTER_AD7_AD0;
            end if;
        end process;

        Output_port_Simul: process( nCS_Simul )                -- output port
            begin
            if nCS_Simul'event and nCS_Simul ='1' then
                outport_Simul <= INTER_AD7_AD0;
            end if;
        end process;

        Serial_TX: process(nCS_Serial_TX  )                    -- output Serial_TX:
            begin
            if nCS_Serial_TX'event and nCS_Serial_TX  ='1' then
```

```
                TX_data  <= INTER_AD7_AD0;
            end if;
        end process;


        TX_led <=  TX_data;

        Inputport : process( nCS_SW, inport_SW )                -- input port
        begin
            if nCS_SW = '0' then
                SW_DATA <= inport_SW;
            end if;
        end process;

        Serial_RX : process( nCS_Serial_RX, RX_data )           -- input Serial_RX
        begin
            if nCS_Serial_RX = '0' then
                RX_data_temp <= RX_data;
            end if;
        end process;

        Serial_Status_read : process( nCS_Serial_Status, RX_ready, TX_ready ) -- input Srial status
        begin

            if nCS_Serial_Status = '0' then
                Serial_Status <= "000000" & RX_ready & TX_ready ;
            end if;
        end process;

    serial_device : SerialCom
    port map(
            nReset,             -- active low
            clk,                -- Baud rate = clk/16 : 2400 * 16 Hz* 2 (= 50000000/651)
            ---- TX
            TX_pin,
            TX_ready,
            nCS_Serial_TX,      --nWR: active high when writing data to TX_data
            TX_data,
            ---- RX
```

```
            RX_pin,
            RX_ready,
            nCS_Serial_RX ,     -- active high when read the data from Rx_data
            RX_data
      );
end SAM;

(component SerialCom) 프로그램 소스
Library IEEE;
use ieee.std_logic_1164.all;
use ieee.std_logic_arith.all;
entity SerialCom is
port(
      nReset   : in std_logic;    --active low
      clk      : in std_logic;   -- Baud rate = clk/16 : 2400 * 16 Hz* 2 (= 50000000/651)
      ---- TX
      TX_pin   : out std_logic;
      TX_ready : buffer std_logic;
      nWR      : in std_logic;          -- active high when writing data to TX_data
      TX_data  : in std_logic_vector(7 downto 0);
      ---- RX
      RX_pin   : in std_logic;
      RX_ready : buffer std_logic;
      nRD      : in std_logic;    -- active high when read the data from Rx_data
      RX_data  : out std_logic_vector(7 downto 0)
      );
end SerialCom;

architecture main of SerialCom is

component Serial_TX
port(
      nReset   : in std_logic;   -- active low
      clk      : in std_logic;   -- Baud rate = clk/16
      TX_pin   : out std_logic;
      TX_ready : buffer std_logic;
      nWR      : in std_logic;  -- active low when writing data to TX_data
      TX_data  : in std_logic_vector(7 downto 0)
      );
```

```
end component;

component Serial_RX
port(
        nReset      : in std_logic;
        clk         : in std_logic;
        RX_pin      : in std_logic;
        RX_ready    : buffer std_logic;
        nRD         : in std_logic;          -- active low when read the data from Rx_data
        RX_data     : out std_logic_vector(7 downto 0)
);
end component;

signal Baud_rate_clk : std_logic;
signal Baud_rate_div : integer range 0 to 650;  --/651 counter

type states is ( rx_wait, rx_read, tx_wait, tx_write);
signal state : states;

begin

  TX : Serial_TX
        port map(
                nReset,
                Baud_rate_clk,
                TX_pin,
                TX_ready,
                nWR,
                TX_data
                );

  RX : Serial_RX
        port map(
                nReset,
                Baud_rate_clk,
                RX_pin,
                RX_ready,
                nRD,
                RX_data
```

```
            );

Baud_Gen: process(clk)  --2400 baud
begin

        if clk'event and clk ='1' then
                if baud_rate_div >= 650 then
                        baud_rate_div <= 0;
                        Baud_rate_clk <= not Baud_rate_clk;
                else
                        baud_rate_div <=  baud_rate_div + 1;
                end if;
        end if;
end process;

end architecture main;
```

(component Serial_TX) 프로그램 소스

```
Library IEEE;
use ieee.std_logic_1164.all;
use ieee.std_logic_arith.all;
entity Serial_TX is
port(
        nReset      : in std_logic;   --active low
        clk         : in std_logic;   -- Baud rate = clk/16
        TX_pin      : out std_logic;
        TX_ready    : buffer std_logic;
        nWR         : in std_logic;  -- active low when writing data to TX_data
        TX_data     : in std_logic_vector(7 downto 0)
    );
end Serial_TX;

architecture main of Serial_TX is

signal Tx_clk               : std_logic;
signal TX_buffer            : std_logic_vector(8 downto 0);
signal TX_count             : integer range 0 to 15;
signal BitCount             : integer range 0 to 10;
```

```
signal WR_flag              : std_logic;

Type StateType is (waiting, sending);
signal State : StateType;

begin

Devide_CLK : process (Clk)
begin
      if ( Clk'event and Clk = '1') then
            if TX_count <  15  then
                  TX_count <= TX_count + 1;
            else
                  TX_count <= 0;
            end if;
      end if;
end process;


TX_state: process (Clk, nReset )
begin
      if        nReset = '0' then
                State <= waiting;
                TX_pin   <= '1';
                BitCount <= 0;
      elsif ( Clk'event and Clk = '1') then
                case State is
                      when waiting =>
                            TX_pin   <= '1';
                            BitCount <= 0;
                            if WR_flag ='1' then
                                  State <= Sending;
                                  TX_ready <= '0';
                                  TX_buffer(0) <= '0';        --start bit
                                  TX_buffer(8 downto 1)  <= TX_data;
                            else
                                  State <= waiting;
                                  TX_ready <= '1';
                            end if;
```

```
                    when sending =>
                     if TX_count = 0 then
                       if BitCount < 10 then
                       BitCount <= BitCount + 1;   -- start +8 bit data + stop = 10 bit
                        TX_pin <= TX_buffer(0);
                        TX_buffer <= '1'& TX_buffer( 8 downto 1);    -- '1' = stop
bit
                        State <= Sending;
                       else
                        State <= waiting;
                      end if;
                     else
                      State <= sending;
                     end if;
                    when others =>
                          State <= waiting;
              end case;
        end if;
end process;

TX_WR_flag : process( nWR,State )
        begin
              if State = Sending then
                    WR_flag <= '0';
              elsif nWR'event and nWR ='1' then
                    WR_flag <= '1';
              end if;
        end process;
end architecture main;
```

(component Serial_RX)프로그램 소스

```
Library IEEE;
use ieee.std_logic_1164.all;
use ieee.std_logic_arith.all;

entity Serial_RX is
port(
        nReset    : in std_logic;
        clk       : in std_logic;
```

```
        RX_pin   : in std_logic;
        RX_ready : buffer std_logic;
        nRD      : in std_logic;            -- active low when read the data from Rx_data
        RX_data  : out std_logic_vector(7 downto 0)
);
end Serial_RX;

architecture main of Serial_RX is

signal ClrBitCounter, ClrSampleCounter, Shift : std_logic;
signal sample_sum : integer range 0 to 31;
signal RX_buffer  : std_logic_vector(7 downto 0);
signal SampleCounter: integer range 0 to 15;
signal BitCounter : integer range 0 to 15;

Type states is (IDLE, STARTING, RECEIVING,RX_done);
signal state : states;

begin
sample_counter: process (clk)
begin
        if ( clk'event and clk = '1') then
                if (ClrSampleCounter = '1') then
                        SampleCounter <= 0;
                        Sample_sum    <= 0;
                else
                        if SampleCounter = 15 then
                                SampleCounter <= 0;
                                Sample_sum    <= 0;
                        else
                                SampleCounter <= SampleCounter + 1;
                                if Rx_pin = '1' then
                                        sample_sum <= sample_sum + 1;
                                end if;
                        end if;
                end if;
        end if;
end process;
```

```
Bit_counter: process (clk)
begin
        if ( clk'event and clk = '1') then
                if (ClrBitCounter = '1') then
                        BitCounter <= 0;
                else
                        if SampleCounter = 15 then
                                BitCounter <= BitCounter + 1;
                        end if;
                end if;
        end if;
end process;

process ( nReset, Clk )
begin
        if nReset ='0' then
                state <= idle;
        elsif ( Clk'event and Clk = '1') then
                case(state) is
                        when IDLE =>
                          ClrSampleCounter <= '1'; -- active high
                          ClrBitCounter    <= '1'; -- active high
                          if (RX_pin = '0') then
                            state <= STARTING;
                          else
                            state <= IDLE;
                          end if;
                          RX_buffer <= ( others =>'0');
                        when STARTING =>
                          ClrSampleCounter <= '0';
                          ClrBitCounter    <= '1';
                 if( (SampleCounter = 5 )and (sample_sum >= 3)) then -- check noise on RX_pin
                                state <= IDLE;
                          elsif(SampleCounter = 15 ) then
                                if (sample_sum < 5 ) then  -- check start bit '0'
                                        state <= RECEIVING;
                                else
                                        state <= IDLE;
                                end if;
```

```
                    else
                        state <= STARTING;
                    end if;
                when Receiving =>
                        ClrSampleCounter <= '0';
                        ClrBitCounter    <= '0';
                                    if( SampleCounter = 15 )  then
                            if Sample_sum > 8 then
                            RX_buffer <=  '1' & RX_buffer(7 downto 1);
                            else
                            RX_buffer <=  '0' & RX_buffer(7 downto 1);
                            end if;
                        end if;
                        if(( SampleCounter = 15 )and (BitCounter >= 7)) then
                                    state <= RX_done;
                        else
                                    state <= RECEIVING;
                        end if;
                when RX_done =>
                        ClrSampleCounter <= '1';
                        ClrBitCounter    <= '1';
                        RX_data <= RX_buffer;
                        state <= IDLE;
                when others =>
                        ClrSampleCounter <= '1';
                        ClrBitCounter    <= '1';
                        state <= IDLE;
            end case;
        end if;
end process;

process ( nReset, nRD, state)
begin
        if nReset ='0' then
                RX_ready <='0';
        elsif nRD = '0' then
                RX_ready <='0';
        elsif (state = RX_done) then
                RX_ready <='1';
```

```
        end if;

end process;
end architecture main;
```

-소프트웨어 프로그램 소스-

```
#include <avr/io.h>

#define LED_BASE_ADDR                0x8000
#define SW_BASE_ADDR                 0x8001
#define RX_BASE_ADDR                 0x8005
#define TX_BASE_ADDR                 0x8006
#define Serial_Status_BASE_ADDR      0x8007
#define LED_DATA              (*(volatile unsigned char *)(LED_BASE_ADDR))
#define SWITCH_DATA                  (*(volatile unsigned char *)(SW_BASE_ADDR))
#define RX_DATA                      (*(volatile unsigned char *)(RX_BASE_ADDR))
#define TX_DATA                      (*(volatile unsigned char *)(TX_BASE_ADDR ))
#define Serial_Status_DATA          (*(volatile unsigned char *)(Serial_Status_BASE_ADDR))

void ext_reg_init(void)
{
   MCUCR = 0x80;          //External datamemory enable
   XMCRA = 0x00;
   XMCRB = 0x80;          //External memory Bus_Keeper enable
}
int main(void)
{
   unsigned char data,st = 0;
   ext_reg_init();
   while(1)
   {
      st =  Serial_Status_DATA;
      if( (st & 0x02) == 0x02){
        data = RX_DATA;
        LED_DATA = data;
      }
      if( (st & 0x01) == 0x01){
        TX_DATA =  SWITCH_DATA;
```

```
        }
    }
}
```

# 3. 프로그램 소스 설명

## -하드웨어 프로그램 소스-

직렬 컴포넌트는 entity Serial_Com이다. Serial_Com내부에는 Serial_TX컴포넌트와 Serial_RX컴포넌트 두 개로 구성되어 있으며 보레이트 설정을 위한 Baud_rate_clk을 발생시킨다. Baud_rate_clk는 50Mhz를 650으로 디바이드 하여 2400Baud를 만든다.

컴포넌트 Serial_TX는 entity Serial_Tx이다. entity Serial_TX의 포트 시그널은 TX_pin,clk, TX_ready, nWR, TX_data이다. 여기서 TX_data는 8비트 병렬 데이터이며 TX_pin은 TX_data를 시프트 하여 직렬 변환된 데이터가 송신 되는 단자이다. nWR는 8비트 병렬 데이터를 컴포넌트 내부에 저장하기 위한 것이며 TX_ready는 송신될 새로운 8비트 데이터를 내부에 저장 가능함을 알려주는 플래그 이다. 따라서 TX_ready가 1이 될 때 nWR에 의하여 TX_data로 병렬 데이터를 저장하게 된다.

송신을 위한 스테이트는 waiting과 sending 두 가지 상태가 있다. waiting상태는 데이터를 받아드리기 위한 것이며 TX_data가 TX_buffer로 전송된다. TX_buffer는 TX_data 8비트와 스타트 비트인 로직 0을 포함하고 있고 또한 스톱비트인 로직 1도 포함하고 있다.

sending상태에서 TX_buffer는 TX_pin으로 최하위비트로 시프트 하여 병렬을 직렬 변환한다. 스테이트는 BitCount가 0에서 10이 될 때 까지 반복하여 처리한다.

컴포넌트 Serial_RX는 entity Serial_RX이다. entity Serial_RX의 포트 시그널은 RX_pin, RX_ready, nRD,RX_data이다. 직렬 수신 포트인 RX_pin에서 직렬 데이터가 들어오면 RX_data에 병렬 데이터로 변환하여 저장된다. 이때 RX_ready는 1이 되며 nRd시그널에 의해서 RX_data를 획득하게 된다. 앞에서 설명한 것과 같이 잡음에 고려된 수신 비트를 수신하기 위하여 SampleCounter를 사용한다. SampleCounter는 한 비트를 15등분하여 0에서 15까지에 간격으로 로직1을 체크하며 Sample_sum에 1의 개수를 합산한다. Sample_sum의 값이 8보다 크면 해당 비트는 로직1로 가정하며 그렇지 않으면 그 비트는 로직0이다. 컴포넌트 Serial_RX는 네 가지 상태를 가지고 있다. IDLE, STARTING, RECEIVING, RX_done은 수신 모듈에 각 상태를 나타낸다. IDLE 상태에서는 RX_pin이

0일 때 STARTING상태로 이동하며 그렇지 않으면 IDLE 상태에서 유지된다. 즉 스타트비트가 입력되기 전까지 IDLE에서 유지되며 스타트비트가 인식되면 스테이트는 STARTING이 된다.

STARTING상태에서는 잡음을 고려하여 잡음에 의한 스타트비트 인식을 방지하기 위하여 일정 이상에 수신비트가 0로직을 유지하지 않으면 IDLE상태로 되돌아간다. 정상적인 스타트비트일 경우 RECEIVING 상태로 가며 RECEIVING상태에서 직렬을 병렬로 변환하여 RX_buffer에 수신된 데이터를 저장시킨다. 수신이 완료되면 RX_done으로 돌아가며 다시 상태는 IDLE상태로 되돌아간다. 스테이트가 RX_done이면 RX_ready를 1로 두며 nRD가 0이면 RX_ready를 0으로 둔다.

AVR128과 인터페이스 하기 위해 entity test2에서 컴포넌트 Serial_Com을 사용한다. 여기에서 input_SW와 TX_LED 및 Serial_Status를 구현한다. input_SW는 TX를 테스트하기 위하여 사용되는 스위치 포트이며 TX_LED는 RX를 테스트하기 위하여 필요한 LED 포트이다. Serial_Status는 RX_ready와 TX_ready의 상태를 체크하기 위한 입력포트이다. 포트의 주소는 x8007이다.

**-소프트웨어 프로그램 소스-**

직렬 컴포넌트를 사용하기 위해서는 직렬 컴포넌트의 송수신 준비 상태를 알아보아야 한다. 즉 수신을 하기 위해서는 수신플래그가 1인가를 알아보고 송신하기 위해서는 송신플래그가 1인가를 확인하여야 한다.

AVR128 프로그램을 살펴보면 Serial_Status_DATA는 0x8007번지로 되어있으며 이것은 VHDL에서 nCS_Serial_Status와 동일하다. 따라서 Serial_Status_DATA에 최하위 비트는 TX_ready인 송신가능을 알려주는 플래그이고 두 번째 비트는 RX_ready로 수신가능을 알려주는 플래그이다.

각각의 비트가 셋 되어 있을 경우 송신과 수신이 이루어지며 LED와 SW의 데이터가 각각 하이퍼터미널에 설정값과 동일하게 나타난다.

```
st =  Serial_Status_DATA;
if( (st & 0x02) == 0x02)
if( (st & 0x01) == 0x01)

if nCS_Serial_Status = '0' then
   Serial_Status <= "000000"& RX_ready &TX_ready ;
end if;
```

# Ⅱ. 실험 결과

스위치 포트로부터 8비트에 데이터를 받아 시리얼 컴포넌트를 통하여 하이퍼터미널로 전송된다.

하이퍼터미널에 키보드에 데이터를 시리얼로 받아 TX_LED에 8비트의 데이터로 표시된다.

# Ⅲ. 실험 과제

inport_SW에 8비트 데이터를 하이퍼터미널에 핵사 코드로 변환하는 소프트웨어를 작성 한다. 그리고 하이퍼터미널에 키보드는 아스키코드로 발생하고 있으므로 TX_LED에 바이너리코드로 표시하는 소프트웨어를 작성한다.

실험 실습 안내서 [9주차]

## 실험 제목 : AVR(ATmega128)과 초음파(SRF04) 컴포넌트 INTERFACE

**실험 목적 :** 초음파 측정을 위한 초음파 거리 측정 컴포넌트를 설계하고 AVR128에 인터페이스하여 초음파 거리 측정기를 만든다.

**기초 지식 :** AVR 인터페이스, 초음파 센서 기본이론

**자　　료 :** 설치 및 준비 사항 : Quartus II(9.0이상) 설치, Cyclone I, SRF04(초음파센서)

**실험 절차 :** ① Quartus II(9.0이상) 설치.
② VHDL설계.
③ 다운 로드.

# Ⅰ. 실험 실습

## 1. 기본이론

### 1-1 시리얼 통신 기본이론

SRF04(제조사 : http://www.robot-electronics.co.uk)는 초음파를 이용하여 거리를 측정하는 초음파 센서이다. 초음파 센서는 압전 소자를 사용한 진동자에 발진된 초음파가 수신부로 부터 발신되고 일정시간이 지난 뒤 반사되어 오는 신호를 검출하여 그 시간차로 거리를 측정한다. 초음파 센서는 대향형과 반사형이 있는데 대향형은 수신부와 송신부를 서로 마주보는 형태여서 수신부와 송신부를 별도에 모듈에 둔다. 그리고 반사형은 수신부와 송신부를 같은 모듈에 두는 방식이다. SRF04는 반사형 초음파 센서이며 구동 방식은 다음 그림과 같다.

SRF04에 외부 핀은 5V전원 전압과 그라운드가 있으며 신호제어를 위한 입력과 출력은 Trigger Pulse input과 Echo Pulse output가 있다.

Trigger Pulse input은 10us의 트리거 펄스를 주기적으로 발생시킨다. 트리거 펄스에 의해서 초음파(Sonic Burst)가 발생되어 진행방향에서 반사되어 거리에 비례하는 하이 레벨의 펄스를 Echo Pulse output에 출력한다.

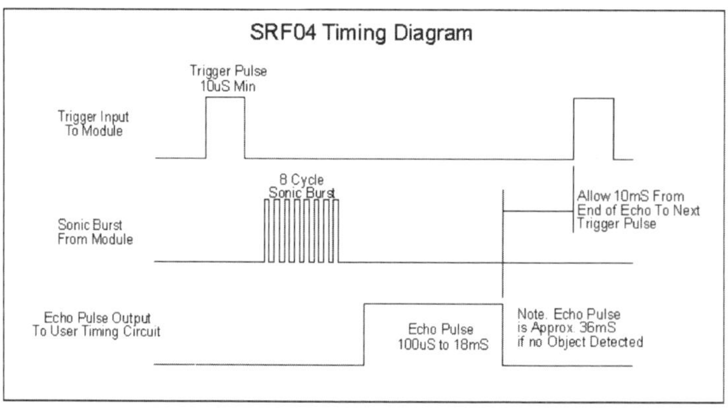


[그림 9.1] SRF04 타이밍도

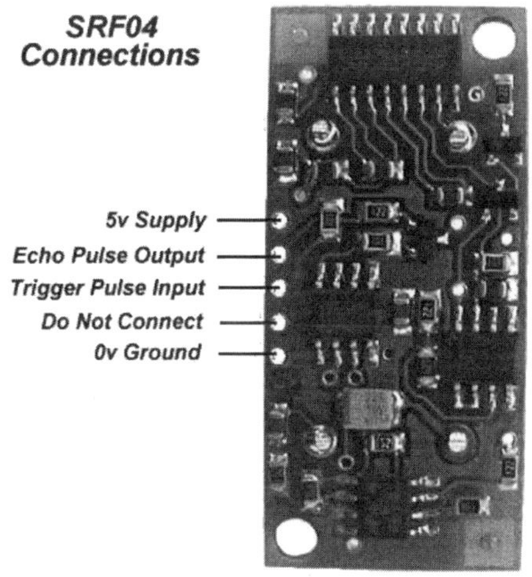


[그림 9.2] SRF04 핀 배치

## 1-2 AVR128을 이용한 초음파센서 컴포넌트 설계 하드웨어 블록도

SRF04를 인터페이스하기 위한 컴포넌트 SRF04를 설계하고 AVR128과 인터페이스를 한다. 컴포넌트 SRF04는 trigger_input에 파형을 주기적으로 생성해 내고 그 출력인 echo_pulse_output의 하이 레벨의 길이를 계산해 낸다.

echo_pulse_output의 하이 레벨의 길이는 초음파 진행 상태에 놓인 물체의 거리에 비례한다. 이 레벨의 길이를 AVR128에서 거리로 환산하여 하이퍼터미널에 표시한다. 하이퍼터미널을 사용하기 위하여 AVR128의 시리얼TX를 사용한다.

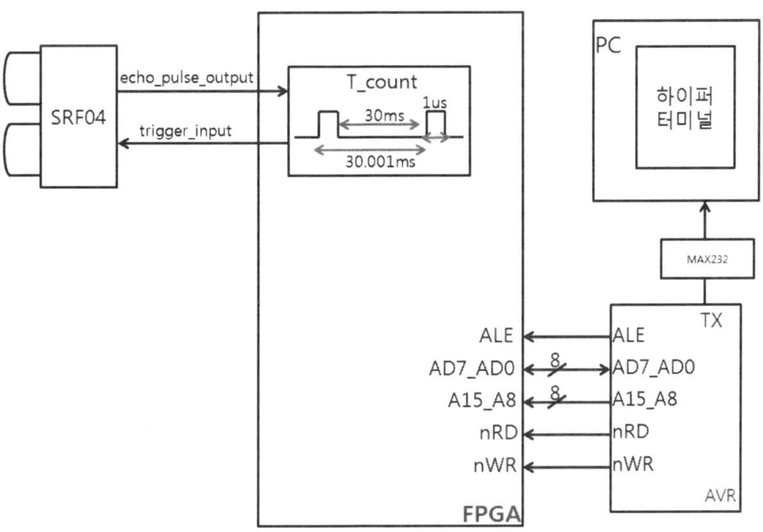


[그림 9.3] SRF04, AVR과 FPGA인터페이스

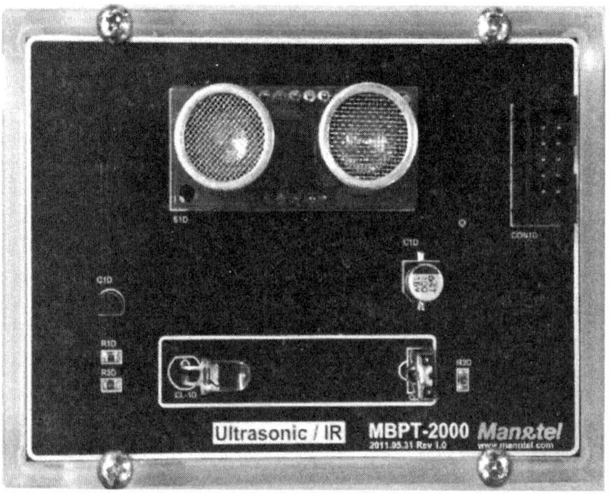


[그림 9.4] Ultrasonic/IR 기판

## 2. 프로그램 소스

-하드웨어 프로그램 소스-

```
Library ieee;
use ieee.std_logic_1164.all;
use ieee.std_logic_unsigned.all;

entity AVR_SRF04_interface is
      port(
          -- AVR signal
                  ALE      : in std_logic;
                  AD7_AD0  : inout std_logic_vector(7 downto 0);  -- address/data
                  A15_A8   : in std_logic_vector(7 downto 0);     -- address
                  nRD,nWR  : in std_logic;

          -- test_led
                  led                : out std_logic_vector(7 downto 0);
                  Main_clk           : in std_logic;             -- 50Mhz
                  trigger_input      : buffer std_logic;
                  echo_pulse_output  : in std_logic
```

```
    );
end AVR_SRF04_interface;

architecture SAM of AVR_SRF04_interface is

    signal nCS_sonic_control_low : std_logic;
    signal nCS_sonic_control_high: std_logic;
        signal A7_A0                      : std_logic_vector( 7 downto 0);
        signal Addr15_0                   : std_logic_vector(15 downto 0);
        signal INTER_AD7_AD0              : std_logic_vector( 7 downto 0);
        signal save_Get_time              : std_logic_vector( 15 downto 0);

        component srf04 is
        port(
                    CLK_50Mhz          : in std_logic;
                    trigger_input      : buffer std_logic;
                    echo_pulse_output  : in std_logic;
                    save_Get_time      : out std_logic_vector( 15 downto 0)
              );
        end component;

        begin

        -- BUS interface
        process(ALE, AD7_AD0, nCS_sonic_control_low, nCS_sonic_control_high)
              begin

              if ALE = '1' then                                  -- address latch
                    A7_A0     <= AD7_AD0;
              elsif nCS_sonic_control_low = '0' then
                    AD7_AD0  <= save_Get_time( 7 downto 0);
              elsif nCS_sonic_control_high = '0' then
                    AD7_AD0  <= save_Get_time( 15 downto 8);
              else
                    AD7_AD0  <= (others =>'Z');
              end if;
        end process;

        -- 16 bit address
```

```
        Addr15_0 <= A15_A8 & A7_A0 ;

        -- Address Decorder
        process( Addr15_0, nRD, nWR)
        begin
                if (Addr15_0 = x"8000" ) and ( nRD = '0') then  -- read cycle address 0x8000
                        nCS_sonic_control_low <= '0';
                else
                        nCS_sonic_control_low <= '1';
                end if;
                if (Addr15_0 = x"8001" ) and ( nRD = '0') then  -- read cycle address 0x8001
                        nCS_sonic_control_high <= '0';
                else
                        nCS_sonic_control_high <= '1';
                end if;
        end process;

    led <= save_Get_time( 7 downto 0);              -- test_led

        SRF_control : srf04
        port map(
                        Main_clk,
                        trigger_input,
                        echo_pulse_output,
                        save_Get_time
                );
end SAM;
```

(component SRF04)프로그램 소스

```
library ieee;
use ieee.std_logic_1164.all;
use ieee.std_logic_arith.all;
use ieee.std_logic_unsigned.all;

entity srf04 is
        port(
                CLK_50Mhz               : in std_logic;
                trigger_input           : buffer std_logic;
                echo_pulse_output       : in std_logic;
```

```
                save_Get_time                   : out std_logic_vector( 15 downto 0)
        );
end srf04;


architecture SAM of srf04 is

        signal main_clk             : std_logic;
        signal cnt_main_clk         : integer range 0 to 300;           --2^16 = 65536
        signal T_count              : integer range 0 to 50000;
        signal Get_time             : std_logic_vector( 15 downto 0);
        signal echo_pulse_output_temp       : std_logic;
        signal echo_pulse_output_temp1      : std_logic;
        signal echo_pulse_output_temp2      : std_logic;

begin

 clk_gen : process(CLK_50Mhz)
                begin
                if CLK_50Mhz'event and CLK_50Mhz = '1'then
                        if(cnt_main_clk >=250)then
--1/(50000000/400/2) = 10us
                                cnt_main_clk <= 0;
                                main_clk  <= not main_clk;
                        else
                                cnt_main_clk <= cnt_main_clk + 1;
                        end if;
                end if;
            end process;
 trigger : process(main_clk)
                begin
                if main_clk'event and main_clk = '1'then
                        if T_count < 30000 then              -- 30ms
                                T_count <= T_count + 1;
                        else
                                T_count <= 0;
                        end if;
                        if T_count < 1 then              --10us
                                trigger_input <= '1';
                        else
```

```
                                        trigger_input <= '0';
                                end if;

                        end if;
                end process;
    echo : process(main_clk)
           begin
           if main_clk'event and main_clk = '1' then
                echo_pulse_output_temp1 <= echo_pulse_output;
                echo_pulse_output_temp2 <= echo_pulse_output_temp1;
                echo_pulse_output_temp  <= echo_pulse_output_temp2;
                if( echo_pulse_output_temp ='0' and  echo_pulse_output = '1') then
                        Get_time <= (others =>'0');
                        save_Get_time <= (others =>'0');
                elsif( echo_pulse_output_temp ='1' and  echo_pulse_output = '0') then
                         save_Get_time <= Get_time;
                else
                        if echo_pulse_output = '1'then
                                Get_time <= Get_time + 1;
                        end if;
                end if;

           end if;
          end process;
end SAM;
```

**-소프트웨어 프로그램 소스-**

```
#include <avr/io.h>
#include <avr/interrupt.h>
#include <avr/signal.h>

#define srf04_address_low        0x8000
#define srf04_address_high       0x8001
#define SONIC_DATA_low          (*(volatile unsigned char *)(srf04_address_low))
#define SONIC_DATA_high         (*(volatile unsigned char *)(srf04_address_high))

unsigned char st[ 6] ={ 0,};
```

```
void delay_us(unsigned int time_us)
{
    register unsigned int i;

    for(i=0;i<time_us;i++)
    {
        asm volatile("PUSH R0");
        asm volatile("POP R0");
        asm volatile("PUSH R0");
        asm volatile("POP R0");
        asm volatile("PUSH R0");
        asm volatile("POP R0");
    }
}

void delay_ms(unsigned int time_ms)
{
    register unsigned int j;
    for(j=0;j<time_ms;j++)
    {
        delay_us(250);
        delay_us(250);
        delay_us(250);
        delay_us(250);
    }
}

char RX0(void)
{
    while(!(UCSR0A & 0x80));
    return UDR0;
}
void TX0(char data)
{
    while((UCSR0A & 0x20)==0x00);
    UDR0 = data;
}
void TX0_str(unsigned char *str)
{
```

```
    while(*str != '\0')
    {
        TX0(*str);
        str++;
    }
}
unsigned int  Get_Distance()
{
        unsigned int  distance;
        unsigned int  data_low,data_high, time;

        data_low = SONIC_DATA_low;
        data_high = SONIC_DATA_high;
        time = data_low +( data_high*256);
        distance = ((time/2)*3)+10;//346.5*1000*10*10^-6 mm단위로 표현 10us클럭 을 사용
        return distance;
}
int main(void)
{
        unsigned int distance;
        unsigned int i = 0;

        MCUCR = 0x80;
        XMCRA = 0x00;
        XMCRB = 0x80;

        UCSR0B = 0x18;
        UBRR0L = 103;

        TX0_str("start srf04 \r");

        while(1)
        {

                distance = Get_Distance();
                st[0]='0'+((distance/1000)%10);
                if( st[0] == '0' ) st[0]=' ';
                st[1]='0'+((distance/100)%10);
                st[2]='0'+((distance/10)%10);
```

```
            st[ 3] ='.';
            st[ 4] ='0'+(distance%10);
            st[ 5] ='\0';

            TX0_str(st);
            TX0('\r');
            delay_ms(200);
        }
}
```

## 3. 프로그램 소스 설명

**-하드웨어 프로그램 소스-**

entity AVR_SRF04_interface는 컴포넌트 SRF04를 사용하여 Trigger Pulse input 펄스를 주기적으로 발생시키고 거리에 비례하는 하이 레벨의 Echo Pulse output의 길이를 측정하여 AVR128의 포트에 입력시킨다.

하이 레벨의 Echo Pulse output의 길이의 측정 값은 16비트의 카운터 값으로 주소 0x8000번지와 0x8001번지에 저장한다. 이 16비트 카운터 값은 save_Get_time이라는 SRF04 컴포넌트에 포트 시그널로 제공된다.

컴포넌트 SRF04는 클럭으로 50Mhz가 입력되고 이를 분주하여 10us 주기의 main_clk을 만든다. main_clk을 이용하여 trigger : process(main_clk)에서 주기적인 Trigger Pulse input을 발생시킨다. Trigger Pulse input의 주기는 30ms이며 이를 main_clk로 분주할시 T_count가 30000이 된다. T_count의 값이 0일때 10us에 하이 레벨의 Trigger_input을 발생시킨다.

echo : process(main_clk)은 echo_pulse_output의 하이레벨에 길이를 측정한다. 측정된 값은 save_Get_time에 저장되며 이를 측정하기 위하여 Get_time을 사용한다. echo_pulse_output의 하이레벨을 측정하기 위해서 이 신호의 상승에서 Get_time을 초기화 시키고 하이 레벨에서 Get_time 값을 증가시킨다. 그리고 하강 에지에서 Get_time 값을 save_Get_time에 저장한다. echo_pulse_output는 잡음이 섞여 있는 펄스이므로 상승과 하강 에지를 찾는데 어려움이 있다. 따라서 다음과 같이 버퍼링을 거치게 한다.

```
echo_pulse_output_temp1 <= echo_pulse_output;
echo_pulse_output_temp2 <= echo_pulse_output_temp1;
echo_pulse_output_temp  <= echo_pulse_output_temp2;
```

다음은 echo_pulse_output의 상승 에지와 하강 에지를 검출하는 문장이다.

```
if( echo_pulse_output_temp ='0' and echo_pulse_output = '1') then  -- 상승 에지
elsif( echo_pulse_output_temp ='1' and echo_pulse_output = '0') then --하강 에지
```

**-소프트웨어 프로그램 소스-**

16비트 카운터인 echo_pulse_output의 하이 레벨의 길이는 SONIC_DATA_low와 SONIC _DATA_high에 저장된다. 따라서 이 두 포트에 값을 합산하여 time에 저장한다. 초음파에 속도는 온도 25도에서 346.5이며 10us에 클럭을 사용하므로 상수 값을 계산하면 다음과 같이 346.5*1000*10*10^-6이 된다. 따라서 거리는 다음과 같은 수식으로 환산된다.

```
distance = ((time/2)*3)+10;
```

이 distance값을 십진수 아스키 값으로 환산하여 AVR128의 TX로 전송한다.

# Ⅱ. 실험 결과

초음파센서 앞에 물체를 두고 거리를 변화시켜 이 거리에 값이 하이퍼터미널 모니터에 출력됨을 알 수 있다.

# Ⅲ. 실험 과제

초음파 센서를 이용하여 수위 레벨을 측정하는 수위 측정계를 설계하여 보자.

# 실험 실습 안내서 [10주차]

**실험 제목 :** AVR(ATmega128)과 DC MOTOR COMPONENT INTERFACE

**실험 목적 :** DC모터 속도와 방향 제어를 위한 컴포넌트를 설계하고 AVR128에 인터페이스하여 DC모터 제어기를 만든다.

**기초 지식 :** AVR 인터페이스, DC모터 기본이론

**자　　료 :** 설치 및 준비 사항 : Quartus II(9.0이상) 설치, Cyclone I, DC모터, L298(모터 드라이버)

**실험 절차 :** ① Quartus II(9.0이상) 설치.
② VHDL설계.
③ 다운 로드.

# Ⅰ. 실험 실습

## 1. 기본이론

### 1-1 DC 모터 제어를 위한 기본 이론

DC 모터 제어를 위한 DC모터 드라이버(L298)IC는 (제조사 : STMicroelectronics)는 DUAL FULL-BRIDGE DRIVER이다. 동작 전압은 일반적으로 5V에서 46V까지 동작하며 총 DC전류는 4A까지 구동된다. 온도 보상이 가능하며 로직0입력의 전압은 1.5V까지 되어 노이즈 마진이 크다. L298은 높은 전압에서서도 표준 TTL로직 레벨에 신호를 받아 들일수가 있어 DC모터 제어의 관한 편리함을 많이 갖추고 있다. 아래의 [그림 10.1]은 L298의 외형과 블록 다이어그램이다.

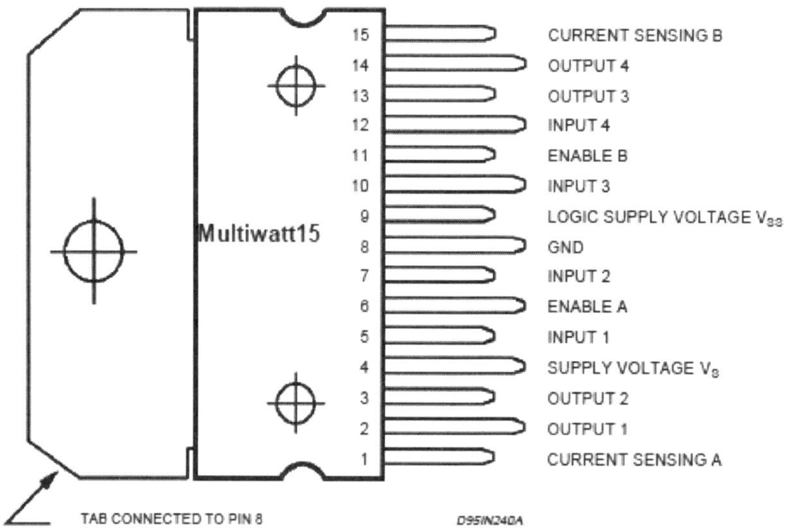


[그림 10.1] L298의 핀 배치

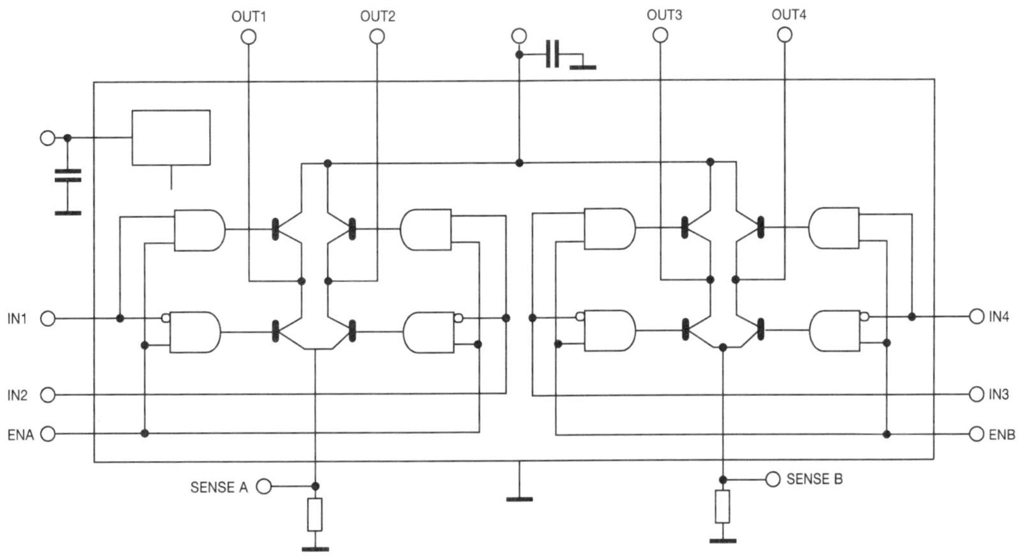


[그림 10.2] L298의 블록다이어그램

블록다이어그램을 살펴보면 VS와 VSS에는 각각 전원 전압과 로직 레벨에 전원이다. VS는 최대 46V이며 VSS는 일반적으로 5V를 입력한다.

센스A와 센스B는 그라운드 사이에 저항을 붙이는 단자이며 부하 선류를 세어하기 위힌 저항 입력 단자이다. 간단하게 사용할시 2W저항 1Ω을 붙이기도 한다.

OUT1과 OUT2는 브리지A에의 출력이며 OUT3와 OUT4는 브리지B에 출력이다. OUT1과 OUT2에 DC모터의 두 단자를 연결하며 마찬가지로 OUT3와 OUT4에노 DC모터 두 단자를 연결한다. 따라서 L298은 두 개의 DC모터를 제어할 수가 있다.

EN A와 EN B는 각각 브리지A와 브리지B의 모터를 동작상태 혹은 동작 하지 않는 상태로 둘 수 있는 Enable 단자이다. EN A와 EN B가 각각 로직 1(TTL 레벨)일 때 비로소 OUT1과 OUT2 그리고 OUT3와 OUT4에 연결된 모터가 제어 가능한 동작 상태가 된다.

아래의 그림은 L298에 사용방법을 알려주는 블록다이어그램이다.

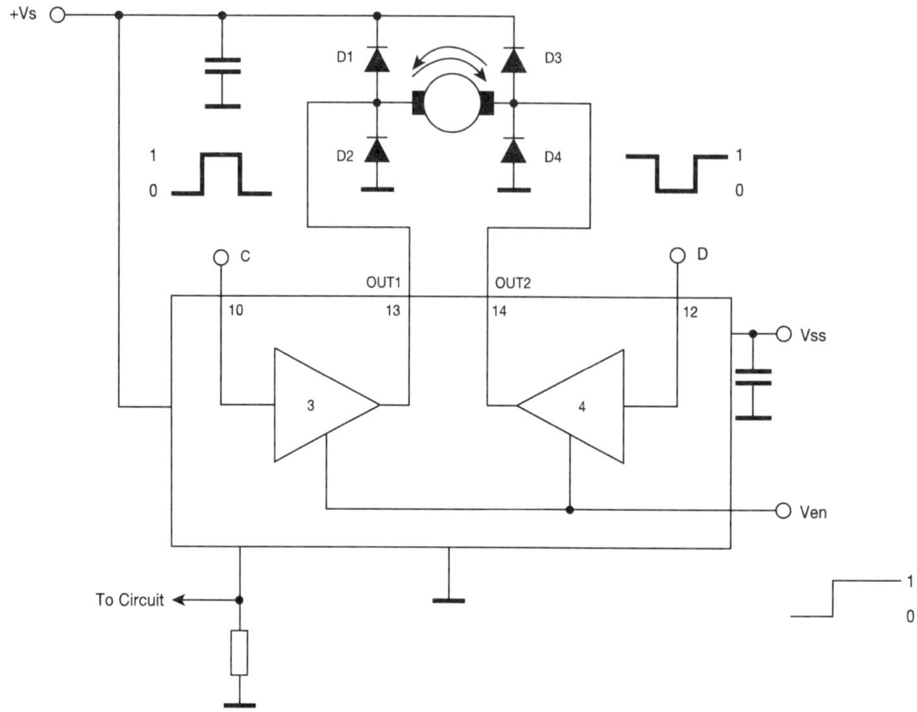


[그림 10.3] 양방향 DC모터 블록다이어그램

OP-amp3과 4는 브리지 회로에 간략된 그림이며 그 출력은 OUT1(13번)과 OUT2(14번)를 나타낸다. OU1과 OUT2에 모터를 연결할 시에 역방향 보호 다이오드가 필요한대 그림과 같이 D1과 D2, D3와 D4를 연결한다. Vs와 Vss는 각각 모터전원 전압과 제어용 TTL 레벨 전원이다. 전원 전압과 그라운드 사이에 반드시 100nF의 커패시터를 붙여 전원의 잡음을 방지한다.

C(10번)와 D(12번)는 DC모터에 방향을 제어하기 위한 핀이며 Ven은 C와 D를 Enable 하는데 사용된다. 동작 방식은 다음과 같다.

| Inputs | | Funtion |
|---|---|---|
| Ven = High | C = High; D = Low | 정방향 |
| | C = Low; D = High | 역방향 |
| | C = D | 모터 정지 |
| Ven = Low | C = Don't Care;<br>D = Don't Care | 모터 정지(Free Running) |

[그림 10.4] DC모터 방향에 따른 포트출력

예를 들면 Ven이 High일 때 C가 High 이고 D가 Low이면 모터는 정방향으로 움직이고 Ven이 Low이면 C와 D는 제어 되지 아니하고 모터는 정지되나 실제 부하가 걸리지 않아 Free Running 상태가 된다. 따라서 모터를 정지시키려면 Ven이 하이이고 C와 D가 같은 TTL 레벨일 때 정지 된다.

L298의 속도 제어를 위해서는 C와 D에 듀티비를 가변 하여야 한다. 아래의 그림은 C와 D의 듀티비를 가변 하기위한 블록다이어그램이다. 일반적으로 사용되는 듀티비 가변 구조는 Period_counter와 Duty_counter를 이용한 것이다. Period_counter는 일정 주기의 카운터 이며 약 20ms의 주기를 가진다. Duty_counter는 가변 적이며 Duty_counter가 증가 될 때 모터의 속도가 빨라지게 된다. 아래의 그림에서 모터에 인가되는 전압은 Period_counter 와 Duty_counter를 비교하여 Duty_counter가 클 경우에 모터의 출력이 로직1로 나타나게 된다. 따라서 모터에 출력은 Period_counter에 의해 주기적으로 로직 1의 기간이 나타나게 된다.

이와 같이 모터의 속도는 주기적인 로직 1의 기간에 의해 비례하여 나타나게 된다.

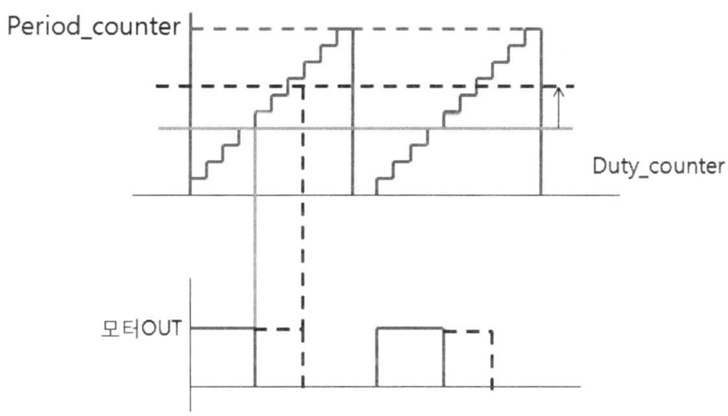


[그림 10.5] 듀티비 가변에 따른 모터출력의 변화

## 1-2 AVR128을 이용한 DC모터 컴포넌트 설계 하드웨어 블록도

DC모터를 인터페이스 하기 위한 컴포넌트DC_MOTOR를 설계하고 AVR128과 인터페이스를 한다. 컴포넌트 DC_MOTER는 DC_MOTOR에 출력을 PWM방식으로 파형을 주기적으로  생성해 내고 IN1과 IN2를 제어하여 속도와 방향을 제어한다.

하이퍼터미널에서 속도와 방향을 제어 하도록 프로그램을 작성하여 보자. AVR128의 RX를 이용하여 하이퍼터미널로부터 속도와 방향에 명령을 받고 DC_MOTOR컴포넌트를 이용하여 L298을 제어한다.

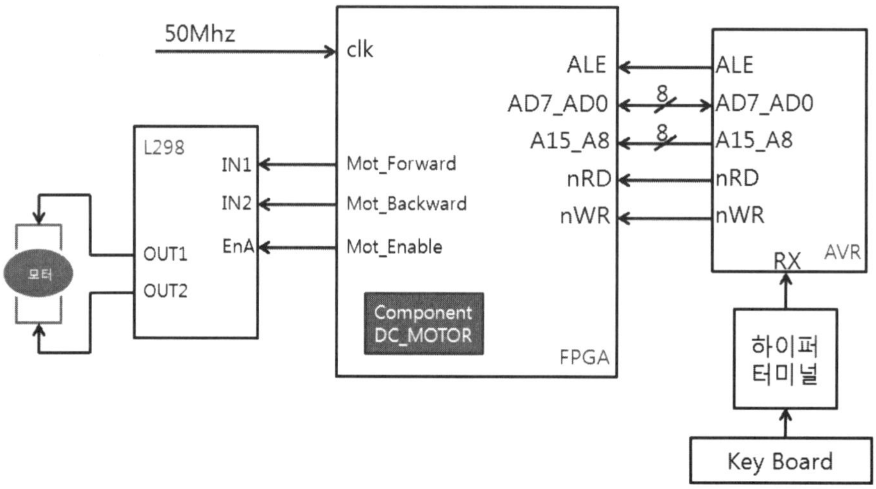


[그림 10.6] L298, AVR과 FPGA인터페이스

[그림 10.7] DC MOTOR 기판

## 2. 프로그램 소스

-하드웨어 프로그램 소스-

```
Library ieee;
use ieee.std_logic_1164.all;
use ieee.std_logic_unsigned.all;
```

```
entity AVR_DC_interface is
        port(
            -- AVR signal
               ALE       : in std_logic;
               AD7_AD0   : inout std_logic_vector(7 downto 0);         -- address/data
               A15_A8    : in std_logic_vector(7 downto 0);            -- address
               nRD,nWR   : in std_logic;
            -- test_led
               led                  : out std_logic_vector(7 downto 0);
            -- STEP MOTOR signal
               Main_clk             : in std_logic;          -- 50Mhz
               Mot_Forward          : out std_logic;
               Mot_Backward         : out std_logic;
               Mot_Enable           : out std_logic
        );
end AVR_DC_interface;

architecture SAM of AVR_DC_interface is

        signal nCS_DC_dir_control  : std_logic;
        signal nCS_DC_pwm_control  : std_logic;
        signal A7_A0               : std_logic_vector( 7 downto 0);
        signal Addr15_0            : std_logic_vector(15 downto 0);
        signal INTER_AD7_AD0       : std_logic_vector( 7 downto 0);
        signal DC_dir_data         : std_logic_vector( 7 downto 0);
        signal DC_pwm_data         : std_logic_vector( 7 downto 0);

        component DC_MOTOR is
        port(
               main_clk             : in std_logic;   --50Mhz
               Mot_Forward          : out std_logic;
               Mot_Backward         : out std_logic;
               Mot_Enable           : out std_logic;
               sw_Forward           : in std_logic;
               sw_Backward          : in std_logic;
               duty_value           : in std_logic_vector( 7 downto 0)
               );
        end component;
        begin
```

```
    -- BUS interface
    process(ALE, AD7_AD0, nCS_DC_dir_control, nCS_DC_pwm_control)
    begin

      if ALE = '1' then                          -- address latch
            A7_A0    <= AD7_AD0;
            AD7_AD0  <= (others =>'Z');
      elsif nCS_DC_dir_control = '0' then        -- write cycle address 0x8000
            DC_dir_data        <=  AD7_AD0;
            AD7_AD0  <= (others =>'Z');
      elsif nCS_DC_pwm_control = '0' then        -- write cycle address 0x8001
            DC_pwm_data        <=  AD7_AD0;
            AD7_AD0  <= (others =>'Z');
      else
            AD7_AD0  <= (others =>'Z');
      end if;

    end process;
    -- 16 bit address
    Addr15_0 <= A15_A8 & A7_A0 ;
    -- Address Decorder
    process( Addr15_0, nRD, nWR )
    begin
     if (Addr15_0 = x"8000" ) and ( nWR = '0') then        -- Select DC motor dir
            nCS_DC_dir_control <= '0';
     else
            nCS_DC_dir_control <= '1';
     end if;
     if (Addr15_0 = x"8001" ) and ( nWR = '0') then        -- Select DC motor dir
            nCS_DC_pwm_control <= '0';
     else
            nCS_DC_pwm_control <= '1';
     end if;
    end process;
led <= DC_pwm_data;                                    -- test_led
    DC_control: DC_MOTOR
    port map(
                    Main_clk,
                    Mot_Forward,
```

```
                    Mot_Backward,
                    Mot_Enable,
                    DC_dir_data(0),                    -- sw_Forward
                    DC_dir_data(1),                    -- sw_backward
                    DC_pwm_data
            );
end SAM;
```

(component SRF04) 프로그램 소스

```
library ieee;
use ieee.std_logic_1164.all;
use ieee.std_logic_unsigned.all;

entity DC_MOTOR is
        port(
                main_clk        : in std_logic;   --50Mhz
                Mot_Forward     : out std_logic;
                Mot_Backward    : out std_logic;
                Mot_Enable      : out std_logic;
                sw_Forward      : in std_logic;
                sw_Backward     : in std_logic;
                duty_value      : in std_logic_vector(7 downto 0)

            );
end DC_MOTOR;
architecture sam of DC_MOTOR is

   signal div_counter      : integer range 0 to 2000;
   signal duty_counter     : std_logic_vector(7 downto 0);
   signal period_counter   : std_logic_vector(7 downto 0);
   signal PWM_clk          : std_logic;                           -- 20ms
begin
  Mot_Enable  <= '1';
        process(main_clk)
        begin
                if main_clk'event and main_clk = '1' then
                        if div_counter = 1953 then
                                PWM_clk <= not PWM_clk;        --1/1954
                                div_counter <= 0;              --1/2
```

```
                    else
                            div_counter <= div_counter + 1;

                    end if;
            end if;
    end process;
    period_cnt : process(PWM_clk)
    begin
            if PWM_clk'event and PWM_clk = '1' then       -- 20ms = 50Khz
                    if period_counter = "11111111" then
                            period_counter <= "00000000";
                    else
                       period_counter <= period_counter + '1';
                    end if;
            end if;
    end process;
    PWM_out : process(PWM_clk, period_counter,duty_counter)
    begin
    if PWM_clk'event and PWM_clk = '1' then
            duty_counter <= duty_value;
            if duty_counter >= period_counter  then
                    if sw_Forward = '1'then
                            Mot_Forward <= '1';
                            Mot_Backward <= '0';
                    elsif sw_Backward = '1'then
                            Mot_Forward <= '0';
                            Mot_Backward <= '1';
                    else
                            Mot_Forward <= '1';
                            Mot_Backward <= '1';
                    end if;
            else
                    Mot_Forward <= '1';
                    Mot_Backward <= '1';
                    end if;
    end if;
    end process;
end sam;
```

-소프트웨어 프로그램 소스-

```
#include <avr/io.h>
#include <avr/interrupt.h>
#include <avr/signal.h>

#define DC_MOTOR_DIR_BASE_ADDR   0x8000
#define DC_MOTOR_PWM_BASE_ADDR   0x9000
#define DC_DIR          (*(volatile unsigned char *)(DC_MOTOR_DIR_BASE_ADDR ))
#define DC_PWM         (*(volatile unsigned char *)(DC_MOTOR_PWM_BASE_ADDR ))

void delay_us(unsigned char time_us)
{ register unsigned char i;
    for(i=0; i< time_us; i++)
      { asm volatile("PUSH R0");
        asm volatile("POP R0");
        asm volatile("PUSH R0");
        asm volatile("POP R0");
        asm volatile("PUSH R0");
        asm volatile("POP R0");
      }
}
void delay_ms(unsigned int time_ms)
{ register unsigned int i;
   for(i=0; i< time_ms; i++)
      {delay_us(250);
       delay_us(250);
       delay_us(250);
       delay_us(250);
      }
}

char RX0(void)
{
   while(!(UCSR0A & 0x80));
   return UDR0;
}
void TX0(char data)
{
```

```
    while((UCSR0A & 0x20)==0x00);
    UDR0 = data;
}
void TX0_str(unsigned char *str)
{
    while(*str != '\0')
    {
        TX0(*str);
        str++;
    }
}
int main(void)
{
    unsigned char data = 0;
    unsigned char recv_data;

    UCSR0B = 0x18;
    UBRR0L = 103;

    MCUCR = 0x80;
    XMCRA = 0x00;
    XMCRB = 0x80;

    TX0_str("start_DC_motor \r");
    while(1)
    {
                recv_data = RX0();
       TX0(recv_data);
                if(recv_data == '1')
                {
                        DC_PWM = 0x00;
                        DC_DIR = 0x00;
                }
                if(recv_data == '2')  //forward, speed = medium
                {
                        DC_PWM = 0x77;
                        DC_DIR = 0x01;
                }
                if(recv_data == '3')  //backward, speed = medium
```

```
            {
                DC_PWM = 0x77;
                DC_DIR = 0x02;
            }
            if(recv_data == '4')  //forward, speed = fast
            {
                DC_PWM = 0xff;
                DC_DIR = 0x01;
            }
            if(recv_data == '5')  //backward, speed = fast
            {
                DC_PWM = 0xff;
                DC_DIR = 0x02;
            }
        }
}
```

## 3. 프로그램 소스 설명

**-하드웨어 프로그램 소스-**

entity AVR_DC_interface는 컴포넌트 DC_MOTOR를 사용하여 L298에 PWM의 출력을 인가한다. DC_MOTOR컴포넌트는 메인 클럭으로 50Mhz가 인가되며 MOT_Forward, MOT_Backward, MOT_Enable은 L298의 IN1과 IN2 및 EnA를 위한 출력 단자이다. 그리고 SW_Forward와 SW_BackWard는 모터에 방향을 제어하기 위한 입력 단자이다. 이 입력 단자는 AVR128과 인터페이스 되어 있어 인터페이스 된 포트에 의해서 제어된다. nCS_DC_dir_control은 AVR128에서 방향을 제어하기 위해서 사용되는 포트이며 주소는 0x8000번지이다. 그리고 duty_value는 속도를 제어하기 위한 AVR128의 인터페이스된 포트에 연결되어 있다.

duty_value는 AVR128주소 상에서 0x8001번지이며 nCS_DC_pwm_control이 로직 0이 될 때 모터의 속도를 제어하게 된다.

컴포넌트 DC_MOTOR는 div_counter를 1954로 두어 50Mhz를 약 20ms로 분주를 시킨다. 이것은 PWM_clk을 만들기 위한 것이며 PWM_clk에 의해서 period_counter가 반복적으로 20ms의 주기를 가지게 된다. duty_counter는 AVR128에서 소프트웨어 적으로 인가되며 duty_counter가 period_counter보다 클 경우에 duty를 로직 1로 둔다. duty 로직 1은 모터에 방향에 따라 즉 SW_Forward와 SW_Backward에 따라 정방향일 경우에 MOT_Forward는 1이 되고 MOT_Backward는 0이 된다. 역방향일 경우에 MOT_Forward는 0이 되고 MOT_Backward는 1이 된다. 그리고 duty가 0일 경우에는 MOT_Forward와 MOT_Backward를 각각 1로 두며 각각 1일 경우에는 모터는 정지 상태가 된다.

**-소프트웨어 프로그램 소스-**

AVR128의 RX단자를 이용하여 하이퍼터미널로부터 모터에 방향과 속도를 제어하는 명령을 받아들인다. 각 명령은 1에서 5까지 이며 1은 모터가 정지상태, 2는 모터가 정방향이며 중간속도로 움직이며 3은 역방향으로 중간속도로 동작한다. 그리고 4와 5는 각각 정방향과 역방향의 최대 속도로 모터를 동작시키는 명령이다.

# Ⅱ. 실험 결과

하이퍼터미널에 명령에 따라 모터의 회전 방향이 정방향, 역방향, 정지가 되며 속도 역시 정지와 중간 속도, 그리고 최대속도가 됨을 알 수 있다.

# Ⅲ. 실험 과제

모터 컴포넌트를 여러 개 사용하여 자동차를 구현해 본다. 그리고 유선의 제어방식을 지그비를 이용하여 무선화시켜 본다.

## 실험 실습 안내서 [11주차]

**실험 제목 :** AVR(ATmega128)과 SERVO-MOTOR COMPONENT INTERFACE

**실험 목적 :** 서보모터 제어를 위한 컴포넌트를 설계하고 AVR128에 인터페이스 하여 서보모터 제어기를 만든다.

**기초 지식 :** AVR 인터페이스, 서보모터 기본이론

**자　　료 :** 설치 및 준비 사항 : Quartus II(9.0이상) 설치, Cyclone I, 서보모터

**실험 절차 :** ① Quartus II(9.0이상) 설치.
② VHDL설계.
③ 다운 로드.

# Ⅰ. 실험 실습

## 1. 기본이론

### 1-1 서보모터 기본이론

서보모터란 단순한 모터자체만을 가지고 말하는 것이 아니고, 모터와 제어구동회로 전체를 포함하는 것을 말한다. 일반적으로 DC서보모터는 PWM에 의하여 속도와 위치를 제어 할 수 있는 모터 시스템을 말한다. 따라서 DC서보모터 내부에는 PWM명령을 받는 부분과  제어장치 서보모터로부터 출력되는 위치검출기 등을 포함하고 있다. DC서보모터는 아날로그 DC서보모터와 디지털 DC서보모터가 있다. 아날로그 DC서보모터는 연속적으로 PWM파형을 입력받아야 동작이 되고, 디지털 DC서보모터는 단 한번의 PWM파형을 입력받더라도 그 입력파형을 기억하여 동작한다.

일반적으로 DC서보모터는 3개의 단자가 있는데 검은선은 GND이고 빨간선은 전원전압인데 전원전압은 4.8V~6V의 범위를 가지고 있다. 그리고 3번째 선이 신호선이다. 이 신호선에 PWM파형을 인가한다. 서보모터는 시계방향으로 움직이며 PWM의 high펄스 기간 즉 듀티비에 비례하여 회전을 가지게 된다.

서보모터를 제어하기 위하여 FPGA에서 서보모터 컴포넌트를 설계하고자 한다. 서보모터 컴포넌트는 하이텍(Hitec)사의 HS-311을 기준으로 하여 설계한다. HS-311 서보모터는 아날로그 DC서보모터이다. PWM의 주기는 20ms이며 이 기간동안 high펄스 기간이 0.9~2.1ms까지 구동할 수 있다. 따라서 0.9ms에서는 최소 각도(0도)로 움직이고, 2.1ms에서는 최대 각도(180도)로 움직인다. 1.5ms는 center(90도)를 가리키고 있을 때의 펄스 길이이다.

서보모터를 제어하기위한 PWM듀티비 생성 방법은 DC모터의 속도제어와 동일하다. 즉 듀티비 가변 구조는 Period_counter와 Duty_counter를 이용한 것이다. 자세한 내용은 DC모터의 속도제어를 참조한다.

## 1-2 AVR128을 이용한 서보모터 컴포넌트 설계 하드웨어 블록도

서보모터를 인터페이스 하기 위한 컴포넌트 SERVO_MOTOR를 설계하고 AVR128과 인터페이스를 한다. 컴포넌트 SERVO_MOTER는 SERVO_MOTOR의 제어를 PWM방식으로 구동하며 PWM출력을 듀티비 가변을 하여 서보모터의 신호선에 인가한다.

하이퍼터미널에서 서보모터의 각도를 제어 하도록 프로그램을 작성하여 보자. AVR128의 TX/RX를 이용하여 하이퍼터미널로부터 서보모터의 각도에 대한 명령을 받고 SERVO_MOTOR컴포넌트를 이용하여 HS-311을 제어한다.

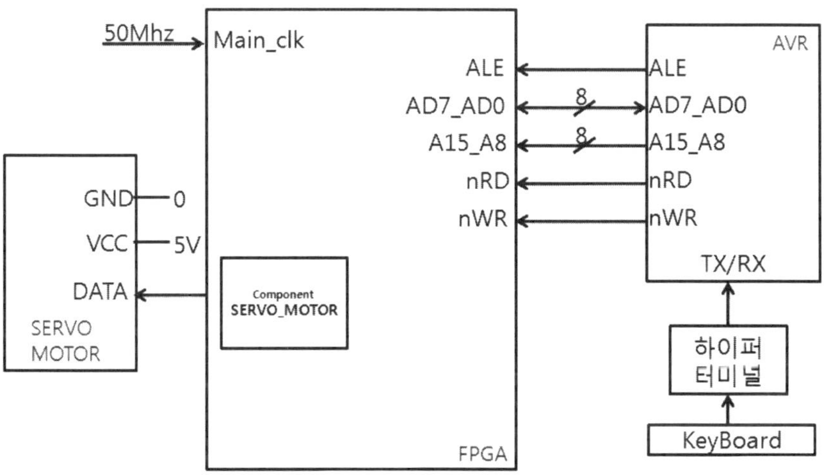


[그림 11.1] SERVO_MOTOR, AVR과 FPGA인터페이스

[그림 11.2] SERVO_MOTOR

## 2. 프로그램 소스

### -하드웨어 프로그램 소스-

```
Library ieee;
use ieee.std_logic_1164.all;
use ieee.std_logic_unsigned.all;

entity AVR_servo_interface is
        port(
            -- AVR signal
            ALE             : in std_logic;
            AD7_AD0         : inout std_logic_vector(7 downto 0);        -- address/data
            A15_A8          : in std_logic_vector(7 downto 0);  -- address
            nRD, nWR        : in std_logic;

            -- test_led
            led             : out std_logic_vector(7 downto 0);

           -- STEP MOTOR signal
           Main_clk         : in std_logic;                        -- 50Mhz
           mot_pwm          : out std_logic
           );
end AVR_servo_interface;

architecture SAM of AVR_servo_interface is

           signal nCS_servo_control       : std_logic;
                  signal A7_A0            : std_logic_vector( 7 downto 0);
                  signal Addr15_0         : std_logic_vector(15 downto 0);
                  signal INTER_AD7_AD0    : std_logic_vector( 7 downto 0);
                  signal servo_data       : std_logic_vector( 7 downto 0);

        component SERVO_MOTOR is
        port(
                   main_clk               : in std_logic;    --50Mhz
                   mot_pwm: out std_logic;
```

```
            servo_angle          : in std_logic_vector( 7 downto 0)
    );
    end component;

    begin

    -- BUS interface
    process(ALE, AD7_AD0, nCS_servo_control)
        begin

        if ALE = '1' then                          -- address latch
            A7_A0           <= AD7_AD0;
        elsif nCS_servo_control = '0' then         -- write cycle address 0x8000
            servo_data      <=  AD7_AD0;
            AD7_AD0         <= (others =>'Z');
        else
            AD7_AD0         <= (others =>'Z');
        end if;

    end process;

    -- 16 bit address
    Addr15_0 <= A15_A8 & A7_A0 ;

    -- Address Decorder
    process( Addr15_0, nRD, nWR )
    begin

         if (Addr15_0 = x"8000" ) and ( nWR = '0') then    -- Select DC motor dir
             nCS_servo_control <= '0';
         else
             nCS_servo_control <= '1';
         end if;

    end process;

    led <= servo_data;                                     -- test_led

    servo_control_device : SERVO_MOTOR
```

```
	port map(
			main_clk,
			mot_pwm,
			servo_data
		);

end SAM;
```

(component SERVO_MOTOR) 프로그램 소스

```
library ieee;
use ieee.std_logic_1164.all;
use ieee.std_logic_unsigned.all;

entity SERVO_MOTOR is
port(
	main_clk		: in std_logic;				--50Mhz
	mot_pwm			: out std_logic;
	servo_angle		: in std_logic_vector(7 downto 0)
);
end SERVO_MOTOR;

architecture sam of SERVO_MOTOR is

	signal div_counter		: integer range 0 to 2000;
	signal duty_counter		: std_logic_vector(7 downto 0);
	signal period_counter		: std_logic_vector(7 downto 0);
	signal PWM_clk			: std_logic;			-- 20ms

begin

	process(main_clk)
	begin

		if main_clk'event and main_clk = '1' then
			if div_counter = 1953 then
				PWM_clk <= not PWM_clk;			--1/1954
				div_counter <= 0;			--1/2
			else
				div_counter <= div_counter + 1;
```

```
            end if;
        end if;
    end process;

    period_cnt : process(PWM_clk)
    begin

        if PWM_clk'event and PWM_clk = '1' then           -- 20ms = 50Khz
            if period_counter = "11111111" then
                period_counter <= "00000000";
            else
                period_counter <= period_counter + '1';

            end if;
        end if;

    end process;


    PWM_out : process(period_counter, duty_counter)
    begin

        if servo_angle >= period counter  then
            mot_pwm <= '1';
        else
            mot_pwm <= '0';

        end if;

    end process;
end sam;
```

**-소프트웨어 프로그램 소스-**

```
#include <avr/io.h>

#define SERVO_MOTOR_BASE_ADDR   0x8000
#define SERVO_DATA0         (*(volatile unsigned char *)(SERVO_MOTOR_BASE_ADDR ))
```

```
void delay_us(unsigned char time_us)
{       register unsigned char i;
        for(i=0; i< time_us; i++)
        {       asm volatile("PUSH R0");
                asm volatile("POP R0");
                asm volatile("PUSH R0");
                asm volatile("POP R0");
                asm volatile("PUSH R0");
                asm volatile("POP R0");
        }
}

void delay_ms(unsigned int time_ms)
{       register unsigned int i;
        for(i=0; i< time_ms; i++)
        {       delay_us(250);
                delay_us(250);
                delay_us(250);
                delay_us(250);
        }
}

char RX0(void)
{
        while(!(UCSR0A & 0x80));
        return UDR0;
}

void TX0(char data)
{
        while((UCSR0A & 0x20)==0x00);
        UDR0 = data;
}

void TX0_str(unsigned char *str)
{
        while(*str != '\0')
        {
                TX0(*str);
```

```
            str++;
        }
}

int main(void)
{
        unsigned char recv_data;

        UCSR0B = 0x18;
        UBRR0L = 103;

        MCUCR = 0x80;
        XMCRA = 0x00;
        XMCRB = 0x80;

        TX0_str("start_Servo_Motor \r");

        while(1)
        {
                recv_data = RX0();
                TX0(recv_data);

                if(recv_data == '0')
                {
                        SERVO_DATA0 = 0x18;
                }
                if(recv_data == '1')
                {
                        SERVO_DATA0 = 0x12;
                }
                if(recv_data == '2')
                {
                        SERVO_DATA0 = 0x10;
                }
                if(recv_data == '3')
                {
                        SERVO_DATA0 = 0x0c;
                }
                if(recv_data == '4')
```

```
                {
                        SERVO_DATA0 = 0x0a;
                }
                if(recv_data == '5')
                {
                        SERVO_DATA0 = 0x07;
                }
        }
}
```

## 3. 프로그램 소스 설명

**-하드웨어 프로그램 소스-**

entity AVR_servo_interface는 컴포넌트 SERVO_MOTOR를 사용하여 HS-311의 신호선에 PWM의 출력을 인가한다. SERVO_MOTOR컴포넌트는 메인 클럭으로 50Mhz가 인가되며 port 신호선으로 mot_pwm출력과, servo_angle입력을 가진다. mot_pwm출력은 servo_angle 입력에 따른 PWM출력이다. servo_angle입력은 AVR128과 인터페이스 되어 있어 인터페이스된 포트에 의해서 제어된다. nCS_servo_control은 AVR128에서 서보모터를 제어하기 위해서 사용되는 포트이며 주소는 0x8000번지이다. 이 번지를 통하여 서보모터에 각도값을 인가하여 모터 PWM출력을 발생시킨다.

DC모터 컴포넌트와 같은 방법으로 컴포넌트 SERVO_MOTOR는 div_counter를 1954로 두어 50Mhz를 약 20ms로 분주를 시킨다. 이것은 PWM_clk을 만들기 위한 것이며 PWM_clk에 의해서 period_counter가 반복적으로 20ms의 주기를 가지게 된다. servo-angle(DC 모터에서 duty_counter)는 AVR128에서 소프트웨어 적으로 인가되며 servo-angle가 period_counter보다 클 경우에 mot_pwm을 로직 1로 두고, 그 외에 경우에는 로직 0으로 둔다.

**-소프트웨어 프로그램 소스-**

AVR128의 RX단자를 이용하여 하이퍼터미널로부터 서보모터의 각도를 제어하는 명령을 받아들인다. 각 명령은 '0'에서 '5'까지 이며 '0'은 서보모터의 최대각도가 되고, '1', '2', '3', '4', '5'는 점차적으로 서보 모터를 최소 각도로 움직이게 한다.

# Ⅱ. 실험 결과

하이퍼터미널에 명령에 따라 서보모터의 각도가 최대각도에서 최소각도로 이동됨을 알 수 있다.

# Ⅲ. 실험 과제

서보모터 두 개와 CDS센서 3개를 사용하여 빛 추적기를 구현해 본다.

## 실험 실습 안내서 [12주차]

# 실험 제목 : AVR(ATmega128)과 STEP MOTOR COMPONENT INTERFACE

**실험 목적 :** 스텝 모터 제어를 위한 컴포넌트를 설계하고 AVR128에 인터페이스하여 스텝 모터 제어기를 만든다.

**기초 지식 :** AVR 인터페이스, 스텝 모터 기본이론

**자 료 :** 설치 및 준비 사항 : Quartus II(9.0이상) 설치, Cyclone I, 스텝 모터

**실험 절차 :**
① Quartus II(9.0이상) 설치.
② VHDL설계.
③ 다운 로드.

# Ⅰ. 실험 실습

## 1. 기본이론

### 1-1 스텝 모터 기본이론

스테핑모터(스텝 모터)는 간단하게 정확한 위치 제어가 가능하기 때문에 자동화기기에 많이 사용하고 있다. 스텝 모터는 AC와 DC 서보모터에 비하여 값이 싸고 정확한 각도 제어에 유리함으로 일반적으로 기계적 이동량을 정밀하게 제어하는 곳에서는 스텝 모터를 많이 사용하고 있다. 스텝 모터는 펄스 수에 따라 정확한 회전각을 제어 할 수 있으며 엔코더에 의한 피드백 장치 없이 간단하게 임베디드 시스템에서 제어가 가능하다.

스텝 모터에 한 개의 펄스를 인가하면 정확한 단위 각도가 회전되며 만약 한 펄스에 1.8도씩 움직인다면 200펄스( 360/1.8 =200)를 주면 정확하게 360도 회전이 된다. 따라서 펄스 수와 회전수가 정비례 한다. 펄스에 따라 회전을 하므로 정회전, 역회전, 정지등에 대한 응답성이 좋다.

스텝 모터는 구동하는 여자방식과 구동방식의 조합으로 구별된다. 일상 여자방식은 한번에 1상만 전류를 흘리며 2상여자방식의 경우엔 2상에 동시에 전류를 흐르는 방식이고 1-2상 여자방식은 1상과 2상을 교대로 전류를 흘려주는 방식을 말한다.

전류에 흐름의 방향을 한 방향이냐 혹은 두 방향이냐에 따라 유니폴라와 바이폴라로 구동방식을 분류한다. 유니폴라의 경우는 비교적 간단한 구동 방식이며 전류를 한 방향으로만 고정시키는 경우를 말하고 바이폴라의 경우에는 전류를 두 방향으로 여자 하는 방식을 말한다. 스텝 모터는 기본적으로 고정자를 자화시키면 회전자에 부착된 자석에 따라 회전하는 형태로 되어 있다.

스텝 모터를 구동하려면 TR로 설계하여 동작시킬 수 있으나 상용 스텝 모터 구동 IC을 사용하는 것이 편리하다. SLA7062은 시중에서 많이 사용하고 있는 스텝 모터 드라이브이다. 아래 [그림 12.1]은 SLA7062이다. SLA7062는 스텝 모터 구동 전압 VBB가 최소 10 V에서 44V이고 스텝 모터을 제어하는 디지털 단자는 3.0V에서 5.5V로 마이크로프로세서나 FPGA의 컴포넌트로서 인터페이스가 편리하다. 그리고 SLA7062는 낮은 전력의 CMOS와 결합된 비교적 고 전류 고전압 파워 FET 출력을 가지고 있으며 내부에 고정된 off 타임을 가진 PWM을 구현되어 있는 two phase 유니폴라 스텝 모터 구동 IC이다.

[그림 12.2]와 [그림 12.3]은 각각 SLA7062 외부 핀 단자 설명과 1/2 스텝 출력 파형이다. 그리고 [그림 12.4]는 SLA7060 시리즈 기본 사용 방법을 설명한 것이다.

VBB와 VDD는 각각 스텝 모터 구동 전원과 스텝 모터 제어를 위한 로직 전원이다. 각각 스텝 모터 구동 전원은 최소 10V 이상을 연결하고 VDD는 인터페이스 환경에 맞게 5V 또는 3.3v을 인가한다. M1과 M2는 각각 스텝 모터의 단위 스텝의 각도를 나타낸다. [그림 12.5] 스텝 구동 방식을 나타낸 것이다. 예를 들면 M1, M2에  로직 1,1 ( H,H )을 인가 했을때 1/2 STEP 단위로 구동되고 M1, M2에  로직 0,0 ( L,L )을 인가 했을때  1/16 STEP 단위로 구동된다. 1/2 STEP은 1개의 Clock 펄스에 스텝 모터가 회전하는 각도의 범위가 가장 넓어 정밀하지 않으며 1/16 STEP은 1개의 Clock 펄스에 스텝 모터가 회전하는 각도의 범위가 가장 정밀하며  1 스텝의 이동 각도가 1/2 STEP보다 8 배 작다.

SLA7060 시리즈의 RESET 단자는 스텝 모터상테를 Home 상태( 45도)로 초기화하는데 사용된다. MO는 스텝 모터 모니터 출력 단자로 일정 각도마다 출력이 나온다.

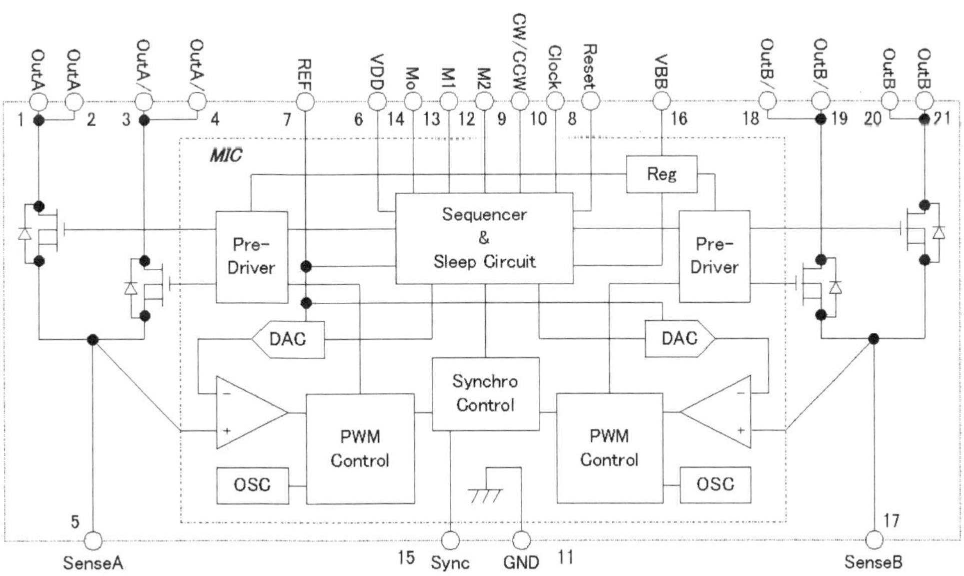


[그림 12.1] 스텝 구동 IC SLA7062 블록 다이어그램

| 단지 이름 | 핀 동작 |
|---|---|
| OUTA, /OUTA | Phase A 출력, Phase /A 출력 |
| Sense A, Sense B | Phase A 전류 센서, Phase B 전류 센서 |
| VDD | 로직 전원 |
| REF | 전류 set와 Sleep 제어 |
| Reset | 스텝 모터상태를 Home 상태( 45도)로 초기화되며 Reset가 Low가 되기 전 까지 MO은 Low로 출력 |
| CW/CCW | 정회전과 역회전 제어 로직 입력 단자 |
| CLOCK | 클럭의 상승에서 스텝 모드(M1, M2)에 따라 정회전하든가 역회전 한다. 클럭을 멈추면 스텝 모터는 클럭의 로직값과 무관하게 Hold (멈춤) 상태가 된다. |
| GND | 전원 그라운드 |
| M1,M2 | 스텝 모터 제어 로직 입력( 표에서 설명) |
| MO | 모니터 출력<br>45(Home)도, 135도, 225도, 315도에서 각각 High를 출력 |
| SYNC | 동기 PWM 제어<br>low : 비동기로 동작, high : 동기로 동작(잡음 제거 효과)<br>대부분 비동기로 동작시킴. |
| VBB | 스텝 모터 드라이브 공급 전원 |
| OUTB, /OUTB | Phase B 출력, Phase /B 출력 |

[그림 12.2] SLA7962 외부 핀 단자 설명

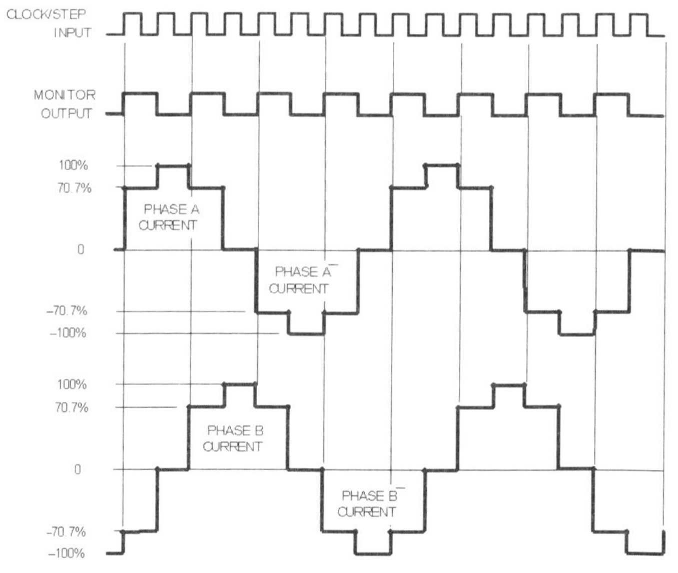


[그림 12.3] 1/2 스텝 출력 파형

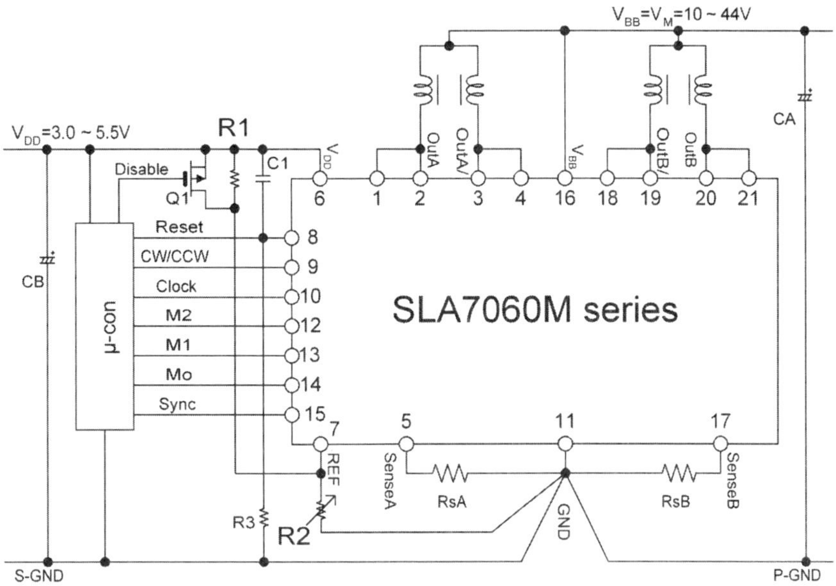


[그림 12.4] SLA7060 시리즈 기본 사용 방법

| M1 | M2 | 스텝 모드 |
|---|---|---|
| H | H | 1/2 STEP |
| H | H | 1/4 STEP |
| L | H | 1/8 STEP |
| L | L | 1/16 STEP |

[그림 12.5 ] 스텝 구동 방식

## 1-2 AVR128을 이용한 스텝 모터 컴포넌트 설계 하드웨어 블록도

스텝 모터를 인터페이스 하기 위한 컴포넌트 Step_motor를 설계하고 AVR128과 인터페이스를 한다. 컴포넌트 Step_motor는 SLA7062을 이용하여 설계한다. 스텝 모터는 6가지 색깔의 코일선 전원 선이 있다. SLA7062출력 OUTA와 /OUTA 는 각각 스텝 모터의 코일선인 흑색(A)과 갈색(/A)에 연결한다. 스텝 모터의 빨강 선은 흑색(A)과 갈색(/A)의 공통 전원선이며 VDD이다. VDD는 12V을 연결하였다. SLA7062 출력 OUTB와 /OUTB 는 각각 노란색(B)과 오랜지색(/B)에 연결한다. 스텝 모터의  푸른 선은 노란색(B)과 오랜지색(/B)의 공통 전원선이며 12V의 VDD이다. 그리고 공통 전원선 두 개를 제외한 4개의 코일선에는 역기전력 흡수용 다이오드를 인가하여 스텝 모터와 SLA7062을 보호하여야 한다.

AVR128만으로 스텝 모터를 임의 각도를 움직이려면  스텝 모터 각도를 펄스로 계산하여 그 펄스만큼 소프트웨어로 일일이 출력해야 한다. 이것은 소프트웨어로 구동 할 경우 시간이 많이 소요되며 스텝 모터가 여러 개 있을 경우 AVR128로서 제어하는데 한계가 있다. 따라서 설계된 컴포넌트 Step_motor는 펄스 수와 방향 및 속도만을 안가함으로서 컴포넌트가 알아서 필요한 제어를 하게 한다. 그리고 컴포넌트 Step_motor을 AVR에 인터페이스 하여 소프트웨어로 컴포넌트 Step_motor를 제어한다.

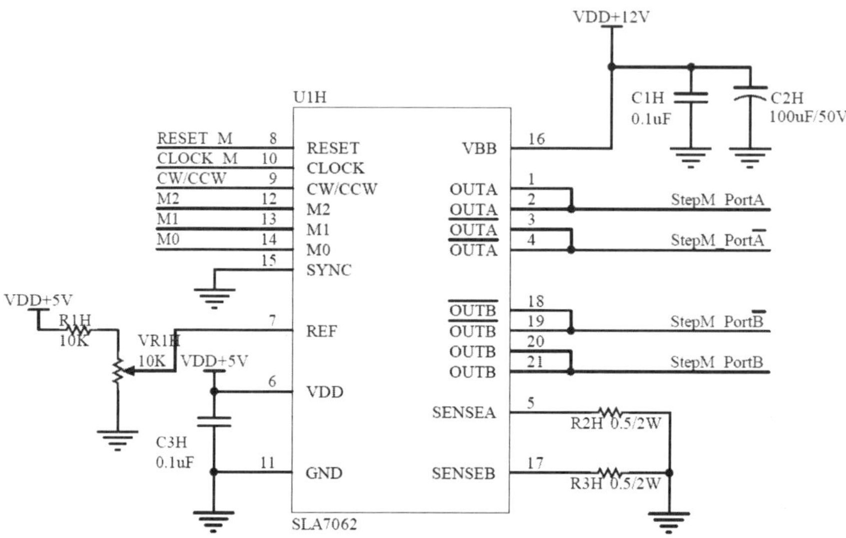


[그림 12.6 ] SLA7062을 이용한 스텝 모터 설계 1

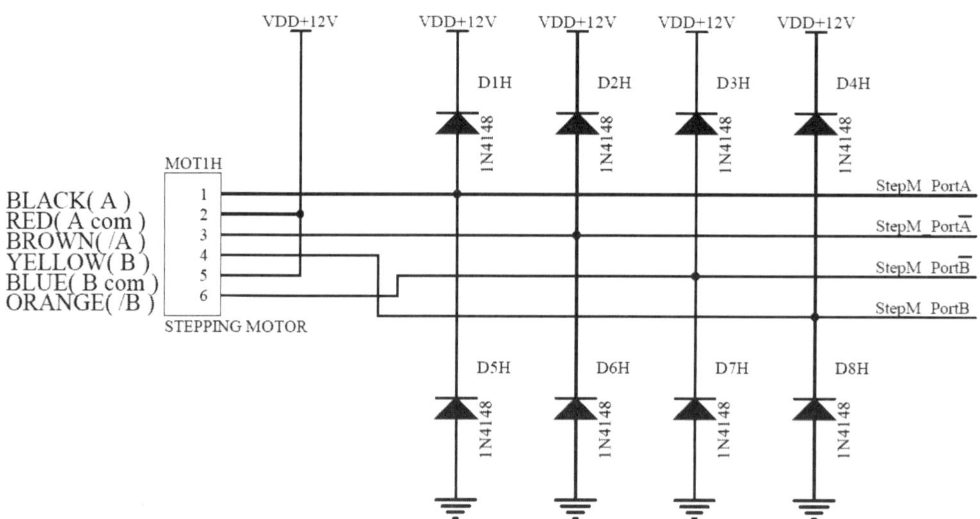


[그림 12.7 ] SLA7062을 이용한 스텝 모터 설계 2

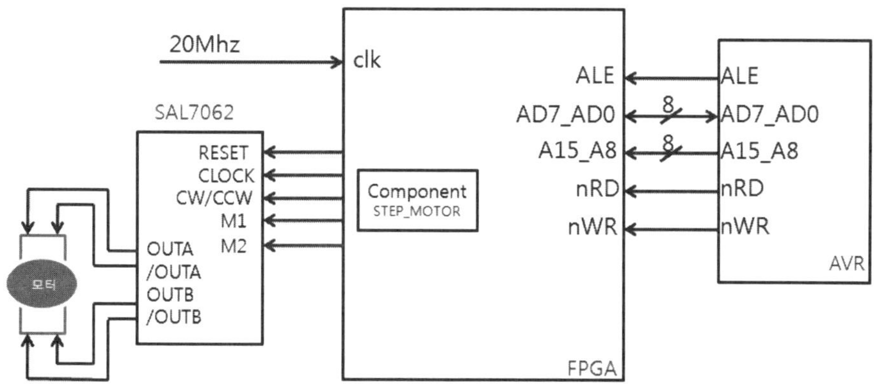


[그림 12.8] SLA7062 컴포넌트와 AVR 인터페이스

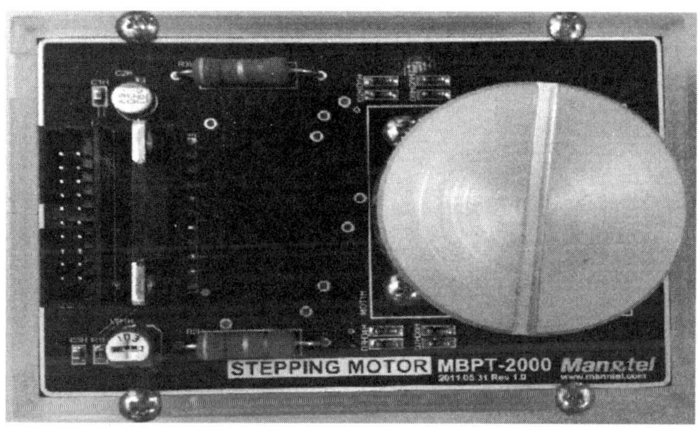


[그림 12.3] STEPPING MOTOR

## 2. 프로그램 소스

### -하드웨어 프로그램 소스-

```
Library ieee;
use ieee.std_logic_1164.all;
use ieee.std_logic_unsigned.all;

entity avr_step_interface is
port(
```

```
        -- AVR signal
        ALE                 : in std_logic;
        AD7_AD0             : inout std_logic_vector(7 downto 0);        -- address/data
        A15_A8              : in std_logic_vector(7 downto 0);           -- address
        nRD, nWR            : in std_logic;

        -- STEP MOTOR signal
        clk                 : in std_logic;                          -- 20Mhz
        step_clock          : buffer std_logic;
        cw_ccw              : out std_logic;
        m                   : out std_logic_vector(1 downto 0)
);
end avr_step_interface;

architecture SAM of avr_step_interface is

        signal nCS_step_command     : std_logic;
        signal nCS_step_rotation    : std_logic;
        signal A7_A0                : std_logic_vector( 7 downto 0);
        signal Addr15_0             : std_logic_vector(15 downto 0);
        signal step_command_data    : std_logic_vector( 7 downto 0);
        signal step_rotation_data   : std_logic_vector( 7 downto 0);
        signal INTER_AD7_AD0        : std_logic_vector( 7 downto 0);

        component Step_motor is
        port(   clk                 : in std_logic;
                step_clock          : buffer std_logic;
                cw_ccw              : out std_logic;
                m                   : out std_logic_vector(1 downto 0);
                rotation_sw         : in std_logic_vector(7 downto 0);
                command_sw          : in std_logic_vector(7 downto 0));
        end component;

        begin

        -- BUS interface
        process(ALE, AD7_AD0, nCS_step_command, nCS_step_rotation)
        begin
                if ALE = '1' then                                -- address latch
```

```
                    A7_A0             <= AD7_AD0;
                    AD7_AD0           <= (others =>'Z');
          elsif nCS_step_command = '0' then             -- write cycle
                    step_command_data<= AD7_AD0;
                    AD7_AD0           <= (others =>'Z');
          elsif nCS_step_rotation= '0' then             -- write cycle
                    step_rotation_data        <= AD7_AD0;
                    AD7_AD0           <= (others =>'Z');
          else
                    AD7_AD0           <= (others =>'Z');
          end if;
end process;

-- 16 bit address
Addr15_0 <= A15_A8(7 downto 6) & "00000000000000";

-- Address Decorder
process( Addr15_0, nRD, nWR )
begin

 if (Addr15_0 = x"8000" ) and ( nWR = '0') then         -- Select step motor
          nCS_step_command <= '0';
 else
          nCS_step_command <= '1';
 end if;

 if (Addr15_0 = x"c000" ) and ( nWR = '0') then         -- Select step motor
          nCS_step_rotation <= '0';
 else
          nCS_step_rotation <= '1';
 end if;

end process;

-- external device: step_motor

step_control: Step_motor
port map(           clk,
          step_clock,
```

```
                    cw_ccw,
                    m,
                    step_rotation_data,
                    step_command_data
                    );

end SAM;
```

(component Step_motor) 프로그램 소스

```
library ieee;
use ieee.std_logic_1164.all;
use ieee.std_logic_unsigned.all;


entity Step_motor is
port(   clk             : in std_logic;
        step_clock      : buffer std_logic;
        cw_ccw          : out std_logic;
        m               : out std_logic_vector(1 downto 0);
        rotation_sw     : in std_logic_vector(7 downto 0);
        command_sw      : in std_logic_vector(7 downto 0));
end Step_motor;

architecture struct of Step_motor is

signal delay_count          : integer range 0 to 200000;
signal count                : std_logic_vector(8 downto 0);
signal start                : std_logic;
begin

process(clk)
begin
        if (clk'event and clk = '1') then
                start <= command_sw(7);
                if( start = '0' and command_sw(7) ='1') then
                        count <= rotation_sw(7 downto 0)&'0';
                end if;
```

```
                if delay_count >= 199999 then
                        delay_count <= 0;

                        if  count > "000000000" then
                                count <= count - 1;
                                step_clock  <= not (step_clock) ;  -- tf/f
                        end if;

                else
                        delay_count <= delay_count + 1;
                end if;

        end if;
end process;

m(1)   <= command_sw(2);
m(0)   <= command_sw(1);
cw_ccw <= command_sw(0);

end struct;
```

**-소프트웨어 프로그램 소스-**

```
#define F_CPU 8000000UL
#include <avr/io.h>
#include <util/delay.h>
#define CS_step_command     (*(volatile unsigned char *)(0x8000))
#define nCS_step_rotation   (*(volatile unsigned char *)(0xc000))

int main(void)
{
        MCUCR = 0x80;
        XMCRA = 0x00;
        XMCRB = 0x80;


        CS_step_command  = 0x06 ; // bit0 = ccw, bit1 = m1,bit2 =m2, bit7 = start


        while(1)
        {
```

```
            nCS_step_rotation  = 255;
            CS_step_command    = (0x06 | 0x80);
            _delay_ms(1000);
            CS_step_command    =  0x06;
            _delay_ms(20);

            nCS_step_rotation  = 255;
            CS_step_command    = (0x07 | 0x80);
            _delay_ms(1000);
            CS_step_command    =  0x07;
            _delay_ms(20);

      }
}
```

## 3. 프로그램 소스 설명

### -하드웨어 프로그램 소스-

entity AVR_step_interface는 컴포넌트 Step_Motor를 사용하여 SLA7062의 신호선에 제어 값을 인가한다. Step_Motor 컴포넌트는 메인 클럭으로 20Mhz가 인가되며 Port 신호선의 의미는 다음과 같다.

```
port(    clk          : in std_logic;                     -- 20 Mhz의 시스템 클럭
step_clock            : buffer std_logic;                 -- 스텝 모터 한 스텝 진행을 위한 한 개의 펄스 발생
cw_ccw                : out std_logic;                    -- 1 : 시계 방향 회전 , 0: 반 시계 방향 회전
m                     : out std_logic_vector(1 downto 0);     --m1, m2 속도 제어 그림 12.5] 참고
rotation_sw           : in std_logic_vector(7 downto 0);      -- 펄스 횟수 입력
command_sw            : in std_logic_vector(7 downto 0));     --스텝 모터의 명령
end Step_motor;
```

port 신호선 rotation_sw는 8 비트의 값이 인가되며 0 스텝에서 255 스텝 회전이 가능하다. 그리고 command_sw는 8 비트의 값이 인가되며 command_sw(0), command_sw(1),

및command_sw(2)는 각각 port 신호선 cw_ccw, m1, 및 m2의 입력으로 방향과 속도를 제어하는 비트이다. 그리고 command_sw(7)는 스텝 모터의 동작 개시를 뜻하며 이 비트를 로직 0에서 로직 1로 인가(상승 에지)하면 스텝 모터가 동작한다. 이때 스텝 모터는 rotation_sw 값만큼 스텝 회전을 한다.

rotation_sw와 command_sw는 각각 signal nCS_step_rotation과 nCS_step_command에 의해 기록되며 이것은 각각 AVR128 의 0x8000번지와 0xc000 번지에 할당되어 있다.

컴포넌트 Step_motor는 메인 클럭이 20Mhz이므로 스텝 모터에 적절한 분주를 통하여 스텝 모터가 제어 가능한 클럭으로 분주한다.

분주된 사용된 signal은 delay_count이며 delay_count >= 199999 즉 20000주기에 한번 펄스의 반주기 값이 출력하게 하였다. 이것은 스텝 모터의 클럭 step_clock <= not (step_clock) 로 구현된다. 따라서 완전한 한주기 펄스는 2 배의 카운터가 필요함으로 count <= rotation_sw(7 downto 0)&'0' 하여 1 비트 우측 시프트 즉 2배를 하였다. count 에 rotation_sw을 인가하기 위해서는 command_sw(7) 비트의 상승이 요구된다. 즉 if( start = '0' and command_sw(7) ='1') 이 만족할 때 스텝 모터는 동작하게 된다. 방향을 제어하는 비트인 cw_ccw와 속도을 제어하는 M1,M2는 각각 다음과 같이 command_sw의 비트에서 인가된다.

```
m(1)   <= command_sw(2);
m(0)   <= command_sw(1);
cw_ccw <= command sw(0);
```

## -소프트웨어 프로그램 소스-

스텝 모터를 제어하기 위해서는 먼저 스텝 펄스 수를 nCS_step_rotation에 저장하고 CS_step_command에 의해 방향과 속도 그리고 동작을 개시한다. 프로그램 소스에서 nCS_step_rotation 을 255로 두고 CS_step_command 를 0x06 즉, 시계 반대 방향으로 최저 속도 M1, M2 = "11" 두고 동작 개시를 한다. 즉 초기값 CS_step_command = 0x06 상태에서 CS_step_command = (0x06 | 0x80)로 두면 command_sw(7)비트의 상승을 만족시킨다. 일정한 지연 뒤에 CS_step_command를 0x07로 두면 시계 방향으로 최저 속도 M1, M2 = "11" 에서 또 다시 동작 개시를 한다.

# Ⅱ. 실험 결과

스텝 모터가 소프트웨어의 구동에 의해 좌우로 움직이는 것을 알 수 있다.

# Ⅲ. 실험 과제

하이퍼터미널에서 입력된 RX0( )인 recv_data에 의해서 스텝 모터를 정방향과 역방향 그리고 스텝 횟수가 제어 되게 소프트웨어 프로그램을 작성하라. 하드웨어의 VHDL을 수정하여 RESET 입력을 제어하라. command_sw(4) 에 연결하여 스텝 모터가 특정위치에서 출발하도록 하라.

## 실험 실습 안내서 [13주차]

# 실험 제목 : VGA COMPONENT 설계

**실험 목적 :** VGA에 이미지 패턴을 표시할 수 있는 컴포넌트를 설계하고 VGA 모니터에 이미지 패턴을 표시한다.

**기초 지식 :** VGA에 대한 기본이론

**자 료 :** 설치 및 준비 사항 : Quartus II(9.0이상) 설치, Cyclone I, VGA 모니터

**실험 절차 :** ① Quartus II(9.0이상) 설치.
② VHDL설계.
③ 다운 로드.

# Ⅰ. 실험 실습

## 1. 기본이론

### 1-1 VGA 기본이론

VGA 표시장치를 위한 컴포넌트를 설계하고자 한다. 메인 클럭 주파수는 50Mhz로 설정하여 VGA를 위한 신호 파형을 구성하려한다. 설계하고자 하는 VGA 표시장치의 해상도는 800×600으로 한다.

모니터에 기본으로 채용되어 왔던 NTSC방식을 설명하고자 한다. NTSC방식이란 National Television System Committee에서 결정한 방식이다. NTSC신호는 크게 분류해서 명암을 표현하는 휘도신호와 색을 표현하는 색신호, 그리고 화면의 위치타이밍을 전달하는 정보로써의 동기신호로 나눈다. 이 3종류의 신호는 서로 영향을 주지 않도록 합성되어 있는 것이 하나의 특징이다.

모니터의 주사방식은 순차주사방식과 비월주사방식이 있다. 다음 그림은 이러한 주사방식에 대한 설명이다. 먼저 순차주사방식이란 한 화면을 구성하기 위해 위에서 아래로 순차적으로 한 번에 주사한다. 그러나 비월주사방식에서는 한 화면을 주사하는데 있어 한 번에 모두 주사하는게 아니라 두 번에 걸쳐 주사를 한다. 이를 비월주사라 한다.

비월주사방식을 자세히 설명하면 다음과 같다. 처음 화면에서는 홀수 번째의 주사선을 주사하고 다음 화면에서는 짝수 번째의 주사선을 주사한다. 이와 같이 2회의 주사로 하나의 화면을 구성함으로써 화면의 명멸(플리커)을 줄임과 동시에 앞의 주사로 생긴 주사선의 틈을 다음 주사선이 채워 주므로 외관상의 해상도를 향상시키는 효과가 있다. 그림 A와 같이 순차 주사방식의 2배의 주사선이 얻어지고, 525개의 주사선으로 하나의 화면을 구성한다. 이러한 주사방식을 항상 안정적으로 유지시키는 것이 동기신호의 역할이다.

NTSC신호는 휘도신호, 칼라를 표현하는 색신호 및 화면의 동기를 위한 동기신호로 이루어져 있으며 이들이 하나의 복합신호(composite signal)로 되어 있다.

VGA방식의 모니터에서는 휘도신호, 칼라신호는 동기신호와 분리되어 각각 별개의 선으로 접속한다. 따라서 NTSC 신호보다 해상도가 높고 화질의 열화가 적은 화상을 기대할 수 있다.

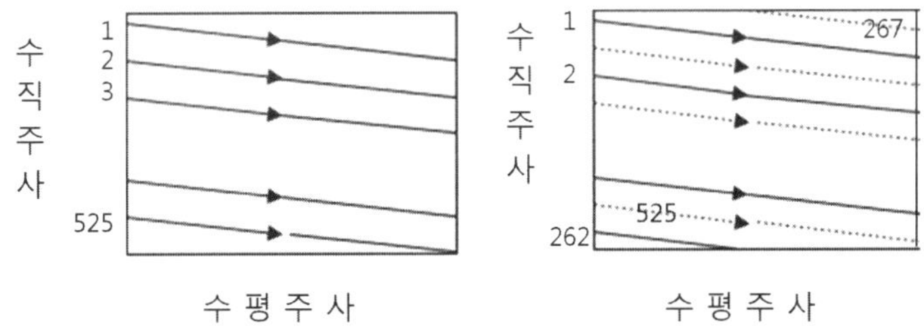


[그림 13.1] 순차주사(Non인터레이스)와 비월주사(2:1 인터레이스)

VGA방식의 모니터 휘도와 칼라신호는 R, G, B의 세 선으로 분리되어 있으며 동기신호는 수평동기와 수직동기로 각각 독립적으로 분리되어 있다.

다음 그림은 VGA모니터 커넥터의 핀 배치 및 구성을 나타낸 것이다. 모니터의 신호선은 일반적으로 15핀으로 구성되어 있으며, 핀 1, 2, 3에 R, G, B 데이터가 입력되어 모니터에 색상과 휘도가 표현된다.

〈At the video card〉 〈At the monitor cable〉

| Pin | Name | Dir | Description |
|---|---|---|---|
| 1 | RED | --〉 | Red Video(75 ohm,0.7Vp-p) |
| 2 | GREEN | --〉 | Green Video(75 ohm,0.7Vp-p) |
| 3 | BLUE | --〉 | Blue Video(75 ohm,0.7Vp-p) |
| 4 | ID2 | 〈-- | Monitor ID Bit 2 |
| 5 | GND | -- | Ground |
| 6 | RGND | -- | Red Ground |
| 7 | GGND | -- | Green Ground |
| 8 | BGND | -- | Blue Ground |
| 9 | KEY | - | Key (No Pin) |
| 10 | SGND | -- | Sync Ground |
| 11 | ID0 | 〈-- | Monitor ID Bit 0 |
| 12 | ID1 or SDA | 〈-- | Monitor ID Bit 1 |
| 13 | H.SYNC or C.SYNC | --〉 | Horizontal Sync(or Composite Sync) |
| 14 | V.SYNC | --〉 | Vertical Sync |
| 15 | ID3 or SCL | 〈-- | Monitor ID Bit 3 |

[그림 13.2] 모니터 핀 구성

색상은 빛의 3원색 R(빨강), G(초록), B(파랑)를 이용하여 색상을 표현한다. 이 색상을 아래 RGB 색상표에 나타내었다.

| R | G | B | 색 |
|---|---|---|---|
| 0 | 0 | 0 | 흑색 |
| 0 | 0 | 1 | 청색 |
| 0 | 1 | 0 | 적색 |
| 0 | 1 | 1 | 자색 |
| 1 | 0 | 0 | 녹색 |
| 1 | 0 | 1 | 옥색 |
| 1 | 1 | 0 | 황색 |
| 1 | 1 | 1 | 백색 |

[그림 13.3] RGB 색상표

또한 모니터 핀 13번과 14번은 H.SYNC(수평동기)와 V.SYNC(수직동기)인데 이는 각각 주사선의 수평, 수직동기를 맞춰주기 위한 신호로 이 동기신호가 적절해야만 정상적인 화면을 표현할 수 있다.

H.SYNC = '1'이면 모니터 내의 주사선은 좌에서 우로 움직이며 각 화소의 위치에 따라 RGB값을 출력한다. 그러나 H.SYNC = '0'이면 주사선은 우에서 좌로 되돌아간다. 이때 RGB값은 출력하지 않는다.

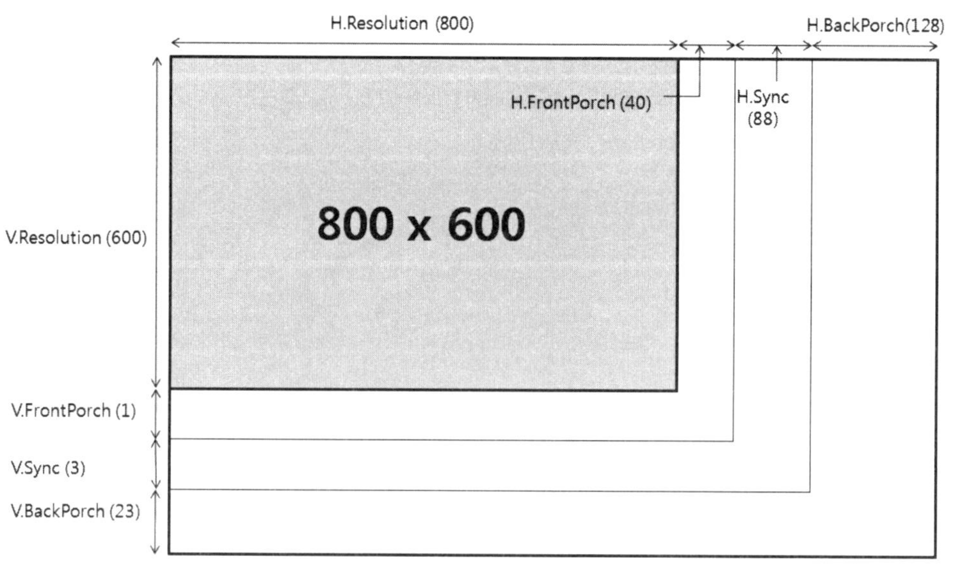


[그림 13.4] VGA 화면구성

설계된 H.SYNC와 V.SYNC는 각각 50Mhz에서 88개의 클럭과 3개의 클럭을 가진다. 그리고 H.SYNC와 V.SYNC의 전후로 FrontPorch와 BackPorch가 있다. 이것은 수평동기와 수직 동기의 동작을 위해 필요한 것이며 각각 40클럭과 128클럭 그리고 1클럭과 23클럭이 있다. 실제 VGA 화면을 구성 수평과 수직 클럭 개수는 800과 600 이다.

## 1-2 VGA 컴포넌트 설계를 위한 하드웨어 블록도

VGA모니터제어를 위하여 VGA컴포넌트를 설계하고 VGA컴포넌트에 패턴이미지를 인가함으로써 VGA모니터에 패턴이 표시되도록 하자. VGA컴포넌트는 수평동기와 수직동기를 위하여 H_sync와 V_sync를 생성하고 R, G, B의 이미지 데이터를 위한 비트를 각각 4비트로 출력한다. 그리고 R, G, B의 각 비트들은 DAC를 통하여 아날로그 값으로 VGA커넥터의 R, G, B선으로 인가된다.

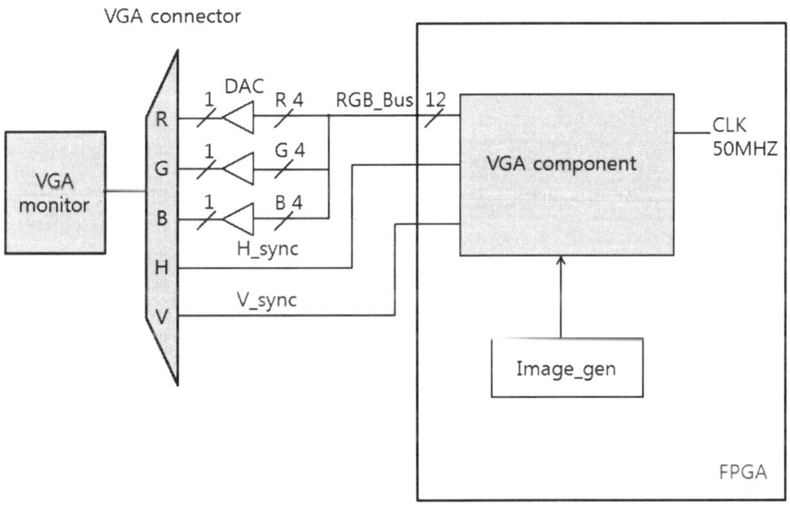


[그림 13.5] VGA와 FPGA인터페이스

[그림 13.6] VGA 기판

# 2. 프로그램 소스

-하드웨어 프로그램 소스-

```
library ieee;
use ieee.std_logic_1164.all;
use ieee.std_logic_unsigned.all;
use ieee.std_logic_arith.all;


entity ex9_VGA is
      port(
                  Clk            : in  std_logic;
                  nReset         : in  std_logic;
                  RGB_BUS        : out std_logic_vector(11 downto 0);
                  H_sync         : out std_logic;
                  V_sync         : out std_logic
      );
end ex9_VGA;

architecture sam of ex9_VGA is

signal Image_Addr          : std_logic_vector(16 downto 0);
signal x_count, y_count    : std_logic_vector(16 downto 0);
signal Image_write_ready   : std_logic;
signal Image_Data          : std_logic_vector(11 downto 0);

component VGA_component is
port(
                  Clk                 : in  std_logic;
                  nReset              : in  std_logic;

                  RGB_BUS             : out std_logic_vector(11 downto 0);

                  H_sync              : out std_logic;
                  V_sync              : out std_logic;
```

```
                H_Image_start           : in integer;
                V_Image_start           : in integer;

                H_Image_range           : in integer;
                V_Image_range           : in integer;

                Image_write_ready       : out std_logic;

                Image_Addr              : buffer std_logic_vector(16 downto 0);
                x_count                 : buffer std_logic_vector(16 downto 0);
                y_count                 : buffer std_logic_vector(16 downto 0);
                Image_Data              : in std_logic_vector(11 downto 0)
    );
end component;

begin

vga_control : VGA_component
portmap(
                Clk,
                nReset,

                RGB_BUS,

                H_sync,
                V_sync,

                H_Image_start => 240,
                V_Image_start => 180,

                H_Image_range => 320,
                V_Image_range => 240,

                Image_write_ready => Image_write_ready,
                Image_Addr => Image_Addr,
                x_count => x_count,
                y_count => y_count,

                Image_Data => Image_Data
```

```
    );


--      Image_gen: process ( x_count, y_count)
--        begin
--            if (x_count >= x"0000" and  x_count < x"0050" )then
--                Image_Data <= "111100000000";
--            elsif (x_count >= x"0050" and  x_count < x"00a0" )then
--               Image_Data <= "000011110000";
--            elsif (x_count >= x"00a0" and  x_count < x"00f0" )then
--               Image_Data <= "000000001111";
--            else
--               Image_Data <= "111111111111";
--            end if;
--      end process;


        Image_gen: process ( x_count, y_count)
          begin
            if( y_count >= x"0000" and y_count < x"0078" )then
                      if (x_count >= x"0000" and  x_count < x"0050" )then
                              Image_Data <= "111100000000";
                      elsif (x_count >= x"0050" and  x_count < x"00a0" )then
                              Image_Data <= "000011110000";
                      elsif (x_count >= x"00a0" and  x_count < x"00f0" )then
                              Image_Data <= "000000001111";
                      else
                              Image_Data <= "111111111111";
                      end if;
              else
                      if (x_count >= x"0000" and  x_count < x"0050" )then
                              Image_Data <= "111100001111";
                      elsif (x_count >= x"0050" and  x_count < x"00a0" )then
                              Image_Data <= "111111110000";
                      elsif (x_count >= x"00a0" and  x_count < x"00f0" )then
                              Image_Data <= "000011111111";
                      else
                              Image_Data <= "110001100011";
```

```
                end if;
            end if;
        end process;









--
end sam;


(component VGA_component)프로그램 소스
-------------------------------------------------------------------------------
--    Project    :    component of VGA Controller
--    Disp_Size  :    800*600
--    PixelClk   :    50MHZ
-------------------------------------------------------------------------------
libraryieee;
use ieee.std_logic_1164.all;
use ieee.std_logic_unsigned.all;
use ieee.std_logic_arith.all;

entity VGA_component is
    port(
            Clk                     : in  std_logic;
            nReset                  : in  std_logic;

            RGB_BUS                 : out std_logic_vector(11 downto 0);

            H_sync                  : out std_logic;
            V_sync                  : out std_logic;

            H_Image_start           : in integer;
            V_Image_start           : in integer;

            H_Image_range           : in integer;
            V_Image_range           : in integer;
```

```
                Image_write_ready        : out std_logic;

                Image_Addr               : buffer std_logic_vector(16 downto 0);
                x_count                  : buffer std_logic_vector(16 downto 0);
                y_count                  : buffer std_logic_vector(16 downto 0);
                Image_Data               : in std_logic_vector(11 downto 0)
        );
end VGA_component;


architecture sam of VGA_component is

--    H.resolution(800)    + H.FrontPorch(40)+ H.sync(88) + H.BackPorch(128)    => 1056
--     V.resolution(600)     + V.FrontPorch(1) + V.sync(3)    + V.BackPorch(23)    => 627

        constant H_Max      :  integer := 1055;
        constant V_Max      :  integer := 626;

        signal H_count      :     integer range 0 to 1056;   -- Vertical Line Counter
        signal V_count      :     integer range 0 to 627;    -- Horizen Line Counter

        signal H_Image_end  :     integer range 0 to 1055;
        signal V_Image_end  :     integer range 0 to 626;

    signal Image_address:   integer range 0 to 662112;
begin

-----------------------H_count, V_count-----------------------
        H_V_counter : process(clk, nReset)
        begin
            if nReset = '0' then
                H_count <=     0;
                V_count <=      0;
            elsif clk'event and (clk = '1') then
                if H_count >= H_Max then
                    H_count      <=      0;
```

```
                if V_count >= V_Max  then
                      V_count      <=     0;
                else
                      V_count <= V_count + 1;
                end if;
            else
                H_count      <=     H_count + 1;
            end if;
        end if;
    end process;

-----------------------H_Sync_period-------------------------
    H_Sync_period : process(clk)
    begin
        if clk'event and (clk = '1') then
            if (H_count >= 840) and (H_count < 928) then
                H_sync <= '0';
            else
                H_sync <= '1';
            end if;
        end if;
    end process;

-----------------------V_Sync_period-----------------------
    V_Sync_period : process(clk)
    begin
        if clk'event and (clk = '1') then
            if (V_count >= 601) and (V_count < 604) then
                V_sync <= '0';
            else
                V_sync <= '1';
            end if;
        end if;
    end process;

H_Image_end<=H_Image_start+H_Image_range;
V_Image_end<=V_Image_start+V_Image_range;
```

```
-------------------------Image  Data in -------------------------
Address_Out_Image : process(clk)
begin
if clk'event and (clk = '1') then
            if (H_count < 800) and (V_count < 600) then
                  if (H_count >= H_Image_start) and (H_count < H_Image_end ) and
                  (V_count >= V_Image_start) and (V_count < V_Image_end )  then
                              RGB_BUS <=      Image_Data(11 downto 0);
                              Image_write_ready <= '0';
                  else
                              RGB_BUS <=      (others => '0');
                              Image_write_ready <= '1';
                  end if;
            else
                  RGB_BUS <=      (others => '0');
                  Image_write_ready <= '1';
            end if;
end if;
end process;

----------------------- Image_address_counter -----------------------
Image_address_counter : process(clk, nReset)
begin
      if clk'event and (clk = '1') then
            if H_count = 0 and V_count = 0 then
                  Image_Addr <= (others => '0');
            else
               if (H_count < 800) and (V_count < 600) then
                        if (H_count >= H_Image_start) and (H_count < H_Image_end
) and (V_count >= V_Image_start) and (V_count < V_Image_end )  then
                              Image_Addr <= Image_Addr +1;
                        end if;
                  end if;
            end if;
      end if;
end process;

----------------------- x_count, y_count -----------------------
X_Y_counter : process(clk)
```

```
    begin
        if clk'event and (clk = '1') then
            if H_count = 0 then
                x_count <= (others => '0');
            else
              if (H_count < 800) and (V_count < 600) then
                    if (H_count >= H_Image_start) and (H_count < H_Image_end
) then
                        x_count <= x_count + 1;
                    else
                      x_count <= (others => '0');
                    end if;

                end if;
            end if;



            if (V_count < 600) then
                if (V_count >= V_Image_start) and (V_count < V_Image_end ) then
                        if(H_count = H_Max  ) then
                            if y_count <  V_Image_end then
                                y_count <= y_count +1 ;
                            else
                          y_count <= (others => '0');
                            end if;
                        end if;
                    end if;
            else
                y_count <= (others => '0');
            end if;
        end if;
    end process;


    end sam;
```

# 3. 프로그램 소스 설명

## -하드웨어 프로그램 소스-

entity ex9_VGA는 컴포넌트 VGA컴포넌트를 사용하여 VGA모니터에 패턴이미지를 표시한다. VGA_component의 최대 이미지 표시 영역은 800×600사이즈 이다. 앞으로 사용될 응용에서는 큰 영역의 화면이 필요 없으므로 320×240을 설정하여 표시하도록 하였다. 수평이미지의 시작점은 H_Image_start로 결정하고 수직 이미지의 스타트는 V_Image_start로 결정한다. 각각 240과 180에서 수평이미지의 크기(H_Image_range)를 320크기와 수직 이미지의 크기(V_Image_ragne)를 240으로 두었다. 각 이미지의 픽셀은 Image_Addr라는 주소를 가지고 있으며 수평과 수직의 주소는 x_count와 y_count로 두었다. 이미지 픽셀의 주소에 적절한 데이터 즉 Image_Data값을 인가하면 해당 픽셀에 화소가 표시된다.

다음과 같이 이미지를 발생시킨 예를 보도록 하자. 수평 이미지 범위를 320으로 둔 상태에서 x이미지 픽셀의 주소를 다음과 같이 4등분 하였다. 각 등분에 따라서 각기 다른 R, G, B값을 Image_Data에 인가했을 때 나타나는 화면은 아래와 같다.

```
Image_gen: process ( x_count, y_count)
begin
  if (x_count >= x"0000" and  x_count < x"0050" ) then
        Image_Data <= "111100000000";
  elsif (x_count >= x"0050" and  x_count < x"00a0" ) then
        Image_Data <= "000011110000";
  elsif (x_count >= x"00a0" and  x_count < x"00f0" ) then
        Image_Data <= "000000001111";
  else
     Image_Data <= "111111111111";
  end if;
 end process;
```

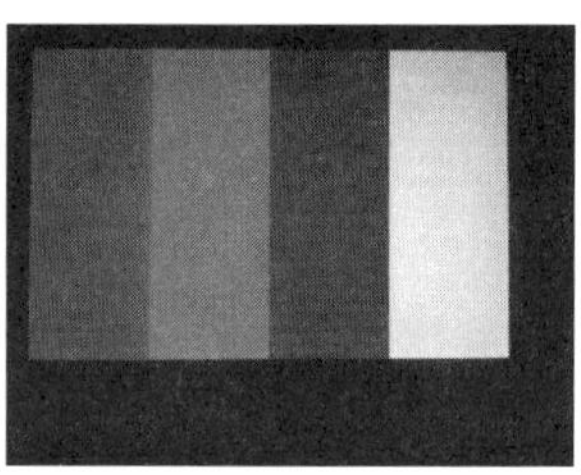

[그림 13.6] x이미지 픽셀주소를 4등분 후 실행결과

수평 이미지 범위를 320으로 둔 상태에서 x이미지 픽셀의 주소를 다음과 같이 4등분하고 수직 이미지 범위를 240으로 둔 상태에서 y이미지 픽셀의 주소를 2등분하였다. 각 등분에 따라서 각기 다른 R, G, B값을 Image_Data에 인가했을 때 나타나는 화면은 아래와 같다.

```
Image_gen: process ( x_count, y_count)
 begin
  if( y_count >= x"0000" and y_count < x"0078" )then
           if (x_count >= x"0000" and  x_count < x"0050" )then
                Image_Data <= "111100000000";
           elsif (x_count >= x"0050" and  x_count < x"00a0" )then
                Image_Data <= "000011110000";
           elsif (x_count >= x"00a0" and  x_count < x"00f0" )then
                Image_Data <= "000000001111";
           else
                Image_Data <= "111111111111";
           end if;
  else
           if (x_count >= x"0000" and  x_count < x"0050" )then
                Image_Data <= "111100001111";
           elsif (x_count >= x"0050" and  x_count < x"00a0" )then
                Image_Data <= "111111110000";
           elsif (x_count >= x"00a0" and  x_count < x"00f0" )then
                Image_Data <= "000011111111";
           else
                Image_Data <= "110001100011";
           end if;
  end if;
end process;
```

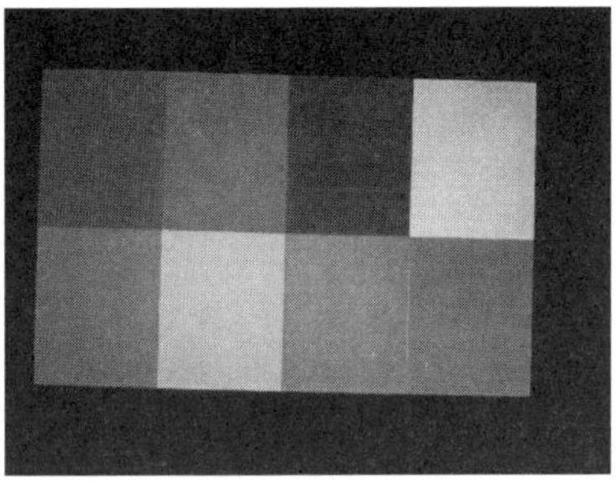

[그림 13.7] x이미지 픽셀주소를 4등분 하고 y이미지 픽셀주소를 2등분 후 실행결과

# Ⅱ. 실험 결과

이미지 주소 x_count와 y_count에 따라서 Image_Data에 인가하는 R, G, B의 데이터가 모니터 화면에 나타나는 것을 알 수 있다.

# Ⅲ. 실험 과제

다양한 이미지 패턴을 VHDL코드로 작성하여 모니터에 표시하여 보자.

## 실험 실습 안내서 [14주차]

**실험 제목 :** **AVR(ATmega128)과VGA COMPONENT INTERFACE**

**실험 목적 :** 마이크로프로세서AVR(ATmega128)를 사용하여 VGA 컴포넌트를 인터페이스하고 화면상에서 간단한 이미지를 출력한다.

**기초 지식 :** AVR 인터페이스, VGA에 대한 기본이론

**자　　료 :** 설치 및 준비 사항 : Quartus II(9.0이상) 설치, Cyclone I, VGA 모니터

**실험 절차 :** ① Quartus II(9.0이상) 설치.
② VHDL설계.
③ 다운 로드.

# Ⅰ. 실험 실습

## 1. 기본이론

### 1-1 VGA COMPONENT INTERFACE 기본이론

앞장에서 설계한 VGA컴포넌트를 이용하여 AVR128과 인터페이스를 하고자 한다. AVR128에서 이미지를 VGA컴포넌트에 전달하기 위하여 SRAM을 사용한다. AVR128은 SRAM에 이미지 데이터를 저장하고 SRAM은 VGA컴포넌트에 적절한 타이밍에 맞추어 이미지를 제공한다. 제공된 이미지는 VGA모니터에 표시가 된다.

AVR128은 어드레스 범위가 2에16승 즉 64K바이트 이므로 VGA모니터에 풀이미지를 표시할 수 있는 능력이 되지 않는다. 따라서 간단한 이미지를 적절한 위치에 표시할 수 있도록 하고 이미지를 제어하는 능력을 배우도록 한다.

### 1-2 VGA 컴포넌트 설계를 위한 하드웨어 블록도

AVR128은 내부에 플래쉬메모리가 128K바이트가 존재한다. 그중 프로그램을 위하여 사용되는 코드 영역을 제외하고 나머지 영역을 모니터에 표시하고자 하는 이미지를 저장한다. 플래쉬메모리에 있는 이미지 데이터를 버스 인터페이스를 통하여 FPGA에 연결된 SRAM에 저장시킨다. SRAM은 이미지 버퍼이며 VGA컴포넌트에 주기적으로 픽셀 주소에 대한 해당 데이터를 공급한다. AVR128은 내부의 플래쉬메모리의 이미지를 SRAM에 저장한다.

플래쉬메모리에 저장될 이미지는 개인용 컴퓨터에서 사진이나 파워포인트 등으로 만든 bmp파일이다. 이 bmp파일은 2진수로 되어 있으므로 이를 hex파일로 변환시킨다. hex파일로 변환된 이미지는 플래쉬메모리의 프로그램 상에서 다룰 수 있도록 이미지 배열로 저장한다.

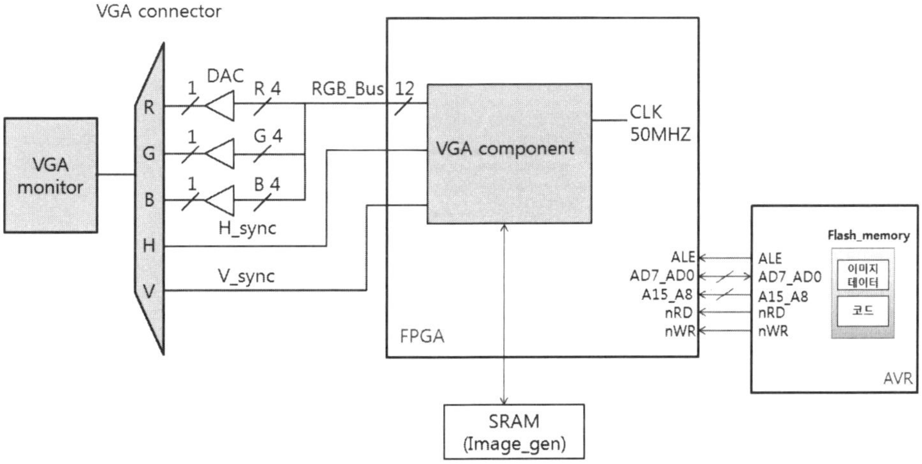


[그림 14.1] VGA, AVR과 FPGA인터페이스

[그림 14.2] VGA 기판

## 2. 프로그램 소스

### -하드웨어 프로그램 소스-

```
library altera;
use altera.altera_europa_support_lib.all;

library ieee;
use ieee.std_logic_1164.all;
use ieee.std_logic_arith.all;
```

```
use ieee.std_logic_unsigned.all;


entity VGA_AVR_interface is
        port(
                Clk                          : in  std_logic;
                nReset                       : in  std_logic;
                RGB_BUS                      : out std_logic_vector(11 downto 0);
                H_sync                       : out std_logic;
                V_sync                       : out std_logic;
                Image_write_ready            : buffer std_logic;
                -- AVR signal
                ALE     : in std_logic;
                AD7_AD0 : inout std_logic_vector(7 downto 0);        -- address/data
                A15_A8  : in std_logic_vector(7 downto 0);           -- address
                nRD,nWR : in std_logic;
                -- SRAM signal --
                SRAM_nCS         : out std_logic;
                SRAM_address     : out std_logic_vector(17 downto 0);
                SRAM_data        : inout std_logic_vector(15 downto 0);
                nSRAM_nOE        : out std_logic;
                nSRAM_nWE        : out std_logic;
                nSRAM_UB         : out std_logic;
                nSRAM_LB         : out std_logic

        );
end VGA_AVR_interface;

architecture sam of VGA_AVR_interface is

signal address_to_the_user_VGA_ram_0       :  STD_LOGIC_VECTOR (18 downto 0);
signal data_to_and_from_the_user_VGA_ram_0 :  STD_LOGIC_VECTOR (15 downto 0);
signal nCS_to_the_user_VGA_ram_0           :  STD_LOGIC;
signal nOE_to_the_user_VGA_ram_0           :  STD_LOGIC;
signal nWE_to_the_user_VGA_ram_0           :  STD_LOGIC;

Signal A7_A0                               : std_logic_vector( 7 downto 0);
signal Addr15_0                            : std_logic_vector(15 downto 0);
```

```
signal nCS_Image_BUFFER_address_low            : std_logic;
signal nCS_Image_BUFFER_address_high           : std_logic;
signal nCS_Image_BUFFER_address_high_high      : std_logic;
signal nCS_Image_BUFFER_data_low               : std_logic;
signal nCS_Image_BUFFER_data_high              : std_logic;
signal nCS_Image_BUFFER_ADDRESS_INC            : std_logic;
signal  Image_BUFFER_DATA_WR                   : std_logic;

signal Image_BUFFER_ADDRESS                    : std_logic_vector( 17 downto 0);
signal Image_BUFFER_ADDRESS_temp               : std_logic_vector( 17 downto 0);
signal Image_BUFFER_DATA                       : std_logic_vector( 15 downto 0);

component SRAM_VGA_component is
      port(
                  Clk              : in  std_logic;
                  nReset           : in  std_logic;

                  RGB_BUS  : out std_logic_vector(11 downto 0);

                  H_sync           : out std_logic;
                  V_sync           : out std_logic;

                  Image_write_ready        : buffer std_logic;

                  -- External SRAM for VGA FRAME BUFFER signal --
                  SRAM_nCS         : out std_logic;
                  SRAM_address     : out std_logic_vector(17 downto 0);
                  SRAM_data        : inout std_logic_vector(15 downto 0);
                  nSRAM_nOE        : out std_logic;
                  nSRAM_nWE        : out std_logic;
                  nSRAM_UB : out std_logic;
                  nSRAM_LB : out std_logic;

                  -- AVR signal --
                  SRAM_Nios_cpu_nCS : in std_logic;
                  SRAM_Nios_cpu_address       : in std_logic_vector(17 downto 0);
                  SRAM_Nios_cpu_data          : in std_logic_vector(15 downto 0);
                  SRAM_Nios_cpu_nOE : in std_logic;
                  SRAM_Nios_cpu_nWR           : in std_logic
```

```
        );
end component;

begin

-- BUS interface
process(ALE,AD7_AD0,nCS_Image_BUFFER_address_low, nCS_Image_BUFFER_address_high,
nCS_Image_BUFFER_data_low,nCS_Image_BUFFER_data_high,nCS_Image_BUFFER_ADDRESS_INC)

begin

            if ALE = '1' then                                   -- address latch
                  A7_A0     <= AD7_AD0;
            elsif nCS_Image_BUFFER_address_low  = '0' then
                  Image_BUFFER_ADDRESS_temp( 7 downto 0) <= AD7_AD0;
                  AD7_AD0  <= (others =>'Z');
            elsif nCS_Image_BUFFER_address_high = '0' then

                  Image_BUFFER_ADDRESS_temp( 15 downto 8) <= AD7_AD0;
                  AD7_AD0  <= (others =>'Z');
            elsif nCS_Image_BUFFER_address_high_high = '0' then

                  Image_BUFFER_ADDRESS_temp( 17 downto 16) <= AD7_AD0(1 downto 0);
                  AD7_AD0  <= (others =>'Z');
            elsif nCS_Image_BUFFER_data_low = '0' then
                  Image_BUFFER_DATA( 7 downto 0) <= AD7_AD0;
                  AD7_AD0  <= (others =>'Z');
            elsif nCS_Image_BUFFER_data_high = '0' then

                  Image_BUFFER_DATA( 15 downto 8) <= AD7_AD0;
                  AD7_AD0  <= (others =>'Z');
            else
                  AD7_AD0  <= (others =>'Z');
            end if;

      end process;

      ADDRESS_SETTING: process(nCS_Image_BUFFER_address_low,
nCS_Image_BUFFER_address_high,Image_BUFFER_ADDRESS_temp,Image_BUFFER_ADDRESS_temp,nCS
```

```
_Image_BUFFER_ADDRESS_INC)
        begin
        if nCS_Image_BUFFER_address_low  = '0' then
            Image_BUFFER_ADDRESS( 7 downto 0) <= Image_BUFFER_ADDRESS_temp( 7 downto 0);
        elsif nCS_Image_BUFFER_address_high = '0' then
           Image_BUFFER_ADDRESS( 15 downto 8) <= Image_BUFFER_ADDRESS_temp( 15 downto 8);
        elsif nCS_Image_BUFFER_address_high_high = '0' then
         Image_BUFFER_ADDRESS( 17 downto 16) <= Image_BUFFER_ADDRESS_temp( 17 downto 16);

        elsif nCS_Image_BUFFER_ADDRESS_INC'event and nCS_Image_BUFFER_ADDRESS_INC ='1' then
         Image_BUFFER_ADDRESS <= Image_BUFFER_ADDRESS + '1';
        end if;
        end process;


        -- 16 bit address
        Addr15_0 <= A15_A8 & A7_A0 ;

        -- Address Decorder
process( Addr15_0, nRD, nWR)
begin

 if (Addr15_0 = x"8000" ) and ( nWR = '0') then        -- write SRAM address( Image buffer
                                                        ) low : 0x8000
        nCS_Image_BUFFER_address_low <= '0';
 else
        nCS_Image_BUFFER_address_low <= '1';
 end if;

 if (Addr15_0 = x"8001" ) and ( nWR = '0') then         -- write SRAM address ( Image
                                                          buffer )high 0x8001
        nCS_Image_BUFFER_address_high <= '0';
else
        nCS_Image_BUFFER_address_high <= '1';
end if;

if (Addr15_0 = x"8002" ) and ( nWR = '0') then          -- write SRAM data( Image buffer )
                                                         low : 0x8002
        nCS_Image_BUFFER_DATA_low <= '0';
```

```
else
        nCS_Image_BUFFER_DATA_low <= '1';
end if;

if (Addr15_0 = x"8003" ) and ( nWR ='0') then     -- write SRAM data ( Image buffer )high 0x8003
        nCS_Image_BUFFER_DATA_high <= '0';
else
        nCS_Image_BUFFER_DATA_high <= '1';
end if;

if (Addr15_0 = x"8004" ) and ( nWR = '0') then    -- write SRAM address auto increment 0x8004
        nCS_Image_BUFFER_ADDRESS_INC <= '0';
else
        nCS_Image_BUFFER_ADDRESS_INC <= '1';
end if;

if (Addr15_0 = x"8005" ) and ( nWR = '0') then          -- write SRAM data write
        Image_BUFFER_DATA_WR <= '0';
else
        Image_BUFFER_DATA_WR <= '1';
end if;

if (Addr15_0 = x"8006" ) and ( nWR = '0') then          -- write SRAM address ( Image buffer
                                                        )high 0x8006
        nCS_Image_BUFFER_address_high_high <= '0';
else
        nCS_Image_BUFFER_address_high_high <= '1';
end if;
end process;

  vga_contr : SRAM_VGA_component
  port map(
                        Clk,
                        nReset,

                        RGB_BUS,


                        H_sync,
                        V_sync,
```

```
                    Image_write_ready,

                    -- SRAM signal --
                    SRAM_nCS,
                    SRAM_address,
                    SRAM_data,
                    nSRAM_nOE,
                    nSRAM_nWE,
                    nSRAM_UB,
                    nSRAM_LB,

                    -- AVR CPU signal --
                    SRAM_Nios_cpu_nCS => Image_BUFFER_DATA_WR,
                    SRAM_Nios_cpu_address =>  Image_BUFFER_ADDRESS(17 downto 0),
                    SRAM_Nios_cpu_data => Image_BUFFER_DATA,
                    SRAM_Nios_cpu_nOE =>  nRD,
                    SRAM_Nios_cpu_nWR =>  Image_BUFFER_DATA_WR

        );
end sam;
```

(component SRAM_VGA_component) 프로그램 소스

```
 library ieee;
use ieee.std_logic_1164.all;
use ieee.std_logic_unsigned.all;
use ieee.std_logic_arith.all;


entity SRAM_VGA_component is
        port(
                Clk                          : in  std_logic;
                nReset                       : in  std_logic;
                RGB_BUS                      : out std_logic_vector(11 downto 0);
                H_sync                       : out std_logic;
                V_sync                       : out std_logic;
                Image_write_ready            : buffer std_logic;
                -- SRAM signal --
```

```
            SRAM_nCS              : out std_logic;
            SRAM_address          : out std_logic_vector(17 downto 0);
            SRAM_data             : inout std_logic_vector(15 downto 0);
            nSRAM_nOE             : out std_logic;
            nSRAM_nWE             : out std_logic;
            nSRAM_UB              : out std_logic;
            nSRAM_LB              : out std_logic;
            -- AVR signal --
            SRAM_Nios_cpu_nCS             : in std_logic;
            SRAM_Nios_cpu_address         : in std_logic_vector(17 downto 0);
            SRAM_Nios_cpu_data            : in std_logic_vector(15 downto 0);
            SRAM_Nios_cpu_nOE             : in std_logic;
            SRAM_Nios_cpu_nWR             : in std_logic
        );
end SRAM_VGA_component;

architecture sam of SRAM_VGA_component is

signal Image_Addr                         : std_logic_vector(17 downto 0);
--signal Image_write_ready                : std_logic;

component VGA_component is
port(
                    Clk                 : in  std_logic;
                    nReset              : in  std_logic;

                    RGB_BUS             : out std_logic_vector(11 downto 0);

                    H_sync              : out std_logic;
                    V_sync              : out std_logic;

                    H_Image_start       : in integer;
                    V_Image_start       : in integer;

                    H_Image_range       : in integer;
                    V_Image_range       : in integer;

                    Image_write_ready : buffer std_logic;
```

```
                  Image_Addr        : buffer std_logic_vector(17 downto 0);
                  Image_Data        : in std_logic_vector(15 downto 0)
      );
end component;

begin

vga_control : VGA_component
port map(
                  Clk,
                  nReset,

                  RGB_BUS,

                  H_sync,
                  V_sync,

                  H_Image_start => 240,
                  V_Image_start => 180,

                  H_Image_range => 320,
                  V_Image_range => 240,

                  Image_write_ready => Image_write_ready,
                  Image_Addr => Image_Addr,
                  Image_Data => SRAM_data(15 downto 0)
      );


      nSRAM_UB <= '0';
      nSRAM_LB <= '0';

MUX_NIOS_VGA:     process(Image_write_ready,Image_Addr,
            SRAM_Nios_cpu_nCS,SRAM_Nios_cpu_address,
                  SRAM_Nios_cpu_data)
      begin
      if SRAM_Nios_cpu_nCS= '0' then
            SRAM_nCS          <= SRAM_Nios_cpu_nCS;
            SRAM_address      <= SRAM_Nios_cpu_address;
```

```
                SRAM_data           <= SRAM_Nios_cpu_data;
                nSRAM_nOE           <= SRAM_Nios_cpu_nOE;
                nSRAM_nWE           <= SRAM_Nios_cpu_nWR;

        else
                SRAM_nCS            <= '0';
                SRAM_address        <= Image_Addr;
                SRAM_data           <= (others => 'Z');
                nSRAM_nOE           <= '0';
                nSRAM_nWE           <= '1';

        end if;
end process;

end sam;
```

**-소프트웨어 프로그램 소스-**

```
#include <avr/io.h>
#include <avr/signal.h>
#include <avr/interrupt.h>
#include <avr/pgmspace.h>
#include <util/delay.h>

#define xres 320
#define yres 240

#define nCS_Image_base        0x8000

#define nCS_Image_BUFFER_address_low        (*(volatile unsigned char *)(nCS_Image_base))
#define nCS_Image_BUFFER_address_high      (*(volatile unsigned char *)(nCS_Image_base + 1))
#define nCS_Image_BUFFER_address_high_high(*(volatile unsigned char*)(nCS_Image_base+ 6))
#define nCS_Image_BUFFER_DATA_low          (*(volatile unsigned char *)(nCS_Image_base + 2))
#define nCS_Image_BUFFER_DATA_hign         (*(volatile unsigned char *)(nCS_Image_base + 3))
#define nCS_Image_BUFFER_ADDRESS_INC       (*(volatile unsigned char *)(nCS_Image_base + 4))
#define Image_BUFFER_DATA_WR                (*(volatile unsigned char *)(nCS_Image_base + 5))

prog_uchar image_data[ 23666] = {
```

```
0x42, 0x4D, 0xE2, 0x53, 0x00, 0x00, 0x00, 0x00, 0x00, 0x00, 0x36, 0x00, 0x00, 0x00, 0x28, 0x00,
0x00, 0x00, 0x8C, 0x00, 0x00, 0x00, 0x33, 0x00, 0x00, 0x00, 0x01, 0x00, 0x18, 0x00, 0x00, 0x00,
0x00, 0x00, 0xAC, 0x53, 0x00, 0x00, 0x00, 0x00, 0x00, 0x00, 0x00, 0x00, 0x00, 0x00, 0x00, 0x00,
0x00, 0x00, 0x00, 0x00, 0x00, 0x00, 0xFF, 0xFF, 0xFF, 0xFF, 0xFF, 0xFF, 0xFF, 0xFF, 0xFF, 0xFF,
0xFF, 0xFF, 0xFF, 0xFF, 0xFF, 0xFF, 0xFF, 0xFF, 0xFF, 0xFF, 0xFF, 0xFF, 0xFF, 0xFF, 0xFF, 0xFF,
0xFF, 0xFF, 0xFF, 0xFF, 0xFF, 0xFF, 0xFF, 0xFF, 0xFF, 0xFF, 0xFF, 0xFF, 0xFF, 0xFF, 0xFF, 0xFF,
0xFF, 0xFF, 0xFF, 0xFF, 0xFF, 0xFF, 0xFF, 0xFF, 0xFF, 0xFF, 0xFF, 0xFF, 0xFF, 0xFF, 0xFF, 0xFF,
0xFF, 0xFF, 0xFF, 0xFF, 0xFF, 0xFF, 0xFF, 0xFF, 0xFF, 0xFF, 0xFF, 0xFF, 0xFF, 0xFF, 0xFF, 0xFF,
0xFF, 0xFF, 0xFF, 0xFF, 0xFF, 0xFF, 0xFF, 0xFF, 0xFF, 0xFF, 0xFF, 0xFF, 0xFF, 0xFF, 0xFF, 0xFF,
0xFF, 0xFF, 0xFF, 0xFF, 0xFF, 0xFF, 0xFF, 0xFF, 0xFF, 0xFF, 0xFF, 0xFF, 0xFF, 0xFF, 0xFF, 0xFF,
0xFF, 0xFF, 0xFF, 0xFF, 0xFF, 0xFF, 0xFF, 0xFF, 0xFF, 0xFF, 0xFF, 0xFF, 0xFF, 0xFF, 0xFF, 0xFF,
0xFF, 0xFF, 0xFF, 0xFF, 0xFF, 0xFF, 0xFF, 0xFF, 0xFF, 0xFF, 0xFF, 0xFF, 0xFF, 0xFF, 0xFF, 0xFF,
0xFF, 0xFF, 0xFF, 0xFF, 0xFF, 0xFF, 0xFF, 0xFF, 0xFF, 0xFF, 0xFF, 0xFF, 0xFF, 0xFF, 0xFF, 0xFF,
0xFF, 0xFF, 0xFF, 0xFF, 0xFF, 0xFF, 0xFF, 0xFF, 0xFF, 0xFF, 0xFF, 0xFF, 0xFF, 0xFF, 0xFF, 0xFF,
0xFF, 0xFF, 0xFF, 0xFF, 0xFF, 0xFF, 0xFF, 0xFF, 0xFF, 0xFF, 0xFF, 0xFF, 0xFF, 0xFF, 0xFF, 0xFF,
0xFF, 0xFF, 0xFF, 0xFF, 0xFF, 0xFF, 0xFF, 0xFF, 0xFF, 0xFF, 0xFF, 0xFF, 0xFF, 0xFF, 0xFF, 0xFF,
0xFF, 0xFF, 0xFF, 0xFF, 0xFF, 0xFF, 0xFF, 0xFF, 0xFF, 0xFF, 0xFF, 0xFF, 0xFF, 0xFF, 0xFF, 0xFF,
0xFF, 0xFF, 0xFF, 0xFF, 0xFF, 0xFF, 0xFF, 0xFF, 0xFF, 0xFF, 0xFF, 0xFF, 0xFF, 0xFF, 0xFF, 0xFF,
0xFF, 0xFF, 0xFF, 0xFF, 0xFF, 0xFF, 0xFF, 0xFF, 0xFF, 0xFF, 0xFF, 0xFF, 0xFF, 0xFF, 0xFF, 0xFF,
0xFF, 0xFF, 0xFF, 0xFF, 0xFF, 0xFF, 0xFF, 0xFF, 0xFF, 0xFF, 0xFF, 0xFF, 0xFF, 0xFF, 0xFF, 0xFF,
0xFF, 0xFF, 0xFF, 0xFF, 0xFF, 0xFF, 0xFF, 0xFF, 0xFF, 0xFF, 0xFF, 0xFF, 0xFF, 0xFF, 0xFF, 0xFF,
0xFF, 0xFF, 0xFF, 0xFF, 0xFF, 0xFF, 0xFF, 0xFF, 0xFF, 0xFF, 0xFF, 0xFF, 0xFF, 0xFF, 0xFF, 0xFF,
0xFF, 0xFF, 0xFF, 0xFF, 0xFF, 0xFF, 0xFF, 0xFF, 0xFF, 0xFF, 0xFF, 0xFF, 0xFF, 0xFF, 0xFF, 0xFF,
0xFF, 0xFF, 0xFF, 0xFF, 0xFF, 0xFF, 0xFF, 0xFF, 0xFF, 0xFF, 0xFF, 0xFF, 0xFF, 0xFF, 0xFF, 0xFF,
0xFF, 0xFF, 0xFF, 0xFF, 0xFF, 0xFF, 0xFF, 0xFF, 0xFF, 0xFF, 0xFF, 0xFF, 0xFF, 0xFF, 0xFF, 0xFF,
0xFF, 0xFF, 0xFF, 0xFF, 0xFF, 0xFF, 0xFF, 0xFF, 0xFF, 0xFF, 0xFF, 0xFF, 0xFF, 0xFF, 0xFF, 0xFF,
0xFF, 0xFF, 0xFF, 0xFF, 0xFF, 0xFF, 0xFF, 0xFF, 0xFF, 0xFF, 0xFF, 0xFF, 0xFF, 0xFF, 0xFF, 0xFF,
0xFF, 0xFF, 0xFF, 0xFF, 0xFF, 0xFF, 0xFF, 0xFF, 0xFF, 0xFF, 0xFF, 0xFF, 0xFF, 0xFF, 0xFF, 0xFF,
0xFF, 0xFF, 0xFF, 0xFF, 0xFF, 0xFF, 0xFF, 0xFF, 0xFF, 0xFF, 0xFF, 0xFF, 0xFF, 0xFF, 0xFF, 0xFF,
0xFF, 0xFF, 0xFF, 0xFF, 0xFF, 0xFF, 0xFF, 0xFF, 0xFF, 0xFF, 0xFF, 0xFF, 0xFF, 0xFF, 0xFF, 0xFF,
0xFF, 0xFF, 0xFF, 0xFF, 0xFF, 0xFF, 0xFF, 0xFF, 0xFF, 0xFF, 0xFF, 0xFF, 0xFF, 0xFF, 0xFF, 0xFF,
0xFF, 0xFF, 0xFF, 0xFF, 0xFF, 0xFF, 0xFF, 0xFF, 0xFF, 0xFF, 0xFF, 0xFF, 0xFF, 0xFF, 0xFF, 0xFF,
0xFF, 0xFF, 0xFF, 0xFF, 0xFF, 0xFF, 0xFF, 0xFF, 0xFF, 0xFF, 0xFF, 0xFF, 0xFF, 0xFF, 0xFF, 0xFF,
0xFF, 0xFF, 0xFF, 0xFF, 0xFF, 0xFF, 0xFF, 0xFF, 0xFF, 0xFF, 0xFF, 0xFF, 0xFF, 0xFF, 0xFF, 0xFF,
0xFF, 0xFF, 0xFF, 0xFF, 0xFF, 0xFF, 0xFF, 0xFF, 0xFF, 0xFF, 0xFF, 0xFF, 0xFF, 0xFF, 0xFF, 0xFF,
0xFF, 0xFF, 0xFF, 0xFF, 0xFF, 0xFF, 0xFF, 0xFF, 0xFF, 0xFF, 0xFF, 0xFF, 0xFF, 0xFF, 0xFF, 0xFF,
0xFF, 0xFF, 0xFF, 0xFF, 0xFF, 0xFF, 0xFF, 0xFF, 0xFF, 0xFF, 0xFF, 0xFF, 0xFF, 0xFF, 0xFF, 0xFF,
0xFF, 0xFF, 0xFF, 0xFF, 0xFF, 0xFF, 0xFF, 0xFF, 0xFF, 0xFF, 0xFF, 0xFF, 0xFF, 0xFF, 0xFF, 0xFF,
0xFF, 0xFF, 0xFF, 0xFF, 0xFF, 0xFF, 0xFF, 0xFF, 0xFF, 0xFF, 0xFF, 0xFF, 0xFF, 0xFF, 0xFF, 0xFF,
```

```
0xFF, 0xFF, 0xFF, 0xFF, 0xFF, 0xFF, 0xFF, 0xFF, 0xFF, 0xFF, 0xFF, 0xFF, 0xFF, 0xFF, 0xFF, 0xFF,
0xFF, 0xFF, 0xFF, 0xFF, 0xFF, 0xFF, 0xFF, 0xFF, 0xFF, 0xFF, 0xFF, 0xFF, 0xFF, 0xFF, 0xFF, 0xFF,
0xFF, 0xFF, 0xFF, 0xFF, 0xFF, 0xFF, 0xFF, 0xFF, 0xFF, 0xFF, 0xFF, 0xFF, 0xFF, 0xFF, 0xFF, 0xFF,
0xFF, 0xFF, 0xFF, 0xFF, 0xFF, 0xFF, 0xFF, 0xFF, 0xFF, 0xFF, 0xFF, 0xFF, 0xFF, 0xFF, 0xFF, 0xFF,
0xFF, 0xFF, 0xFF, 0xFF, 0xFF, 0xFF, 0xFF, 0xFF, 0xFF, 0xFF, 0xFF, 0xFF, 0xFF, 0xFF, 0xFF, 0xFF,
0xFF, 0xFF, 0xFF, 0xFF, 0xFF, 0xFF, 0xFF, 0xFF, 0xFF, 0xFF, 0xFF, 0xFF, 0xFF, 0xFF, 0xFF, 0xFF,
0xFF, 0xFF, 0xFF, 0xFF, 0xFF, 0xFF, 0xFF, 0xFF, 0xFF, 0xFF, 0xFF, 0xFF, 0xFF, 0xFF, 0xFF, 0xFF,
0xFF, 0xFF, 0xFF, 0xFF, 0xFF, 0xFF, 0xFF, 0xFF, 0xFF, 0xFF, 0xFF, 0xFF, 0xFF, 0xFF, 0xFF, 0xFF,
0xFF, 0xFF, 0xFF, 0xFF, 0xFF, 0xFF, 0xFF, 0xFF, 0xFF, 0xFF, 0xFF, 0xFF, 0xFF, 0xFF, 0xFF, 0xFF,
0xFF, 0xFF, 0xFF, 0xFF, 0xFF, 0xFF, 0xFF, 0xFF, 0xFF, 0xFF, 0xFF, 0xFF, 0xFF, 0xFF, 0xFF, 0xFF,
0xFF, 0xFF, 0xFF, 0xFF, 0xFF, 0xFF, 0xFF, 0xFF, 0xFF, 0xFF, 0xFF, 0xFF, 0xFF, 0xFF, 0xFF, 0xFF,
0xFF, 0xFF, 0xFF, 0xFF, 0xFF, 0xFF, 0xFF, 0xFF, 0xFF, 0xFF, 0xFF, 0xFF, 0xFF, 0xFF, 0xFF, 0xFF,
0xFF, 0xFF, 0xFF, 0xFF, 0xFF, 0xFF, 0xFF, 0xFF, 0xFF, 0xFF, 0xFF, 0xFF, 0xFF, 0xFF, 0xFF, 0xFF,
0xFF, 0xFF, 0xFF, 0xFF, 0xFF, 0xFF, 0xFF, 0xFF, 0xFF, 0xFF, 0xFF, 0xFF, 0xFF, 0xFF, 0xFF, 0xFF,
0xFF, 0xFF, 0xFF, 0xFF, 0xFF, 0xFF, 0xFF, 0xFF, 0xFF, 0xFF, 0xFF, 0xFF, 0xFF, 0xFF, 0xFF, 0xFF,
0xFF, 0xFF, 0xFF, 0xFF, 0xFF, 0xFF, 0xFF, 0xFF, 0xFF, 0xFF, 0xFF, 0xFF, 0xFF, 0xFF, 0xFF, 0xFF,
0xFF, 0xFF, 0xFF, 0xFF, 0xFF, 0xFF, 0xFF, 0xFF, 0xFF, 0xFF, 0xFF, 0xFF, 0xFF, 0xFF, 0xFF, 0xFF,
0xFF, 0xFF, 0xFF, 0xFF, 0xFF, 0xFF, 0xFF, 0xFF, 0xFF, 0xFF, 0xFF, 0xFF, 0xFF, 0xFF, 0xFF, 0xFF,
0xFF, 0xFF, 0xFF, 0xFF, 0xFF, 0xFF, 0xFF, 0xFF, 0xFF, 0xFF, 0xFF, 0xFF, 0xFF, 0xFF, 0xFF, 0xFF,
0xFF, 0xFF, 0xFF, 0xFF, 0xFF, 0xFF, 0xFF, 0xFF, 0xFF, 0xFF, 0xFF, 0xFF, 0xFF, 0xFF, 0xFF, 0xFF,
0xFF, 0xFF, 0xFF, 0xFF, 0xFF, 0xFF, 0xFF, 0xFF, 0xFF, 0xFF, 0xFF, 0xFF, 0xFF, 0xFF, 0xFF, 0xFF,
0xFF, 0xFF, 0xFF, 0xFF, 0xFF, 0xFF, 0xFF, 0xFF, 0xFF, 0xFF, 0xFF, 0xFF, 0xFF, 0xFF, 0xFF, 0xFF,
0xFF, 0xFF, 0xFF, 0xFF, 0xFF, 0xFF, 0xFF, 0xFF, 0xFF, 0xFF, 0xFF, 0xFF, 0xFF, 0xFF, 0xFF, 0xFF,
0xFF, 0xFF, 0xFF, 0xFF, 0xFF, 0xFF, 0xFF, 0xFF, 0xFF, 0xFF, 0xFF, 0xFF, 0xFF, 0xFF, 0xFF, 0xFF,
0xFF, 0xFF, 0xFF, 0xFF, 0xFF, 0xFF, 0xFF, 0xFF, 0xFF, 0xFF, 0xFF, 0xFF, 0xFF, 0xFF, 0xFF, 0xFF,
0xFF, 0xFF, 0xFF, 0xFF, 0xFF, 0xFF, 0xFF, 0xFF, 0xFF, 0xFF, 0xFF, 0xFF, 0xFF, 0xFF, 0xFF, 0xFF,
0xFF, 0xFF, 0xFF, 0xFF, 0xFF, 0xFF, 0xFF, 0xFF, 0xFF, 0xFF, 0xFF, 0xFF, 0xFF, 0xFF, 0xFF, 0xFF,
0xFF, 0xFF, 0xFF, 0xFF, 0xFF, 0xFF, 0xFF, 0xFF, 0xFF, 0xFF, 0xFF, 0xFF, 0xFF, 0xFF, 0xFF, 0xFF,
0xFF, 0xFF, 0xFF, 0xFF, 0xFF, 0xFF, 0xFF, 0xFF, 0x00, 0x00, 0x00, 0xFF, 0xFF, 0xFF, 0xFF, 0xFF,
0xFF, 0xFF, 0xFF, 0xFF, 0xFF, 0xFF, 0xFF, 0xFF, 0xFF, 0xFF, 0xFF, 0xFF, 0xFF, 0xFF, 0xFF, 0xFF,
0xFF, 0xFF, 0xFF, 0xFF, 0xFF, 0xFF, 0xFF, 0xFF, 0xFF, 0xFF, 0xFF, 0xFF, 0xFF, 0xFF, 0xFF, 0xFF,
0xFF, 0xFF, 0xFF, 0xFF, 0xFF, 0xFF, 0xFF, 0xFF, 0xFF, 0xFF, 0xFF, 0xFF, 0xFF, 0xFF, 0xFF, 0xFF,
0xFF, 0xFF, 0xFF, 0xFF, 0xFF, 0xFF, 0xFF, 0xFF, 0xFF, 0xFF, 0xFF, 0xFF, 0xFF, 0xFF, 0xFF, 0xFF,
0xFF, 0xFF, 0xFF, 0xFF, 0xFF, 0xFF, 0xFF, 0xFF, 0xFF, 0xFF, 0xFF, 0xFF, 0xFF, 0xFF, 0xFF, 0xFF,
0xFF, 0xFF, 0xFF, 0xFF, 0xFF, 0xFF, 0xFF, 0xFF, 0xFF, 0xFF, 0xFF, 0xFF, 0xFF, 0xFF, 0xFF, 0xFF,
0xFF, 0xFF, 0xFF, 0xFF, 0xFF, 0xFF, 0xFF, 0xFF, 0xFF, 0xFF, 0xFF, 0xFF, 0xFF, 0xFF, 0xFF, 0xFF,
0xFF, 0xFF, 0xFF, 0xFF, 0xFF, 0xFF, 0xFF, 0xFF, 0xFF, 0xFF, 0xFF, 0xFF, 0xFF, 0xFF, 0xFF, 0xFF,
0xFF, 0xFF, 0xFF, 0xFF, 0xFF, 0xFF, 0xFF, 0xFF, 0xFF, 0xFF, 0xFF, 0xFF, 0xFF, 0xFF, 0xFF, 0xFF,
0xFF, 0xFF, 0xFF, 0xFF, 0xFF, 0xFF, 0xFF, 0xFF, 0xFF, 0xFF, 0xFF, 0xFF, 0xFF, 0xFF, 0xFF, 0xFF,
```

```
0xFF, 0xFF, 0xFF, 0xFF, 0xFF, 0xFF, 0xFF, 0xFF, 0xFF, 0xFF, 0xFF, 0xFF, 0xFF, 0xFF, 0xFF, 0xFF,
0xFF, 0xFF, 0xFF, 0xFF, 0xFF, 0xFF, 0xFF, 0xFF, 0xFF, 0xFF, 0xFF, 0xFF, 0xFF, 0xFF, 0xFF, 0xFF,
0xFF, 0xFF, 0xFF, 0xFF, 0xFF, 0xFF, 0xFF, 0xFF, 0xFF, 0xFF, 0xFF, 0xFF, 0xFF, 0xFF, 0xFF, 0xFF,
0xFF, 0xFF, 0xFF, 0xFF, 0xFF, 0xFF, 0xFF, 0xFF, 0xFF, 0xFF, 0xFF, 0xFF, 0xFF, 0xFF, 0xFF, 0xFF,
0xFF, 0xFF, 0xFF, 0xFF, 0xFF, 0xFF, 0xFF, 0xFF, 0xFF, 0xFF, 0xFF, 0xFF, 0xFF, 0xFF, 0xFF, 0xFF,
0xFF, 0xFF, 0xFF, 0xFF, 0xFF, 0xFF, 0xFF, 0xFF, 0xFF, 0xFF, 0xFF, 0xFF, 0xFF, 0xFF, 0xFF, 0xFF,
0xFF, 0xFF, 0xFF, 0xFF, 0xFF, 0xFF, 0xFF, 0xFF, 0xFF, 0xFF, 0xFF, 0xFF, 0xFF, 0xFF, 0xFF, 0xFF,
0xFF, 0xFF, 0xFF, 0xFF, 0xFF, 0xFF, 0xFF, 0xFF, 0xFF, 0xFF, 0xFF, 0xFF, 0xFF, 0xFF, 0xFF, 0xFF,
0xFF, 0xFF, 0xFF, 0xFF, 0xFF, 0xFF, 0xFF, 0xFF, 0xFF, 0xFF, 0xFF, 0xFF, 0xFF, 0xFF, 0xFF, 0xFF,
0xFF, 0xFF, 0xFF, 0xFF, 0xFF, 0xFF, 0xFF, 0xFF, 0xFF, 0xFF, 0xFF, 0xFF, 0xFF, 0xFF, 0xFF, 0xFF,
0xFF, 0xFF, 0xFF, 0xFF, 0xFF, 0xFF, 0xFF, 0xFF, 0xFF, 0xFF, 0xFF, 0xFF, 0xFF, 0xFF, 0xFF, 0xFF,
0xFF, 0xFF, 0xFF, 0xFF, 0xFF, 0xFF, 0xFF, 0xFF, 0xFF, 0xFF, 0xFF, 0xFF, 0xFF, 0xFF, 0xFF, 0xFF,
0xFF, 0xFF, 0xFF, 0xFF, 0xFF, 0xFF, 0xFF, 0xFF, 0xFF, 0xFF, 0xFF, 0xFF, 0xFF, 0xFF, 0xFF, 0xFF,
0xFF, 0xFF, 0xFF, 0xFF, 0xFF, 0xFF, 0xFF, 0xFF, 0xFF, 0xFF, 0xFF, 0xFF, 0xFF, 0xFF, 0xFF, 0xFF,
0xFF, 0xFF, 0xFF, 0xFF, 0xFF, 0xFF, 0xFF, 0xFF, 0xFF, 0xFF, 0xFF, 0xFF, 0xFF, 0xFF, 0xFF, 0xFF,
0x00, 0x00, 0x00, 0x00, 0x00, 0x00, 0x00, 0x00, 0x00, 0x00, 0x00, 0x00, 0x00, 0x00, 0x00, 0x00,
0x00, 0x00, 0x00, 0x00, 0x00, 0x00, 0x00, 0x00, 0x00, 0x00, 0x00, 0x00, 0x00, 0x00, 0x00, 0x00,
0x00, 0x00, 0x00, 0x00, 0x00, 0x00, 0x00, 0x00, 0x00, 0x00, 0x00, 0x00, 0x00, 0x00, 0x00, 0x00,
0x00, 0x00, 0x00, 0x00, 0x00, 0x00, 0x00, 0x00, 0x00, 0x00, 0x00, 0x00, 0x00, 0x00, 0x00, 0x00,
0x00, 0x00, 0x00, 0x00, 0x00, 0x00, 0x00, 0x00, 0x00, 0x00, 0x00, 0x00, 0x00, 0x00, 0xFF, 0xFF,
0xFF, 0xFF, 0xFF, 0xFF, 0xFF, 0xFF, 0xFF, 0xFF, 0xFF, 0xFF, 0xFF, 0xFF, 0xFF, 0xFF, 0xFF, 0xFF,
0xFF, 0xFF, 0xFF, 0xFF, 0xFF, 0xFF, 0xFF, 0xFF, 0xFF, 0xFF, 0xFF, 0xFF, 0xFF, 0xFF, 0xFF, 0xFF,
0xFF, 0xFF, 0xFF, 0xFF, 0xFF, 0xFF, 0xFF, 0xFF, 0xFF, 0xFF, 0xFF, 0xFF, 0xFF, 0xFF, 0xFF, 0xFF,
0xFF, 0xFF, 0xFF, 0xFF, 0xFF, 0xFF, 0xFF, 0xFF, 0xFF, 0xFF, 0xFF, 0xFF, 0xFF, 0xFF, 0xFF, 0xFF,
0xFF, 0xFF, 0xFF, 0xFF, 0xFF, 0xFF, 0xFF, 0xFF, 0xFF, 0xFF, 0xFF, 0xFF, 0xFF, 0xFF, 0xFF, 0xFF,
0xFF, 0xFF, 0xFF, 0xFF, 0xFF, 0xFF, 0xFF, 0xFF, 0xFF, 0xFF, 0xFF, 0xFF, 0xFF, 0xFF, 0xFF, 0xFF,
0xFF, 0xFF, 0xFF, 0xFF, 0xFF, 0xFF, 0xFF, 0xFF, 0xFF, 0xFF, 0xFF, 0xFF, 0xFF, 0xFF, 0xFF, 0xFF,
0xFF, 0xFF, 0xFF, 0xFF, 0xFF, 0xFF, 0xFF, 0xFF, 0xFF, 0xFF, 0xFF, 0xFF, 0xFF, 0xFF, 0xFF, 0xFF,
0xFF, 0xFF, 0xFF, 0xFF, 0xFF, 0xFF, 0xFF, 0xFF, 0xFF, 0xFF, 0xFF, 0xFF, 0xFF, 0xFF, 0xFF, 0xFF,
0xFF, 0xFF, 0xFF, 0xFF, 0xFF, 0xFF, 0xFF, 0xFF, 0xFF, 0xFF, 0xFF, 0xFF, 0xFF, 0xFF, 0xFF, 0xFF,
0xFF, 0xFF, 0xFF, 0xFF, 0xFF, 0xFF, 0xFF, 0xFF, 0xFF, 0xFF, 0xFF, 0xFF, 0xFF, 0xFF, 0xFF, 0xFF,
0xFF, 0xFF, 0xFF, 0xFF, 0xFF, 0xFF, 0xFF, 0xFF, 0xFF, 0xFF, 0xFF, 0xFF, 0xFF, 0xFF, 0xFF, 0xFF,
0xFF, 0xFF, 0xFF, 0xFF, 0xFF, 0xFF, 0xFF, 0xFF, 0xFF, 0xFF, 0xFF, 0xFF, 0xFF, 0xFF, 0xFF, 0xFF,
0xFF, 0xFF, 0xFF, 0xFF, 0xFF, 0xFF, 0xFF, 0xFF, 0xFF, 0xFF, 0xFF, 0xFF, 0xFF, 0xFF, 0xFF, 0xFF,
0xFF, 0xFF, 0xFF, 0xFF, 0xFF, 0xFF, 0xFF, 0xFF, 0xFF, 0xFF, 0xFF, 0xFF, 0xFF, 0xFF, 0xFF, 0xFF,
0xFF, 0xFF, 0xFF, 0xFF, 0xFF, 0xFF, 0xFF, 0xFF, 0xFF, 0xFF, 0xFF, 0xFF, 0xFF, 0xFF, 0xFF, 0xFF,
0xFF, 0xFF, 0xFF, 0xFF, 0xFF, 0xFF, 0xFF, 0xFF, 0xFF, 0xFF, 0xFF, 0xFF, 0xFF, 0xFF, 0xFF, 0xFF,
0xFF, 0xFF, 0xFF, 0xFF, 0xFF, 0xFF, 0xFF, 0xFF, 0xFF, 0xFF, 0xFF, 0xFF, 0xFF, 0xFF, 0xFF, 0xFF,
0xFF, 0xFF, 0xFF, 0xFF, 0xFF, 0xFF, 0xFF, 0xFF, 0xFF, 0xFF, 0xFF, 0xFF, 0xFF, 0xFF, 0xFF, 0xFF,
```

```
0xFF, 0xFF, 0xFF, 0xFF, 0xFF, 0xFF, 0xFF, 0xFF, 0xFF, 0x00, 0x00, 0x00, 0x00, 0x00, 0x00, 0x00,
0x00, 0x00, 0x00, 0x00, 0x00, 0x00, 0x00, 0x00, 0x00, 0x00, 0x00, 0x00, 0x00, 0x00, 0x00, 0x00,
0x00, 0x00, 0x00, 0x00, 0x00, 0xFF, 0xFF, 0x00, 0xFF, 0xFF, 0x00, 0xFF, 0xFF, 0x00, 0xFF, 0xFF,
0x00, 0x00, 0x00, 0x00, 0xFF, 0x00, 0x00, 0xFF, 0x00, 0x00, 0xFF, 0x00, 0x00, 0xFF, 0x00, 0x00,
0xFF, 0x00, 0x00, 0xFF, 0x00, 0x00, 0xFF, 0x00, 0x00, 0xFF, 0x00, 0x00, 0xFF, 0x00, 0x00, 0xFF,
0x00, 0x00, 0xFF, 0x00, 0x00, 0xFF, 0x00, 0x00, 0xFF, 0x00, 0x00, 0xFF, 0x00, 0x00, 0xFF, 0x00,
0x00, 0xFF, 0x00, 0x00, 0xFF, 0x00, 0x00, 0xFF, 0x00, 0x00, 0xFF, 0x00, 0x00, 0xFF, 0x00, 0x00,
0xFF, 0x00, 0x00, 0x00, 0x00, 0x00, 0x00, 0x00, 0x00, 0x00, 0x00, 0x00, 0x00, 0x00, 0x00, 0x00,
0x00, 0x00, 0x00, 0x00, 0x00, 0x00, 0x00, 0x00, 0x00, 0x00, 0x00, 0x00, 0x00, 0xFF, 0xFF, 0xFF,
0xFF, 0xFF, 0xFF, 0xFF, 0xFF, 0xFF, 0xFF, 0xFF, 0xFF, 0xFF, 0xFF, 0xFF, 0xFF, 0xFF, 0xFF, 0xFF,
0xFF, 0xFF, 0xFF, 0xFF, 0xFF, 0xFF, 0xFF, 0xFF, 0xFF, 0xFF, 0xFF, 0xFF, 0xFF, 0xFF, 0xFF, 0xFF,
0xFF, 0xFF, 0xFF, 0xFF, 0xFF, 0xFF, 0xFF, 0xFF, 0xFF, 0xFF, 0xFF, 0xFF, 0xFF, 0xFF, 0xFF, 0xFF,
0xFF, 0xFF, 0xFF, 0xFF, 0xFF, 0xFF, 0xFF, 0xFF, 0xFF, 0xFF, 0xFF, 0xFF, 0xFF, 0xFF, 0xFF, 0xFF,
0xFF, 0xFF, 0xFF, 0xFF, 0xFF, 0xFF, 0xFF, 0xFF, 0xFF, 0xFF, 0xFF, 0xFF, 0xFF, 0xFF, 0xFF, 0xFF,
0xFF, 0xFF, 0xFF, 0xFF, 0xFF, 0xFF, 0xFF, 0xFF, 0xFF, 0xFF, 0xFF, 0xFF, 0xFF, 0xFF, 0xFF, 0xFF,
0xFF, 0xFF, 0xFF, 0xFF, 0xFF, 0xFF, 0xFF, 0xFF, 0xFF, 0xFF, 0xFF, 0xFF, 0xFF, 0xFF, 0xFF, 0xFF,
0xFF, 0xFF, 0xFF, 0xFF, 0xFF, 0xFF, 0xFF, 0xFF, 0xFF, 0xFF, 0xFF, 0xFF, 0xFF, 0xFF, 0xFF, 0xFF,
0xFF, 0xFF, 0xFF, 0xFF, 0xFF, 0xFF, 0xFF, 0xFF, 0xFF, 0xFF, 0xFF, 0xFF, 0xFF, 0xFF, 0xFF, 0xFF,
0xFF, 0xFF, 0xFF, 0xFF, 0xFF, 0xFF, 0xFF, 0xFF, 0xFF, 0xFF, 0xFF, 0xFF, 0xFF, 0xFF, 0xFF, 0xFF,
0xFF, 0xFF, 0xFF, 0xFF, 0xFF, 0xFF, 0xFF, 0xFF, 0xFF, 0xFF, 0xFF, 0xFF, 0xFF, 0xFF, 0xFF, 0xFF,
0xFF, 0xFF, 0xFF, 0xFF, 0xFF, 0xFF, 0xFF, 0xFF, 0xFF, 0xFF, 0xFF, 0xFF, 0xFF, 0xFF, 0xFF, 0xFF,
0xFF, 0xFF, 0xFF, 0xFF, 0xFF, 0xFF, 0xFF, 0xFF, 0xFF, 0xFF, 0xFF, 0xFF, 0xFF, 0xFF, 0xFF, 0xFF,
0xFF, 0xFF, 0xFF, 0xFF, 0xFF, 0xFF, 0xFF, 0xFF, 0xFF, 0xFF, 0xFF, 0xFF, 0xFF, 0xFF, 0xFF, 0xFF,
0xFF, 0xFF, 0xFF, 0xFF, 0xFF, 0xFF, 0xFF, 0xFF, 0xFF, 0xFF, 0xFF, 0xFF, 0xFF, 0xFF, 0xFF, 0xFF,
0xFF, 0xFF, 0xFF, 0xFF, 0xFF, 0xFF, 0xFF, 0xFF, 0xFF, 0xFF, 0xFF, 0xFF, 0xFF, 0xFF, 0xFF, 0xFF,
0xFF, 0xFF, 0xFF, 0xFF, 0xFF, 0xFF, 0xFF, 0xFF, 0x00, 0x00, 0x00, 0x00, 0x00, 0x00, 0x00, 0x00,
0x00, 0x00, 0x00, 0x00, 0x00, 0x00, 0x00, 0x00, 0x00, 0x00, 0x00, 0x00, 0x00, 0x00, 0xFF, 0xFF,
0x00, 0xFF, 0xFF, 0x00, 0xFF, 0xFF, 0x00, 0xFF, 0xFF, 0x00, 0xFF, 0xFF, 0x00, 0xFF, 0xFF, 0x00,
0xFF, 0xFF, 0x00, 0xFF, 0xFF, 0x00, 0xFF, 0xFF, 0x00, 0xFF, 0xFF, 0x00, 0xFF, 0xFF, 0x00, 0xFF,
0xFF, 0x00, 0xFF, 0xFF, 0x00, 0x00, 0x00, 0x00, 0xFF, 0x00, 0x00, 0xFF, 0x00, 0x00, 0xFF, 0x00,
0x00, 0xFF, 0x00, 0x00, 0xFF, 0x00, 0x00, 0xFF, 0x00, 0x00, 0xFF, 0x00, 0x00, 0xFF, 0x00, 0x00,
0xFF, 0x00, 0x00, 0xFF, 0x00, 0x00, 0xFF, 0x00, 0x00, 0xFF, 0x00, 0x00, 0xFF, 0x00, 0x00, 0xFF,
0x00, 0x00, 0xFF, 0x00, 0x00, 0xFF, 0x00, 0x00, 0xFF, 0x00, 0x00, 0xFF, 0x00, 0x00, 0xFF, 0x00,
0x00, 0xFF, 0x00, 0x00, 0xFF, 0x00, 0x00, 0xFF, 0x00, 0x00, 0xFF, 0x00, 0x00, 0xFF, 0x00, 0x00,
0xFF, 0x00, 0x00, 0xFF, 0x00, 0x00, 0xFF, 0x00, 0x00, 0xFF, 0x00, 0x00, 0xFF, 0x00, 0x00, 0xFF,
0x00, 0x00, 0x00, 0x00, 0x00, 0x00, 0x00, 0x00, 0x00, 0x00, 0x00, 0x00, 0x00, 0x00, 0x00, 0x00,
0x00, 0x00, 0x00, 0x00, 0x00, 0x00, 0xFF, 0xFF, 0xFF, 0xFF, 0xFF, 0xFF, 0xFF, 0xFF, 0xFF, 0xFF,
0xFF, 0xFF, 0xFF, 0xFF, 0xFF, 0xFF, 0xFF, 0xFF, 0xFF, 0xFF, 0xFF, 0xFF, 0xFF, 0xFF, 0xFF, 0xFF,
0xFF, 0xFF, 0xFF, 0xFF, 0xFF, 0xFF, 0xFF, 0xFF, 0xFF, 0xFF, 0xFF, 0xFF, 0xFF, 0xFF, 0xFF, 0xFF,
```

```
0xFF, 0xFF, 0xFF, 0xFF, 0xFF, 0xFF, 0xFF, 0xFF, 0xFF, 0xFF, 0xFF, 0xFF, 0xFF, 0xFF, 0xFF, 0xFF,
0xFF, 0xFF, 0xFF, 0xFF, 0xFF, 0xFF, 0xFF, 0xFF, 0xFF, 0xFF, 0xFF, 0xFF, 0xFF, 0xFF, 0xFF, 0xFF,
0xFF, 0xFF, 0xFF, 0xFF, 0xFF, 0xFF, 0xFF, 0xFF, 0xFF, 0xFF, 0xFF, 0xFF, 0xFF, 0xFF, 0xFF, 0xFF,
0xFF, 0xFF, 0xFF, 0xFF, 0xFF, 0xFF, 0xFF, 0xFF, 0xFF, 0xFF, 0xFF, 0xFF, 0xFF, 0xFF, 0xFF, 0xFF,
0xFF, 0xFF, 0xFF, 0xFF, 0xFF, 0xFF, 0xFF, 0xFF, 0xFF, 0xFF, 0xFF, 0xFF, 0xFF, 0xFF, 0xFF, 0xFF,
0xFF, 0xFF, 0xFF, 0xFF, 0xFF, 0xFF, 0xFF, 0xFF, 0xFF, 0xFF, 0xFF, 0xFF, 0xFF, 0xFF, 0xFF, 0xFF,
0xFF, 0xFF, 0xFF, 0xFF, 0xFF, 0xFF, 0xFF, 0xFF, 0xFF, 0xFF, 0xFF, 0xFF, 0xFF, 0xFF, 0xFF, 0xFF,
0xFF, 0xFF, 0xFF, 0xFF, 0xFF, 0xFF, 0xFF, 0xFF, 0xFF, 0xFF, 0xFF, 0xFF, 0xFF, 0xFF, 0xFF, 0xFF,
0xFF, 0xFF, 0xFF, 0xFF, 0xFF, 0xFF, 0xFF, 0xFF, 0xFF, 0xFF, 0xFF, 0xFF, 0xFF, 0xFF, 0xFF, 0xFF,
0xFF, 0xFF, 0xFF, 0xFF, 0xFF, 0xFF, 0xFF, 0xFF, 0xFF, 0xFF, 0xFF, 0xFF, 0xFF, 0xFF, 0xFF, 0xFF,
0xFF, 0xFF, 0xFF, 0xFF, 0xFF, 0xFF, 0xFF, 0xFF, 0xFF, 0xFF, 0xFF, 0xFF, 0xFF, 0xFF, 0xFF, 0xFF,
0xFF, 0xFF, 0xFF, 0xFF, 0xFF, 0xFF, 0xFF, 0xFF, 0xFF, 0xFF, 0x00, 0x00, 0x00, 0x00, 0x00, 0x00,
0x00, 0x00, 0x00, 0x00, 0x00, 0x00, 0x00, 0x00, 0x00, 0x00, 0x00, 0x00, 0x00, 0xFF, 0xFF, 0x00,
0xFF, 0xFF, 0x00, 0xFF, 0xFF, 0x00, 0xFF, 0xFF, 0x00, 0xFF, 0xFF, 0x00, 0xFF, 0xFF, 0x00, 0xFF,
0xFF, 0x00, 0xFF, 0xFF, 0x00, 0xFF, 0xFF, 0x00, 0xFF, 0xFF, 0x00, 0xFF, 0xFF, 0x00, 0xFF, 0xFF,
0x00, 0xFF, 0xFF, 0x00, 0xFF, 0xFF, 0x00, 0xFF, 0xFF, 0x00, 0xFF, 0xFF, 0x00, 0xFF, 0xFF, 0x00,
0xFF, 0xFF, 0x00, 0xFF, 0xFF, 0x00, 0xFF, 0xFF, 0x00, 0x00, 0x00, 0x00, 0xFF, 0x00, 0x00, 0xFF,
0x00, 0x00, 0xFF, 0x00, 0x00, 0xFF, 0x00, 0x00, 0xFF, 0x00, 0x00, 0xFF, 0x00, 0x00, 0xFF, 0x00,
0x00, 0xFF, 0x00, 0x00, 0xFF, 0x00, 0x00, 0xFF, 0x00, 0x00, 0xFF, 0x00, 0x00, 0xFF, 0x00, 0x00,
0xFF, 0x00, 0x00, 0xFF, 0x00, 0x00, 0xFF, 0x00, 0x00, 0xFF, 0x00, 0x00, 0xFF, 0x00, 0x00, 0xFF,
0x00, 0x00, 0xFF, 0x00, 0x00, 0xFF, 0x00, 0x00, 0xFF, 0x00, 0x00, 0xFF, 0x00, 0x00, 0xFF, 0x00,
0x00, 0xFF, 0x00, 0x00, 0xFF, 0x00, 0x00, 0xFF, 0x00, 0x00, 0xFF, 0x00, 0x00, 0xFF, 0x00, 0x00,
0xFF, 0x00, 0x00, 0xFF, 0x00, 0x00, 0xFF, 0x00, 0x00, 0xFF, 0x00, 0x00, 0xFF, 0x00, 0x00, 0xFF,
0x00, 0x00, 0xFF, 0x00, 0x00, 0x00, 0x00, 0xFF, 0x00, 0x00, 0x00, 0x00, 0x00, 0x00, 0x00, 0x00,
0x00, 0x00, 0x00, 0x00, 0x00, 0x00, 0x00, 0x00, 0x00, 0x00, 0x00, 0x00, 0xFF, 0xFF, 0xFF, 0xFF,
0xFF, 0xFF, 0xFF, 0xFF, 0xFF, 0xFF, 0xFF, 0xFF, 0xFF, 0xFF, 0xFF, 0xFF, 0xFF, 0xFF, 0xFF, 0xFF,
0xFF, 0xFF, 0xFF, 0xFF, 0xFF, 0xFF, 0xFF, 0xFF, 0xFF, 0xFF, 0xFF, 0xFF, 0xFF, 0xFF, 0xFF, 0xFF,
0xFF, 0xFF, 0xFF, 0xFF, 0xFF, 0xFF, 0xFF, 0xFF, 0xFF, 0xFF, 0xFF, 0xFF, 0xFF, 0xFF, 0xFF, 0xFF,
0xFF, 0xFF, 0xFF, 0xFF, 0xFF, 0xFF, 0xFF, 0xFF, 0xFF, 0xFF, 0xFF, 0xFF, 0xFF, 0xFF, 0xFF, 0xFF,
0xFF, 0xFF, 0xFF, 0xFF, 0xFF, 0xFF, 0xFF, 0xFF, 0xFF, 0xFF, 0xFF, 0xFF, 0xFF, 0xFF, 0xFF, 0xFF,
0xFF, 0xFF, 0xFF, 0xFF, 0xFF, 0xFF, 0xFF, 0xFF, 0xFF, 0xFF, 0xFF, 0xFF, 0xFF, 0xFF, 0xFF, 0xFF,
0xFF, 0xFF, 0xFF, 0xFF, 0xFF, 0xFF, 0xFF, 0xFF, 0xFF, 0xFF, 0xFF, 0xFF, 0xFF, 0xFF, 0xFF, 0xFF,
0xFF, 0xFF, 0xFF, 0xFF, 0xFF, 0xFF, 0xFF, 0xFF, 0xFF, 0xFF, 0xFF, 0xFF, 0xFF, 0xFF, 0xFF, 0xFF,
0xFF, 0xFF, 0xFF, 0xFF, 0xFF, 0xFF, 0xFF, 0xFF, 0xFF, 0xFF, 0xFF, 0xFF, 0xFF, 0xFF, 0xFF, 0xFF,
0xFF, 0xFF, 0xFF, 0xFF, 0xFF, 0xFF, 0xFF, 0xFF, 0xFF, 0xFF, 0xFF, 0xFF, 0xFF, 0xFF, 0xFF, 0xFF,
0xFF, 0xFF, 0xFF, 0xFF, 0xFF, 0xFF, 0xFF, 0xFF, 0xFF, 0xFF, 0xFF, 0xFF, 0xFF, 0xFF, 0xFF, 0xFF,
0xFF, 0xFF, 0xFF, 0xFF, 0xFF, 0xFF, 0xFF, 0xFF, 0xFF, 0xFF, 0xFF, 0xFF, 0xFF, 0xFF, 0xFF, 0xFF,
0xFF, 0xFF, 0x00, 0x00, 0x00, 0x00, 0x00, 0x00, 0x00, 0x00, 0x00, 0x00, 0x00, 0x00, 0x00, 0xFF,
0xFF, 0x00, 0xFF, 0xFF, 0x00, 0xFF, 0xFF, 0x00, 0xFF, 0xFF, 0x00, 0xFF, 0xFF, 0x00, 0xFF, 0xFF,
```

```
0x00, 0xFF, 0xFF, 0x00, 0xFF, 0xFF, 0x00, 0xFF, 0xFF, 0x00, 0xFF, 0xFF, 0x00, 0xFF, 0xFF, 0x00,
0xFF, 0xFF, 0x00, 0xFF, 0xFF, 0x00, 0xFF, 0xFF, 0x00, 0xFF, 0xFF, 0x00, 0xFF, 0xFF, 0x00, 0xFF,
0xFF, 0x00, 0xFF, 0xFF, 0x00, 0xFF, 0xFF, 0x00, 0xFF, 0xFF, 0x00, 0xFF, 0xFF, 0x00, 0xFF, 0xFF,
0x00, 0xFF, 0xFF, 0x00, 0xFF, 0xFF, 0x00, 0xFF, 0xFF, 0x00, 0xFF, 0xFF, 0x00, 0x00, 0x00, 0x00,
0xFF, 0x00, 0x00, 0xFF, 0x00, 0x00, 0xFF, 0x00, 0x00, 0xFF, 0x00, 0x00, 0xFF, 0x00, 0x00, 0xFF,
0x00, 0x00, 0xFF, 0x00, 0x00, 0xFF, 0x00, 0x00, 0xFF, 0x00, 0x00, 0xFF, 0x00, 0x00, 0xFF, 0x00,
0x00, 0xFF, 0x00, 0x00, 0xFF, 0x00, 0x00, 0xFF, 0x00, 0x00, 0xFF, 0x00, 0x00, 0xFF, 0x00, 0x00,
0xFF, 0x00, 0x00, 0xFF, 0x00, 0x00, 0xFF, 0x00, 0x00, 0xFF, 0x00, 0x00, 0xFF, 0x00, 0x00, 0xFF,
0x00, 0x00, 0xFF, 0x00, 0x00, 0xFF, 0x00, 0x00, 0xFF, 0x00, 0x00, 0xFF, 0x00, 0x00, 0xFF, 0x00,
0x00, 0xFF, 0x00, 0x00, 0xFF, 0x00, 0x00, 0xFF, 0x00, 0x00, 0xFF, 0x00, 0x00, 0xFF, 0x00, 0x00,
0xFF, 0x00, 0x00, 0xFF, 0x00, 0x00, 0xFF, 0x00, 0x00, 0x00, 0x00, 0xFF, 0x00, 0x00, 0xFF, 0x00,
0x00, 0xFF, 0x00, 0x00, 0xFF, 0x00, 0x00, 0xFF, 0x00, 0x00, 0xFF, 0x00, 0x00, 0xFF, 0x00, 0x00,
0x00, 0x00, 0x00, 0x00, 0x00, 0x00, 0x00, 0x00, 0x00, 0x00, 0x00, 0x00, 0xFF, 0xFF, 0xFF, 0xFF,
0xFF, 0xFF, 0xFF, 0xFF, 0xFF, 0xFF, 0xFF, 0xFF, 0xFF, 0xFF, 0xFF, 0xFF, 0xFF, 0xFF, 0xFF, 0xFF,
0xFF, 0xFF, 0xFF, 0xFF, 0xFF, 0xFF, 0xFF, 0xFF, 0xFF, 0xFF, 0xFF, 0xFF, 0xFF, 0xFF, 0xFF, 0xFF,
0xFF, 0xFF, 0xFF, 0xFF, 0xFF, 0xFF, 0xFF, 0xFF, 0xFF, 0xFF, 0xFF, 0xFF, 0xFF, 0xFF, 0xFF, 0xFF,
0xFF, 0xFF, 0xFF, 0xFF, 0xFF, 0xFF, 0xFF, 0xFF, 0xFF, 0xFF, 0xFF, 0xFF, 0xFF, 0xFF, 0xFF, 0xFF,
0xFF, 0xFF, 0xFF, 0xFF, 0xFF, 0xFF, 0xFF, 0xFF, 0xFF, 0xFF, 0xFF, 0xFF, 0xFF, 0xFF, 0xFF, 0xFF,
0xFF, 0xFF, 0xFF, 0xFF, 0xFF, 0xFF, 0xFF, 0xFF, 0xFF, 0xFF, 0xFF, 0xFF, 0xFF, 0xFF, 0xFF, 0xFF,
0xFF, 0xFF, 0xFF, 0xFF, 0xFF, 0xFF, 0xFF, 0xFF, 0xFF, 0xFF, 0xFF, 0xFF, 0xFF, 0xFF, 0xFF, 0xFF,
0xFF, 0xFF, 0xFF, 0xFF, 0xFF, 0xFF, 0xFF, 0xFF, 0xFF, 0xFF, 0xFF, 0xFF, 0xFF, 0xFF, 0xFF, 0xFF,
0xFF, 0xFF, 0xFF, 0xFF, 0xFF, 0xFF, 0xFF, 0xFF, 0xFF, 0xFF, 0xFF, 0xFF, 0xFF, 0xFF, 0xFF, 0xFF,
0xFF, 0xFF, 0xFF, 0xFF, 0xFF, 0xFF, 0xFF, 0xFF, 0xFF, 0xFF, 0xFF, 0xFF, 0xFF, 0xFF, 0xFF, 0xFF,
0xFF, 0xFF, 0xFF, 0xFF, 0xFF, 0xFF, 0xFF, 0xFF, 0xFF, 0xFF, 0xFF, 0xFF, 0xFF, 0x00, 0x00, 0x00,
0x00, 0x00, 0x00, 0x00, 0x00, 0x00, 0x00, 0xFF, 0xFF, 0x00, 0xFF, 0xFF, 0x00, 0xFF, 0xFF, 0x00,
0xFF, 0xFF, 0x00, 0xFF, 0xFF, 0x00, 0xFF, 0xFF, 0x00, 0xFF, 0xFF, 0x00, 0xFF, 0xFF, 0x00, 0xFF,
0xFF, 0x00, 0xFF, 0xFF, 0x00, 0xFF, 0xFF, 0x00, 0xFF, 0xFF, 0x00, 0xFF, 0xFF, 0x00, 0xFF, 0xFF,
0x00, 0xFF, 0xFF, 0x00, 0xFF, 0xFF, 0x00, 0xFF, 0xFF, 0x00, 0xFF, 0xFF, 0x00, 0xFF, 0xFF, 0x00,
0xFF, 0xFF, 0x00, 0xFF, 0xFF, 0x00, 0xFF, 0xFF, 0x00, 0xFF, 0xFF, 0x00, 0xFF, 0xFF, 0x00, 0xFF,
0xFF, 0x00, 0xFF, 0xFF, 0x00, 0xFF, 0xFF, 0x00, 0xFF, 0xFF, 0x00, 0xFF, 0xFF, 0x00, 0xFF, 0xFF,
0x00, 0x00, 0x00, 0x00, 0xFF, 0x00, 0x00, 0xFF, 0x00, 0x00, 0xFF, 0x00, 0x00, 0xFF, 0x00, 0x00,
0xFF, 0x00, 0x00, 0xFF, 0x00, 0x00, 0xFF, 0x00, 0x00, 0xFF, 0x00, 0x00, 0xFF, 0x00, 0x00, 0xFF,
0x00, 0x00, 0xFF, 0x00, 0x00, 0xFF, 0x00, 0x00, 0xFF, 0x00, 0x00, 0xFF, 0x00, 0x00, 0xFF, 0x00,
0x00, 0xFF, 0x00, 0x00, 0xFF, 0x00, 0x00, 0xFF, 0x00, 0x00, 0xFF, 0x00, 0x00, 0xFF, 0x00, 0x00,
0xFF, 0x00, 0x00, 0xFF, 0x00, 0x00, 0xFF, 0x00, 0x00, 0xFF, 0x00, 0x00, 0xFF, 0x00, 0x00, 0xFF,
0x00, 0x00, 0xFF, 0x00, 0x00, 0xFF, 0x00, 0x00, 0xFF, 0x00, 0x00, 0xFF, 0x00, 0x00, 0xFF, 0x00,
0x00, 0xFF, 0x00, 0x00, 0xFF, 0x00, 0x00, 0xFF, 0x00, 0x00, 0xFF, 0x00, 0x00, 0x00, 0x00, 0xFF,
0x00, 0x00, 0xFF, 0x00, 0x00, 0xFF, 0x00, 0x00, 0xFF, 0x00, 0x00, 0xFF, 0x00, 0x00, 0xFF, 0x00,
0x00, 0xFF, 0x00, 0x00, 0xFF, 0x00, 0x00, 0xFF, 0x00, 0x00, 0xFF, 0x00, 0x00, 0xFF, 0x00, 0x00,
```

```
0x00, 0x00, 0x00, 0x00, 0x00, 0x00, 0x00, 0x00, 0x00, 0xFF, 0xFF, 0xFF, 0xFF, 0xFF, 0xFF, 0xFF,
0xFF, 0xFF, 0xFF, 0xFF, 0xFF, 0xFF, 0xFF, 0xFF, 0xFF, 0xFF, 0xFF, 0xFF, 0xFF, 0xFF, 0xFF, 0xFF,
0xFF, 0xFF, 0xFF, 0xFF, 0xFF, 0xFF, 0xFF, 0xFF, 0xFF, 0xFF, 0xFF, 0xFF, 0xFF, 0xFF, 0xFF, 0xFF,
0xFF, 0xFF, 0xFF, 0xFF, 0xFF, 0xFF, 0xFF, 0xFF, 0xFF, 0xFF, 0xFF, 0xFF, 0xFF, 0xFF, 0xFF, 0xFF,
0xFF, 0xFF, 0xFF, 0xFF, 0xFF, 0xFF, 0xFF, 0xFF, 0xFF, 0xFF, 0xFF, 0xFF, 0xFF, 0xFF, 0xFF, 0xFF,
0xFF, 0xFF, 0xFF, 0xFF, 0xFF, 0xFF, 0xFF, 0xFF, 0xFF, 0xFF, 0xFF, 0xFF, 0xFF, 0xFF, 0xFF, 0xFF,
0xFF, 0xFF, 0xFF, 0xFF, 0xFF, 0xFF, 0xFF, 0xFF, 0xFF, 0xFF, 0xFF, 0xFF, 0xFF, 0xFF, 0xFF, 0xFF,
0xFF, 0xFF, 0xFF, 0xFF, 0xFF, 0xFF, 0xFF, 0xFF, 0xFF, 0xFF, 0xFF, 0xFF, 0xFF, 0xFF, 0xFF, 0xFF,
0xFF, 0xFF, 0xFF, 0xFF, 0xFF, 0xFF, 0xFF, 0xFF, 0xFF, 0xFF, 0xFF, 0xFF, 0xFF, 0xFF, 0xFF, 0xFF,
0xFF, 0xFF, 0xFF, 0xFF, 0xFF, 0xFF, 0xFF, 0xFF, 0xFF, 0xFF, 0xFF, 0xFF, 0xFF, 0xFF, 0xFF, 0xFF,
0xFF, 0xFF, 0xFF, 0xFF, 0xFF, 0x00, 0x00, 0x00, 0x00, 0x00, 0x00, 0x00, 0x00, 0x00, 0x00, 0x00,
0x00, 0x00, 0x00, 0x00, 0x00, 0xFF, 0xFF, 0x00, 0xFF, 0xFF, 0x00, 0xFF, 0xFF, 0x00, 0xFF, 0xFF,
0x00, 0xFF, 0xFF, 0x00, 0xFF, 0xFF, 0x00, 0xFF, 0xFF, 0x00, 0xFF, 0xFF, 0x00, 0xFF, 0xFF, 0x00,
0xFF, 0xFF, 0x00, 0xFF, 0xFF, 0x00, 0xFF, 0xFF, 0x00, 0xFF, 0xFF, 0x00, 0xFF, 0xFF, 0x00, 0xFF,
0xFF, 0x00, 0xFF, 0xFF, 0x00, 0xFF, 0xFF, 0x00, 0xFF, 0xFF, 0x00, 0xFF, 0xFF, 0x00, 0xFF, 0xFF,
0x00, 0xFF, 0xFF, 0x00, 0xFF, 0xFF, 0x00, 0xFF, 0xFF, 0x00, 0xFF, 0xFF, 0x00, 0xFF, 0xFF, 0x00,
0xFF, 0xFF, 0x00, 0xFF, 0xFF, 0x00, 0xFF, 0xFF, 0x00, 0xFF, 0xFF, 0x00, 0xFF, 0xFF, 0x00, 0xFF,
0xFF, 0x00, 0xFF, 0xFF, 0x00, 0x00, 0x00, 0x00, 0xFF, 0x00, 0x00, 0xFF, 0x00, 0x00, 0xFF, 0x00,
0x00, 0xFF, 0x00, 0x00, 0xFF, 0x00, 0x00, 0xFF, 0x00, 0x00, 0xFF, 0x00, 0x00, 0xFF, 0x00, 0x00,
0xFF, 0x00, 0x00, 0xFF, 0x00, 0x00, 0xFF, 0x00, 0x00, 0xFF, 0x00, 0x00, 0xFF, 0x00, 0x00, 0xFF,
0x00, 0x00, 0xFF, 0x00, 0x00, 0xFF, 0x00, 0x00, 0xFF, 0x00, 0x00, 0xFF, 0x00, 0x00, 0xFF, 0x00,
0x00, 0xFF, 0x00, 0x00, 0xFF, 0x00, 0x00, 0xFF, 0x00, 0x00, 0xFF, 0x00, 0x00, 0xFF, 0x00, 0x00,
0xFF, 0x00, 0x00, 0xFF, 0x00, 0x00, 0xFF, 0x00, 0x00, 0xFF, 0x00, 0x00, 0xFF, 0x00, 0x00, 0xFF,
0x00, 0x00, 0xFF, 0x00, 0x00, 0xFF, 0x00, 0x00, 0xFF, 0x00, 0x00, 0xFF, 0x00, 0x00, 0xFF, 0x00,
0x00, 0x00, 0x00, 0xFF, 0x00, 0x00, 0xFF, 0x00, 0x00, 0xFF, 0x00, 0x00, 0xFF, 0x00, 0x00, 0xFF,
0x00, 0x00, 0xFF, 0x00, 0x00, 0xFF, 0x00, 0x00, 0xFF, 0x00, 0x00, 0xFF, 0x00, 0x00, 0xFF, 0x00,
0x00, 0xFF, 0x00, 0x00, 0xFF, 0x00, 0x00, 0xFF, 0x00, 0x00, 0xFF, 0x00, 0x00, 0x00, 0x00, 0x00,
0x00, 0x00, 0x00, 0x00, 0x00, 0x00, 0x00, 0x00, 0x00, 0xFF, 0xFF, 0xFF, 0xFF, 0xFF, 0xFF, 0xFF,
0xFF, 0xFF, 0xFF, 0xFF, 0xFF, 0xFF, 0xFF, 0xFF, 0xFF, 0xFF, 0xFF, 0xFF, 0xFF, 0xFF, 0xFF, 0xFF,
0xFF, 0xFF, 0xFF, 0xFF, 0xFF, 0xFF, 0xFF, 0xFF, 0xFF, 0xFF, 0xFF, 0xFF, 0xFF, 0xFF, 0xFF, 0xFF,
0xFF, 0xFF, 0xFF, 0xFF, 0xFF, 0xFF, 0xFF, 0xFF, 0xFF, 0xFF, 0xFF, 0xFF, 0xFF, 0xFF, 0xFF, 0xFF,
0xFF, 0xFF, 0xFF, 0xFF, 0xFF, 0xFF, 0xFF, 0xFF, 0xFF, 0xFF, 0xFF, 0xFF, 0xFF, 0xFF, 0xFF, 0xFF,
0xFF, 0xFF, 0xFF, 0xFF, 0xFF, 0xFF, 0xFF, 0xFF, 0xFF, 0xFF, 0xFF, 0xFF, 0xFF, 0xFF, 0xFF, 0xFF,
0xFF, 0xFF, 0xFF, 0xFF, 0xFF, 0xFF, 0xFF, 0xFF, 0xFF, 0xFF, 0xFF, 0xFF, 0xFF, 0xFF, 0xFF, 0xFF,
0xFF, 0xFF, 0xFF, 0xFF, 0xFF, 0xFF, 0xFF, 0xFF, 0xFF, 0xFF, 0xFF, 0xFF, 0xFF, 0xFF, 0xFF, 0xFF,
0xFF, 0xFF, 0xFF, 0xFF, 0xFF, 0xFF, 0xFF, 0xFF, 0xFF, 0xFF, 0xFF, 0xFF, 0xFF, 0xFF, 0xFF, 0xFF,
0xFF, 0xFF, 0xFF, 0xFF, 0xFF, 0xFF, 0xFF, 0xFF, 0xFF, 0xFF, 0xFF, 0xFF, 0xFF, 0xFF, 0xFF, 0xFF,
0xFF, 0xFF, 0xFF, 0x00, 0x00, 0x00, 0x00, 0x00, 0x00, 0x80, 0x00, 0xFF, 0x80, 0x00, 0xFF, 0x80,
0x00, 0xFF, 0x80, 0x00, 0xFF, 0x00, 0x00, 0x00, 0x00, 0xFF, 0xFF, 0x00, 0xFF, 0xFF, 0x00, 0xFF,
0xFF, 0x00, 0xFF, 0xFF, 0x00, 0xFF, 0xFF, 0x00, 0xFF, 0xFF, 0x00, 0xFF, 0xFF, 0x00, 0xFF, 0xFF,
```

```
0x00, 0xFF, 0xFF, 0x00, 0xFF, 0xFF, 0x00, 0xFF, 0xFF, 0x00, 0xFF, 0xFF, 0x00, 0xFF, 0xFF, 0x00,
0xFF, 0xFF, 0x00, 0xFF, 0xFF, 0x00, 0xFF, 0xFF, 0x00, 0xFF, 0xFF, 0x00, 0xFF, 0xFF, 0x00, 0xFF,
0xFF, 0x00, 0xFF, 0xFF, 0x00, 0xFF, 0xFF, 0x00, 0xFF, 0xFF, 0x00, 0xFF, 0xFF, 0x00, 0xFF, 0xFF,
0x00, 0xFF, 0xFF, 0x00, 0xFF, 0xFF, 0x00, 0xFF, 0xFF, 0x00, 0xFF, 0xFF, 0x00, 0xFF, 0xFF, 0x00,
0xFF, 0xFF, 0x00, 0xFF, 0xFF, 0x00, 0xFF, 0xFF, 0x00, 0x00, 0x00, 0x00, 0xFF, 0x00, 0x00, 0xFF,
0x00, 0x00, 0xFF, 0x00, 0x00, 0xFF, 0x00, 0x00, 0xFF, 0x00, 0x00, 0xFF, 0x00, 0x00, 0xFF, 0x00,
0x00, 0xFF, 0x00, 0x00, 0xFF, 0x00, 0x00, 0xFF, 0x00, 0x00, 0xFF, 0x00, 0x00, 0xFF, 0x00, 0x00,
0xFF, 0x00, 0x00, 0xFF, 0x00, 0x00, 0xFF, 0x00, 0x00, 0xFF, 0x00, 0x00, 0xFF, 0x00, 0x00, 0xFF,
0x00, 0x00, 0xFF, 0x00, 0x00, 0xFF, 0x00, 0x00, 0xFF, 0x00, 0x00, 0xFF, 0x00, 0x00, 0xFF, 0x00,
0x00, 0xFF, 0x00, 0x00, 0xFF, 0x00, 0x00, 0xFF, 0x00, 0x00, 0xFF, 0x00, 0x00, 0xFF, 0x00, 0x00,
0xFF, 0x00, 0x00, 0xFF, 0x00, 0x00, 0xFF, 0x00, 0x00, 0xFF, 0x00, 0x00, 0xFF, 0x00, 0x00, 0xFF,
0x00, 0x00, 0xFF, 0x00, 0x00, 0x00, 0x00, 0xFF, 0x00, 0x00, 0xFF, 0x00, 0x00, 0xFF, 0x00, 0x00,
0xFF, 0x00, 0x00, 0xFF, 0x00, 0x00, 0xFF, 0x00, 0x00, 0xFF, 0x00, 0x00, 0xFF, 0x00, 0x00, 0xFF,
0x00, 0x00, 0xFF, 0x00, 0x00, 0xFF, 0x00, 0x00, 0xFF, 0x00, 0x00, 0xFF, 0x00, 0x00, 0xFF, 0x00,
0x00, 0xFF, 0x00, 0x00, 0xFF, 0x00, 0x00, 0xFF, 0x00, 0x00, 0xFF, 0x00, 0x00, 0x00, 0x00, 0x00,
0x00, 0x00, 0x00, 0x00, 0x00, 0x00, 0xFF, 0xFF, 0xFF, 0xFF, 0xFF, 0xFF, 0xFF, 0xFF, 0xFF, 0xFF,
0xFF, 0xFF, 0xFF, 0xFF, 0xFF, 0xFF, 0xFF, 0xFF, 0xFF, 0xFF, 0xFF, 0xFF, 0xFF, 0xFF, 0xFF, 0xFF,
0xFF, 0xFF, 0xFF, 0xFF, 0xFF, 0xFF, 0xFF, 0xFF, 0xFF, 0xFF, 0xFF, 0xFF, 0xFF, 0xFF, 0xFF, 0xFF,
0xFF, 0xFF, 0xFF, 0xFF, 0xFF, 0xFF, 0xFF, 0xFF, 0xFF, 0xFF, 0xFF, 0xFF, 0xFF, 0xFF, 0xFF, 0xFF,
0xFF, 0xFF, 0xFF, 0xFF, 0xFF, 0xFF, 0xFF, 0xFF, 0xFF, 0xFF, 0xFF, 0xFF, 0xFF, 0xFF, 0xFF, 0xFF,
0xFF, 0xFF, 0xFF, 0xFF, 0xFF, 0xFF, 0xFF, 0xFF, 0xFF, 0xFF, 0xFF, 0xFF, 0xFF, 0xFF, 0xFF, 0xFF,
0xFF, 0xFF, 0xFF, 0xFF, 0xFF, 0xFF, 0xFF, 0xFF, 0xFF, 0xFF, 0xFF, 0xFF, 0xFF, 0xFF, 0xFF, 0xFF,
0xFF, 0xFF, 0xFF, 0xFF, 0xFF, 0xFF, 0xFF, 0xFF, 0xFF, 0xFF, 0xFF, 0xFF, 0xFF, 0xFF, 0x00, 0x00,
0x00, 0x00, 0x00, 0x00, 0x00, 0x00, 0x00, 0x80, 0x00, 0xFF, 0x80, 0x00, 0xFF, 0x80, 0x00, 0xFF,
0x80, 0x00, 0xFF, 0x80, 0x00, 0xFF, 0x80, 0x00, 0xFF, 0x00, 0x00, 0x00, 0x00, 0xFF, 0xFF, 0x00,
0xFF, 0xFF, 0x00, 0xFF, 0xFF, 0x00, 0xFF, 0xFF, 0x00, 0xFF, 0xFF, 0x00, 0xFF, 0xFF, 0x00, 0xFF,
0xFF, 0x00, 0xFF, 0xFF, 0x00, 0xFF, 0xFF, 0x00, 0xFF, 0xFF, 0x00, 0xFF, 0xFF, 0x00, 0xFF, 0xFF,
0x00, 0xFF, 0xFF, 0x00, 0xFF, 0xFF, 0x00, 0xFF, 0xFF, 0x00, 0xFF, 0xFF, 0x00, 0xFF, 0xFF, 0x00,
0xFF, 0xFF, 0x00, 0xFF, 0xFF, 0x00, 0xFF, 0xFF, 0x00, 0xFF, 0xFF, 0x00, 0xFF, 0xFF, 0x00, 0xFF,
0xFF, 0x00, 0xFF, 0xFF, 0x00, 0xFF, 0xFF, 0x00, 0xFF, 0xFF, 0x00, 0xFF, 0xFF, 0x00, 0xFF, 0xFF,
0x00, 0xFF, 0xFF, 0x00, 0xFF, 0xFF, 0x00, 0xFF, 0xFF, 0x00, 0xFF, 0xFF, 0x00, 0x00, 0x00, 0x00,
0xFF, 0x00, 0x00, 0xFF, 0x00, 0x00, 0xFF, 0x00, 0x00, 0xFF, 0x00, 0x00, 0xFF, 0x00, 0x00, 0xFF,
0x00, 0x00, 0xFF, 0x00, 0x00, 0xFF, 0x00, 0x00, 0xFF, 0x00, 0x00, 0xFF, 0x00, 0x00, 0xFF, 0x00,
0x00, 0xFF, 0x00, 0x00, 0xFF, 0x00, 0x00, 0xFF, 0x00, 0x00, 0xFF, 0x00, 0x00, 0xFF, 0x00, 0x00,
0xFF, 0x00, 0x00, 0xFF, 0x00, 0x00, 0xFF, 0x00, 0x00, 0xFF, 0x00, 0x00, 0xFF, 0x00, 0x00, 0xFF,
0x00, 0x00, 0xFF, 0x00, 0x00, 0xFF, 0x00, 0x00, 0xFF, 0x00, 0x00, 0xFF, 0x00, 0x00, 0xFF, 0x00,
0x00, 0xFF, 0x00, 0x00, 0xFF, 0x00, 0x00, 0xFF, 0x00, 0x00, 0xFF, 0x00, 0x00, 0xFF, 0x00, 0x00,
0xFF, 0x00, 0x00, 0xFF, 0x00, 0x00, 0xFF, 0x00, 0x00, 0x00, 0x00, 0xFF, 0x00, 0x00, 0xFF, 0x00,
0x00, 0xFF, 0x00, 0x00, 0xFF, 0x00, 0x00, 0xFF, 0x00, 0x00, 0xFF, 0x00, 0x00, 0xFF, 0x00, 0x00,
```

```
0xFF, 0x00, 0x00, 0xFF, 0x00, 0x00, 0xFF, 0x00, 0x00, 0xFF, 0x00, 0x00, 0xFF, 0x00, 0x00, 0xFF,
0x00, 0x00, 0xFF, 0x00, 0x00, 0xFF, 0x00, 0x00, 0xFF, 0x00, 0x00, 0xFF, 0x00, 0x00, 0xFF, 0x00,
0x00, 0xFF, 0x00, 0x00, 0xFF, 0x00, 0x00, 0xFF, 0x00, 0x00, 0x00, 0x00, 0x00, 0x00, 0x00, 0x00,
0xFF, 0xFF, 0xFF, 0xFF, 0xFF, 0xFF, 0xFF, 0xFF, 0xFF, 0xFF, 0xFF, 0xFF, 0xFF, 0xFF, 0xFF, 0xFF,
0xFF, 0xFF, 0xFF, 0xFF, 0xFF, 0xFF, 0xFF, 0xFF, 0xFF, 0xFF, 0xFF, 0xFF, 0xFF, 0xFF, 0xFF, 0xFF,
0xFF, 0xFF, 0xFF, 0xFF, 0xFF, 0xFF, 0xFF, 0xFF, 0xFF, 0xFF, 0xFF, 0xFF, 0xFF, 0xFF, 0xFF, 0xFF,
0xFF, 0xFF, 0xFF, 0xFF, 0xFF, 0xFF, 0xFF, 0xFF, 0xFF, 0xFF, 0xFF, 0xFF, 0xFF, 0xFF, 0xFF, 0xFF,
0xFF, 0xFF, 0xFF, 0xFF, 0xFF, 0xFF, 0xFF, 0xFF, 0xFF, 0xFF, 0xFF, 0xFF, 0xFF, 0xFF, 0xFF, 0xFF,
0xFF, 0xFF, 0xFF, 0xFF, 0xFF, 0xFF, 0xFF, 0xFF, 0xFF, 0xFF, 0xFF, 0xFF, 0xFF, 0xFF, 0xFF, 0xFF,
0xFF, 0xFF, 0xFF, 0xFF, 0xFF, 0xFF, 0xFF, 0xFF, 0xFF, 0xFF, 0xFF, 0xFF, 0x00, 0x00, 0x00, 0x00,
0x00, 0x00, 0x80, 0x00, 0xFF, 0x80, 0x00, 0xFF, 0x80, 0x00, 0xFF, 0x80, 0x00, 0xFF, 0x80, 0x00,
0xFF, 0x80, 0x00, 0xFF, 0x80, 0x00, 0xFF, 0x80, 0x00, 0xFF, 0x80, 0x00, 0xFF, 0x00, 0x00, 0x00,
0x00, 0xFF, 0xFF, 0x00, 0xFF, 0xFF, 0x00, 0xFF, 0xFF, 0x00, 0xFF, 0xFF, 0x00, 0xFF, 0xFF, 0x00,
0xFF, 0xFF, 0x00, 0xFF, 0xFF, 0x00, 0xFF, 0xFF, 0x00, 0xFF, 0xFF, 0x00, 0xFF, 0xFF, 0x00, 0xFF,
0xFF, 0x00, 0xFF, 0xFF, 0x00, 0xFF, 0xFF, 0x00, 0xFF, 0xFF, 0x00, 0xFF, 0xFF, 0x00, 0xFF, 0xFF,
0x00, 0xFF, 0xFF, 0x00, 0xFF, 0xFF, 0x00, 0xFF, 0xFF, 0x00, 0xFF, 0xFF, 0x00, 0xFF, 0xFF, 0x00,
0xFF, 0xFF, 0x00, 0xFF, 0xFF, 0x00, 0xFF, 0xFF, 0x00, 0xFF, 0xFF, 0x00, 0xFF, 0xFF, 0x00, 0xFF,
0xFF, 0x00, 0xFF, 0xFF, 0x00, 0xFF, 0xFF, 0x00, 0xFF, 0xFF, 0x00, 0xFF, 0xFF, 0x00, 0xFF, 0xFF,
0x00, 0x00, 0x00, 0x00, 0xFF, 0x00, 0x00, 0xFF, 0x00, 0x00, 0xFF, 0x00, 0x00, 0xFF, 0x00, 0x00,
0xFF, 0x00, 0x00, 0xFF, 0x00, 0x00, 0xFF, 0x00, 0x00, 0xFF, 0x00, 0x00, 0xFF, 0x00, 0x00, 0xFF,
0x00, 0x00, 0xFF, 0x00, 0x00, 0xFF, 0x00, 0x00, 0xFF, 0x00, 0x00, 0xFF, 0x00, 0x00, 0xFF, 0x00,
0x00, 0xFF, 0x00, 0x00, 0xFF, 0x00, 0x00, 0xFF, 0x00, 0x00, 0xFF, 0x00, 0x00, 0xFF, 0x00, 0x00,
0xFF, 0x00, 0x00, 0xFF, 0x00, 0x00, 0xFF, 0x00, 0x00, 0xFF, 0x00, 0x00, 0xFF, 0x00, 0x00, 0xFF,
0x00, 0x00, 0xFF, 0x00, 0x00, 0xFF, 0x00, 0x00, 0xFF, 0x00, 0x00, 0xFF, 0x00, 0x00, 0xFF, 0x00,
0x00, 0xFF, 0x00, 0x00, 0xFF, 0x00, 0x00, 0xFF, 0x00, 0x00, 0xFF, 0x00, 0x00, 0x00, 0x00, 0xFF,
0x00, 0x00, 0xFF, 0x00, 0x00, 0xFF, 0x00, 0x00, 0xFF, 0x00, 0x00, 0xFF, 0x00, 0x00, 0xFF, 0x00,
0x00, 0xFF, 0x00, 0x00, 0xFF, 0x00, 0x00, 0xFF, 0x00, 0x00, 0xFF, 0x00, 0x00, 0xFF, 0x00, 0x00,
0xFF, 0x00, 0x00, 0xFF, 0x00, 0x00, 0xFF, 0x00, 0x00, 0xFF, 0x00, 0x00, 0xFF, 0x00, 0x00, 0xFF,
0x00, 0x00, 0xFF, 0x00, 0x00, 0xFF, 0x00, 0x00, 0xFF, 0x00, 0x00, 0xFF, 0x00, 0x00, 0xFF, 0x00,
0x00, 0xFF, 0x00, 0x00, 0x00, 0x00, 0x00, 0x00, 0x00, 0x00, 0xFF, 0xFF, 0xFF, 0xFF, 0xFF, 0xFF,
0xFF, 0xFF, 0xFF, 0xFF, 0xFF, 0xFF, 0xFF, 0xFF, 0xFF, 0xFF, 0xFF, 0xFF, 0xFF, 0xFF, 0xFF, 0xFF,
0xFF, 0xFF, 0xFF, 0xFF, 0xFF, 0xFF, 0xFF, 0xFF, 0xFF, 0xFF, 0xFF, 0xFF, 0xFF, 0xFF, 0xFF, 0xFF,
0xFF, 0xFF, 0xFF, 0xFF, 0xFF, 0xFF, 0xFF, 0xFF, 0xFF, 0xFF, 0xFF, 0xFF, 0xFF, 0xFF, 0xFF, 0xFF,
0xFF, 0xFF, 0xFF, 0xFF, 0xFF, 0xFF, 0xFF, 0xFF, 0xFF, 0xFF, 0xFF, 0xFF, 0xFF, 0xFF, 0xFF, 0xFF,
0xFF, 0xFF, 0xFF, 0xFF, 0xFF, 0xFF, 0xFF, 0xFF, 0xFF, 0xFF, 0xFF, 0xFF, 0xFF, 0xFF, 0xFF, 0xFF,
0xFF, 0xFF, 0xFF, 0xFF, 0xFF, 0xFF, 0xFF, 0xFF, 0xFF, 0xFF, 0x00, 0x00, 0x00, 0x00, 0x00, 0x00,
0x80, 0x00, 0xFF, 0x80, 0x00, 0xFF, 0x80, 0x00, 0xFF, 0x80, 0x00, 0xFF, 0x80, 0x00, 0xFF, 0x80,
0x00, 0xFF, 0x80, 0x00, 0xFF, 0x80, 0x00, 0xFF, 0x80, 0x00, 0xFF, 0x80, 0x00, 0xFF, 0x80, 0x00,
0xFF, 0x00, 0x00, 0x00, 0x00, 0xFF, 0xFF, 0x00, 0xFF, 0xFF, 0x00, 0xFF, 0xFF, 0x00, 0xFF, 0xFF,
```

```
0x00, 0xFF, 0xFF, 0x00, 0xFF, 0xFF, 0x00, 0xFF, 0xFF, 0x00, 0xFF, 0xFF, 0x00, 0xFF, 0xFF, 0x00,
0xFF, 0xFF, 0x00, 0xFF, 0xFF, 0x00, 0xFF, 0xFF, 0x00, 0xFF, 0xFF, 0x00, 0xFF, 0xFF, 0x00, 0xFF,
0xFF, 0x00, 0xFF, 0xFF, 0x00, 0xFF, 0xFF, 0x00, 0xFF, 0xFF, 0x00, 0xFF, 0xFF, 0x00, 0xFF, 0xFF,
0x00, 0xFF, 0xFF, 0x00, 0xFF, 0xFF, 0x00, 0xFF, 0xFF, 0x00, 0xFF, 0xFF, 0x00, 0xFF, 0xFF, 0x00,
0xFF, 0xFF, 0x00, 0xFF, 0xFF, 0x00, 0xFF, 0xFF, 0x00, 0xFF, 0xFF, 0x00, 0xFF, 0xFF, 0x00, 0xFF,
0xFF, 0x00, 0xFF, 0xFF, 0x00, 0x00, 0x00, 0x00, 0xFF, 0x00, 0x00, 0xFF, 0x00, 0x00, 0xFF, 0x00,
0x00, 0xFF, 0x00, 0x00, 0xFF, 0x00, 0x00, 0xFF, 0x00, 0x00, 0xFF, 0x00, 0x00, 0xFF, 0x00, 0x00,
0xFF, 0x00, 0x00, 0xFF, 0x00, 0x00, 0xFF, 0x00, 0x00, 0xFF, 0x00, 0x00, 0xFF, 0x00, 0x00, 0xFF,
0x00, 0x00, 0xFF, 0x00, 0x00, 0xFF, 0x00, 0x00, 0xFF, 0x00, 0x00, 0xFF, 0x00, 0x00, 0xFF, 0x00,
0x00, 0xFF, 0x00, 0x00, 0xFF, 0x00, 0x00, 0xFF, 0x00, 0x00, 0xFF, 0x00, 0x00, 0xFF, 0x00, 0x00,
0xFF, 0x00, 0x00, 0xFF, 0x00, 0x00, 0xFF, 0x00, 0x00, 0xFF, 0x00, 0x00, 0xFF, 0x00, 0x00, 0xFF,
0x00, 0x00, 0xFF, 0x00, 0x00, 0xFF, 0x00, 0x00, 0xFF, 0x00, 0x00, 0xFF, 0x00, 0x00, 0xFF, 0x00,
0x00, 0x00, 0x00, 0xFF, 0x00, 0x00, 0xFF, 0x00, 0x00, 0xFF, 0x00, 0x00, 0xFF, 0x00, 0x00, 0xFF,
0x00, 0x00, 0xFF, 0x00, 0x00, 0xFF, 0x00, 0x00, 0xFF, 0x00, 0x00, 0xFF, 0x00, 0x00, 0xFF, 0x00,
0x00, 0xFF, 0x00, 0x00, 0xFF, 0x00, 0x00, 0xFF, 0x00, 0x00, 0xFF, 0x00, 0x00, 0xFF, 0x00, 0x00,
0xFF, 0x00, 0x00, 0xFF, 0x00, 0x00, 0xFF, 0x00, 0x00, 0xFF, 0x00, 0x00, 0xFF, 0x00, 0x00, 0xFF,
0x00, 0x00, 0xFF, 0x00, 0x00, 0xFF, 0x00, 0x00, 0xFF, 0x00, 0x00, 0xFF, 0x00, 0x00, 0x00, 0x00,
0x00, 0x00, 0x00, 0x00, 0xFF, 0xFF, 0xFF, 0xFF, 0xFF, 0xFF, 0xFF, 0xFF, 0xFF, 0xFF, 0xFF, 0xFF,
0xFF, 0xFF, 0xFF, 0xFF, 0xFF, 0xFF, 0xFF, 0xFF, 0xFF, 0xFF, 0xFF, 0xFF, 0xFF, 0xFF, 0xFF, 0xFF,
0xFF, 0xFF, 0xFF, 0xFF, 0xFF, 0xFF, 0xFF, 0xFF, 0xFF, 0xFF, 0xFF, 0xFF, 0xFF, 0xFF, 0xFF, 0xFF,
0xFF, 0xFF, 0xFF, 0xFF, 0xFF, 0xFF, 0xFF, 0xFF, 0xFF, 0xFF, 0xFF, 0xFF, 0xFF, 0xFF, 0xFF, 0xFF,
0xFF, 0xFF, 0xFF, 0xFF, 0xFF, 0xFF, 0xFF, 0xFF, 0xFF, 0xFF, 0xFF, 0xFF, 0xFF, 0xFF, 0xFF, 0xFF,
0xFF, 0xFF, 0xFF, 0xFF, 0xFF, 0xFF, 0xFF, 0xFF, 0x00, 0x00, 0x00, 0x00, 0x00, 0x00, 0x80, 0x00,
0xFF, 0x80, 0x00, 0xFF, 0x80, 0x00, 0xFF, 0x80, 0x00, 0xFF, 0x80, 0x00, 0xFF, 0x80, 0x00, 0xFF,
0x80, 0x00, 0xFF, 0x80, 0x00, 0xFF, 0x80, 0x00, 0xFF, 0x80, 0x00, 0xFF, 0x80, 0x00, 0xFF, 0x80,
0x00, 0xFF, 0x80, 0x00, 0xFF, 0x00, 0x00, 0x00, 0x00, 0xFF, 0xFF, 0x00, 0xFF, 0xFF, 0x00, 0xFF,
0xFF, 0x00, 0xFF, 0xFF, 0x00, 0xFF, 0xFF, 0x00, 0xFF, 0xFF, 0x00, 0xFF, 0xFF, 0x00, 0xFF, 0xFF,
0x00, 0xFF, 0xFF, 0x00, 0xFF, 0xFF, 0x00, 0xFF, 0xFF, 0x00, 0xFF, 0xFF, 0x00, 0xFF, 0xFF, 0x00,
0xFF, 0xFF, 0x00, 0xFF, 0xFF, 0x00, 0xFF, 0xFF, 0x00, 0xFF, 0xFF, 0x00, 0xFF, 0xFF, 0x00, 0xFF,
0xFF, 0x00, 0xFF, 0xFF, 0x00, 0xFF, 0xFF, 0x00, 0xFF, 0xFF, 0x00, 0xFF, 0xFF, 0x00, 0xFF, 0xFF,
0x00, 0xFF, 0xFF, 0x00, 0xFF, 0xFF, 0x00, 0xFF, 0xFF, 0x00, 0xFF, 0xFF, 0x00, 0xFF, 0xFF, 0x00,
0xFF, 0xFF, 0x00, 0xFF, 0xFF, 0x00, 0xFF, 0xFF, 0x00, 0x00, 0x00, 0x00, 0xFF, 0x00, 0x00, 0xFF,
0x00, 0x00, 0xFF, 0x00, 0x00, 0xFF, 0x00, 0x00, 0xFF, 0x00, 0x00, 0xFF, 0x00, 0x00, 0xFF, 0x00,
0x00, 0xFF, 0x00, 0x00, 0xFF, 0x00, 0x00, 0xFF, 0x00, 0x00, 0xFF, 0x00, 0x00, 0xFF, 0x00, 0x00,
0xFF, 0x00, 0x00, 0xFF, 0x00, 0x00, 0xFF, 0x00, 0x00, 0xFF, 0x00, 0x00, 0xFF, 0x00, 0x00, 0xFF,
0x00, 0x00, 0xFF, 0x00, 0x00, 0xFF, 0x00, 0x00, 0xFF, 0x00, 0x00, 0xFF, 0x00, 0x00, 0xFF, 0x00,
0x00, 0xFF, 0x00, 0x00, 0xFF, 0x00, 0x00, 0xFF, 0x00, 0x00, 0xFF, 0x00, 0x00, 0xFF, 0x00, 0x00,
0xFF, 0x00, 0x00, 0xFF, 0x00, 0x00, 0xFF, 0x00, 0x00, 0xFF, 0x00, 0x00, 0xFF, 0x00, 0x00, 0xFF,
0x00, 0x00, 0xFF, 0x00, 0x00, 0x00, 0x00, 0xFF, 0x00, 0x00, 0xFF, 0x00, 0x00, 0xFF, 0x00, 0x00,
```

```
0xFF, 0x00, 0x00, 0xFF, 0x00, 0x00, 0xFF, 0x00, 0x00, 0xFF, 0x00, 0x00, 0xFF, 0x00, 0x00, 0xFF,
0x00, 0x00, 0xFF, 0x00, 0x00, 0xFF, 0x00, 0x00, 0xFF, 0x00, 0x00, 0xFF, 0x00, 0x00, 0xFF, 0x00,
0x00, 0xFF, 0x00, 0x00, 0xFF, 0x00, 0x00, 0xFF, 0x00, 0x00, 0xFF, 0x00, 0x00, 0xFF, 0x00, 0x00,
0xFF, 0x00, 0x00, 0xFF, 0x00, 0x00, 0xFF, 0x00, 0x00, 0xFF, 0x00, 0x00, 0xFF, 0x00, 0x00, 0xFF,
0x00, 0x00, 0xFF, 0x00, 0x00, 0xFF, 0x00, 0x00, 0x00, 0x00, 0x00, 0x00, 0x00, 0x00, 0xFF, 0xFF,
0xFF, 0xFF, 0xFF, 0xFF, 0xFF, 0xFF, 0xFF, 0xFF, 0xFF, 0xFF, 0xFF, 0xFF, 0xFF, 0xFF, 0xFF, 0xFF,
0xFF, 0xFF, 0xFF, 0xFF, 0xFF, 0xFF, 0xFF, 0xFF, 0xFF, 0xFF, 0xFF, 0xFF, 0xFF, 0xFF, 0xFF, 0xFF,
0xFF, 0xFF, 0xFF, 0xFF, 0xFF, 0xFF, 0xFF, 0xFF, 0xFF, 0xFF, 0xFF, 0xFF, 0xFF, 0xFF, 0xFF, 0xFF,
0xFF, 0xFF, 0xFF, 0xFF, 0xFF, 0xFF, 0xFF, 0xFF, 0xFF, 0xFF, 0xFF, 0xFF, 0xFF, 0xFF, 0xFF, 0xFF,
0xFF, 0xFF, 0xFF, 0xFF, 0xFF, 0xFF, 0xFF, 0xFF, 0xFF, 0x00, 0x00, 0x00, 0x80, 0x00, 0xFF, 0x80,
0x00, 0xFF, 0x80, 0x00, 0xFF, 0x80, 0x00, 0xFF, 0x80, 0x00, 0xFF, 0x80, 0x00, 0xFF, 0x80, 0x00,
0xFF, 0x80, 0x00, 0xFF, 0x80, 0x00, 0xFF, 0x80, 0x00, 0xFF, 0x80, 0x00, 0xFF, 0x80, 0x00, 0xFF,
0x80, 0x00, 0xFF, 0x80, 0x00, 0xFF, 0x80, 0x00, 0xFF, 0x00, 0x00, 0x00, 0x00, 0xFF, 0xFF, 0x00,
0xFF, 0xFF, 0x00, 0xFF, 0xFF, 0x00, 0xFF, 0xFF, 0x00, 0xFF, 0xFF, 0x00, 0xFF, 0xFF, 0x00, 0xFF,
0xFF, 0x00, 0xFF, 0xFF, 0x00, 0xFF, 0xFF, 0x00, 0xFF, 0xFF, 0x00, 0xFF, 0xFF, 0x00, 0xFF, 0xFF,
0x00, 0xFF, 0xFF, 0x00, 0xFF, 0xFF, 0x00, 0xFF, 0xFF, 0x00, 0xFF, 0xFF, 0x00, 0xFF, 0xFF, 0x00,
0xFF, 0xFF, 0x00, 0xFF, 0xFF, 0x00, 0xFF, 0xFF, 0x00, 0xFF, 0xFF, 0x00, 0xFF, 0xFF, 0x00, 0xFF,
0xFF, 0x00, 0xFF, 0xFF, 0x00, 0xFF, 0xFF, 0x00, 0xFF, 0xFF, 0x00, 0xFF, 0xFF, 0x00, 0xFF, 0xFF,
0x00, 0xFF, 0xFF, 0x00, 0xFF, 0xFF, 0x00, 0xFF, 0xFF, 0x00, 0xFF, 0xFF, 0x00, 0x00, 0x00, 0x00,
0xFF, 0x00, 0x00, 0xFF, 0x00, 0x00, 0xFF, 0x00, 0x00, 0xFF, 0x00, 0x00, 0xFF, 0x00, 0x00, 0xFF,
0x00, 0x00, 0xFF, 0x00, 0x00, 0xFF, 0x00, 0x00, 0xFF, 0x00, 0x00, 0xFF, 0x00, 0x00, 0xFF, 0x00,
0x00, 0xFF, 0x00, 0x00, 0xFF, 0x00, 0x00, 0xFF, 0x00, 0x00, 0xFF, 0x00, 0x00, 0xFF, 0x00, 0x00,
0xFF, 0x00, 0x00, 0xFF, 0x00, 0x00, 0xFF, 0x00, 0x00, 0xFF, 0x00, 0x00, 0xFF, 0x00, 0x00, 0xFF,
0x00, 0x00, 0xFF, 0x00, 0x00, 0xFF, 0x00, 0x00, 0xFF, 0x00, 0x00, 0xFF, 0x00, 0x00, 0xFF, 0x00,
0x00, 0xFF, 0x00, 0x00, 0xFF, 0x00, 0x00, 0xFF, 0x00, 0x00, 0xFF, 0x00, 0x00, 0xFF, 0x00, 0x00,
0xFF, 0x00, 0x00, 0xFF, 0x00, 0x00, 0xFF, 0x00, 0x00, 0x00, 0x00, 0xFF, 0x00, 0x00, 0xFF, 0x00,
0x00, 0xFF, 0x00, 0x00, 0xFF, 0x00, 0x00, 0xFF, 0x00, 0x00, 0xFF, 0x00, 0x00, 0xFF, 0x00, 0x00,
0xFF, 0x00, 0x00, 0xFF, 0x00, 0x00, 0xFF, 0x00, 0x00, 0xFF, 0x00, 0x00, 0xFF, 0x00, 0x00, 0xFF,
0x00, 0x00, 0xFF, 0x00, 0x00, 0xFF, 0x00, 0x00, 0xFF, 0x00, 0x00, 0xFF, 0x00, 0x00, 0xFF, 0x00,
0x00, 0xFF, 0x00, 0x00, 0xFF, 0x00, 0x00, 0xFF, 0x00, 0x00, 0xFF, 0x00, 0x00, 0xFF, 0x00, 0x00,
0xFF, 0x00, 0x00, 0xFF, 0x00, 0x00, 0xFF, 0x00, 0x00, 0xFF, 0x00, 0x00, 0xFF, 0x00, 0x00, 0xFF,
0x00, 0x00, 0x00, 0x00, 0x00, 0xFF, 0xFF, 0xFF, 0xFF, 0xFF, 0xFF, 0xFF, 0xFF, 0xFF, 0xFF, 0xFF,
0xFF, 0xFF, 0xFF, 0xFF, 0xFF, 0xFF, 0xFF, 0xFF, 0xFF, 0xFF, 0xFF, 0xFF, 0xFF, 0xFF, 0xFF, 0xFF,
0xFF, 0xFF, 0xFF, 0xFF, 0xFF, 0xFF, 0xFF, 0xFF, 0xFF, 0xFF, 0xFF, 0xFF, 0xFF, 0xFF, 0xFF, 0xFF,
0xFF, 0xFF, 0xFF, 0xFF, 0xFF, 0xFF, 0xFF, 0xFF, 0xFF, 0xFF, 0xFF, 0xFF, 0xFF, 0xFF, 0xFF, 0xFF,
0xFF, 0xFF, 0xFF, 0xFF, 0xFF, 0xFF, 0xFF, 0x00, 0x00, 0x00, 0x00, 0x00, 0x00, 0x80, 0x00, 0xFF,
0x80, 0x00, 0xFF, 0x80, 0x00, 0xFF, 0x80, 0x00, 0xFF, 0x80, 0x00, 0xFF, 0x80, 0x00, 0xFF, 0x80,
0x00, 0xFF, 0x80, 0x00, 0xFF, 0x80, 0x00, 0xFF, 0x80, 0x00, 0xFF, 0x80, 0x00, 0xFF, 0x80, 0x00,
0xFF, 0x80, 0x00, 0xFF, 0x80, 0x00, 0xFF, 0x80, 0x00, 0xFF, 0x80, 0x00, 0xFF, 0x00, 0x00, 0x00,
```

```
0x00, 0xFF, 0xFF, 0x00, 0xFF, 0xFF, 0x00, 0xFF, 0xFF, 0x00, 0xFF, 0xFF, 0x00, 0xFF, 0xFF, 0x00,
0xFF, 0xFF, 0x00, 0xFF, 0xFF, 0x00, 0xFF, 0xFF, 0x00, 0xFF, 0xFF, 0x00, 0xFF, 0xFF, 0x00, 0xFF,
0xFF, 0x00, 0xFF, 0xFF, 0x00, 0xFF, 0xFF, 0x00, 0xFF, 0xFF, 0x00, 0xFF, 0xFF, 0x00, 0xFF, 0xFF,
0x00, 0xFF, 0xFF, 0x00, 0xFF, 0xFF, 0x00, 0xFF, 0xFF, 0x00, 0xFF, 0xFF, 0x00, 0xFF, 0xFF, 0x00,
0xFF, 0xFF, 0x00, 0xFF, 0xFF, 0x00, 0xFF, 0xFF, 0x00, 0xFF, 0xFF, 0x00, 0xFF, 0xFF, 0x00, 0xFF,
0xFF, 0x00, 0xFF, 0xFF, 0x00, 0xFF, 0xFF, 0x00, 0xFF, 0xFF, 0x00, 0xFF, 0xFF, 0x00, 0xFF, 0xFF,
0x00, 0x00, 0x00, 0x00, 0xFF, 0x00, 0x00, 0xFF, 0x00, 0x00, 0xFF, 0x00, 0x00, 0xFF, 0x00, 0x00,
0xFF, 0x00, 0x00, 0xFF, 0x00, 0x00, 0xFF, 0x00, 0x00, 0xFF, 0x00, 0x00, 0xFF, 0x00, 0x00, 0xFF,
0x00, 0x00, 0xFF, 0x00, 0x00, 0xFF, 0x00, 0x00, 0xFF, 0x00, 0x00, 0xFF, 0x00, 0x00, 0xFF, 0x00,
0x00, 0xFF, 0x00, 0x00, 0xFF, 0x00, 0x00, 0xFF, 0x00, 0x00, 0xFF, 0x00, 0x00, 0xFF, 0x00, 0x00,
0xFF, 0x00, 0x00, 0xFF, 0x00, 0x00, 0xFF, 0x00, 0x00, 0xFF, 0x00, 0x00, 0xFF, 0x00, 0x00, 0xFF,
0x00, 0x00, 0xFF, 0x00, 0x00, 0xFF, 0x00, 0x00, 0xFF, 0x00, 0x00, 0xFF, 0x00, 0x00, 0xFF, 0x00,
0x00, 0xFF, 0x00, 0x00, 0xFF, 0x00, 0x00, 0xFF, 0x00, 0x00, 0xFF, 0x00, 0x00, 0x00, 0x00, 0xFF,
0x00, 0x00, 0xFF, 0x00, 0x00, 0xFF, 0x00, 0x00, 0xFF, 0x00, 0x00, 0xFF, 0x00, 0x00, 0xFF, 0x00,
0x00, 0xFF, 0x00, 0x00, 0xFF, 0x00, 0x00, 0xFF, 0x00, 0x00, 0xFF, 0x00, 0x00, 0xFF, 0x00, 0x00,
0xFF, 0x00, 0x00, 0xFF, 0x00, 0x00, 0xFF, 0x00, 0x00, 0xFF, 0x00, 0x00, 0xFF, 0x00, 0x00, 0xFF,
0x00, 0x00, 0xFF, 0x00, 0x00, 0xFF, 0x00, 0x00, 0xFF, 0x00, 0x00, 0xFF, 0x00, 0x00, 0xFF, 0x00,
0x00, 0xFF, 0x00, 0x00, 0xFF, 0x00, 0x00, 0xFF, 0x00, 0x00, 0xFF, 0x00, 0x00, 0xFF, 0x00, 0x00,
0xFF, 0x00, 0x00, 0xFF, 0x00, 0x00, 0xFF, 0x00, 0x00, 0x00, 0x00, 0x00, 0x00, 0x00, 0x00, 0xFF,
0xFF, 0xFF, 0xFF, 0xFF, 0xFF, 0xFF, 0xFF, 0xFF, 0xFF, 0xFF, 0xFF, 0xFF, 0xFF, 0xFF, 0xFF, 0xFF,
0xFF, 0xFF, 0xFF, 0xFF, 0xFF, 0xFF, 0xFF, 0xFF, 0xFF, 0xFF, 0xFF, 0xFF, 0xFF, 0xFF, 0xFF, 0xFF,
0xFF, 0xFF, 0xFF, 0xFF, 0xFF, 0xFF, 0xFF, 0xFF, 0xFF, 0xFF, 0xFF, 0xFF, 0xFF, 0xFF, 0xFF, 0xFF,
0xFF, 0xFF, 0xFF, 0xFF, 0xFF, 0xFF, 0xFF, 0xFF, 0x00, 0x00, 0x00, 0x80, 0x00, 0xFF, 0x80, 0x00,
0xFF, 0x80, 0x00, 0xFF, 0x80, 0x00, 0xFF, 0x80, 0x00, 0xFF, 0x80, 0x00, 0xFF, 0x80, 0x00, 0xFF,
0x80, 0x00, 0xFF, 0x80, 0x00, 0xFF, 0x80, 0x00, 0xFF, 0x80, 0x00, 0xFF, 0x80, 0x00, 0xFF, 0x80,
0x00, 0xFF, 0x80, 0x00, 0xFF, 0x80, 0x00, 0xFF, 0x80, 0x00, 0xFF, 0x80, 0x00, 0xFF, 0x80, 0x00,
0xFF, 0x00, 0x00, 0x00, 0x00, 0xFF, 0xFF, 0x00, 0xFF, 0xFF, 0x00, 0xFF, 0xFF, 0x00, 0xFF, 0xFF,
0x00, 0xFF, 0xFF, 0x00, 0xFF, 0xFF, 0x00, 0xFF, 0xFF, 0x00, 0xFF, 0xFF, 0x00, 0xFF, 0xFF, 0x00,
0xFF, 0xFF, 0x00, 0xFF, 0xFF, 0x00, 0xFF, 0xFF, 0x00, 0xFF, 0xFF, 0x00, 0xFF, 0xFF, 0x00, 0xFF,
0xFF, 0x00, 0xFF, 0xFF, 0x00, 0xFF, 0xFF, 0x00, 0xFF, 0xFF, 0x00, 0xFF, 0xFF, 0x00, 0xFF, 0xFF,
0x00, 0xFF, 0xFF, 0x00, 0xFF, 0xFF, 0x00, 0xFF, 0xFF, 0x00, 0xFF, 0xFF, 0x00, 0xFF, 0xFF, 0x00,
0xFF, 0xFF, 0x00, 0xFF, 0xFF, 0x00, 0xFF, 0xFF, 0x00, 0xFF, 0xFF, 0x00, 0xFF, 0xFF, 0x00, 0xFF,
0xFF, 0x00, 0xFF, 0xFF, 0x00, 0x00, 0x00, 0x00, 0xFF, 0x00, 0x00, 0xFF, 0x00, 0x00, 0xFF, 0x00,
0x00, 0xFF, 0x00, 0x00, 0xFF, 0x00, 0x00, 0xFF, 0x00, 0x00, 0xFF, 0x00, 0x00, 0xFF, 0x00, 0x00,
0xFF, 0x00, 0x00, 0xFF, 0x00, 0x00, 0xFF, 0x00, 0x00, 0xFF, 0x00, 0x00, 0xFF, 0x00, 0x00, 0xFF,
0x00, 0x00, 0xFF, 0x00, 0x00, 0xFF, 0x00, 0x00, 0xFF, 0x00, 0x00, 0xFF, 0x00, 0x00, 0xFF, 0x00,
0x00, 0xFF, 0x00, 0x00, 0xFF, 0x00, 0x00, 0xFF, 0x00, 0x00, 0xFF, 0x00, 0x00, 0xFF, 0x00, 0x00,
0xFF, 0x00, 0x00, 0xFF, 0x00, 0x00, 0xFF, 0x00, 0x00, 0xFF, 0x00, 0x00, 0xFF, 0x00, 0x00, 0xFF,
0x00, 0x00, 0xFF, 0x00, 0x00, 0xFF, 0x00, 0x00, 0xFF, 0x00, 0x00, 0xFF, 0x00, 0x00, 0xFF, 0x00,
```

```
0x00, 0x00, 0x00, 0xFF, 0x00, 0x00, 0xFF, 0x00, 0x00, 0xFF, 0x00, 0x00, 0xFF, 0x00, 0x00, 0xFF,
0x00, 0x00, 0xFF, 0x00, 0x00, 0xFF, 0x00, 0x00, 0xFF, 0x00, 0x00, 0xFF, 0x00, 0x00, 0xFF, 0x00,
0x00, 0xFF, 0x00, 0x00, 0xFF, 0x00, 0x00, 0xFF, 0x00, 0x00, 0xFF, 0x00, 0x00, 0xFF, 0x00, 0x00,
0xFF, 0x00, 0x00, 0xFF, 0x00, 0x00, 0xFF, 0x00, 0x00, 0xFF, 0x00, 0x00, 0xFF, 0x00, 0x00, 0xFF,
0x00, 0x00, 0xFF, 0x00, 0x00, 0xFF, 0x00, 0x00, 0xFF, 0x00, 0x00, 0xFF, 0x00, 0x00, 0xFF, 0x00,
0x00, 0xFF, 0x00, 0x00, 0xFF, 0x00, 0x00, 0xFF, 0x00, 0x00, 0xFF, 0x00, 0x00, 0xFF, 0x00, 0x00,
0xFF, 0x00, 0x00, 0x00, 0x00, 0x00, 0xFF, 0xFF, 0xFF, 0xFF, 0xFF, 0xFF, 0xFF, 0xFF, 0xFF, 0xFF,
0xFF, 0xFF, 0xFF, 0xFF, 0xFF, 0xFF, 0xFF, 0xFF, 0xFF, 0xFF, 0xFF, 0xFF, 0xFF, 0xFF, 0xFF, 0xFF,
0xFF, 0xFF, 0xFF, 0xFF, 0xFF, 0xFF, 0xFF, 0xFF, 0xFF, 0xFF, 0xFF, 0xFF, 0xFF, 0xFF, 0xFF, 0xFF,
0xFF, 0xFF, 0xFF, 0xFF, 0xFF, 0xFF, 0xFF, 0xFF, 0xFF, 0x00, 0x00, 0x00, 0x80, 0x00, 0xFF, 0x80,
0x00, 0xFF, 0x80, 0x00, 0xFF, 0x80, 0x00, 0xFF, 0x80, 0x00, 0xFF, 0x80, 0x00, 0xFF, 0x80, 0x00,
0xFF, 0x80, 0x00, 0xFF, 0x80, 0x00, 0xFF, 0x80, 0x00, 0xFF, 0x80, 0x00, 0xFF, 0x80, 0x00, 0xFF,
0x80, 0x00, 0xFF, 0x80, 0x00, 0xFF, 0x80, 0x00, 0xFF, 0x80, 0x00, 0xFF, 0x80, 0x00, 0xFF, 0x80,
0x00, 0xFF, 0x80, 0x00, 0xFF, 0x00, 0x00, 0x00, 0x00, 0xFF, 0xFF, 0x00, 0xFF, 0xFF, 0x00, 0xFF,
0xFF, 0x00, 0xFF, 0xFF, 0x00, 0xFF, 0xFF, 0x00, 0xFF, 0xFF, 0x00, 0xFF, 0xFF, 0x00, 0xFF, 0xFF,
0x00, 0xFF, 0xFF, 0x00, 0xFF, 0xFF, 0x00, 0xFF, 0xFF, 0x00, 0xFF, 0xFF, 0x00, 0xFF, 0xFF, 0x00,
0xFF, 0xFF, 0x00, 0xFF, 0xFF, 0x00, 0xFF, 0xFF, 0x00, 0xFF, 0xFF, 0x00, 0xFF, 0xFF, 0x00, 0xFF,
0xFF, 0x00, 0xFF, 0xFF, 0x00, 0xFF, 0xFF, 0x00, 0xFF, 0xFF, 0x00, 0xFF, 0xFF, 0x00, 0xFF, 0xFF,
0x00, 0xFF, 0xFF, 0x00, 0xFF, 0xFF, 0x00, 0xFF, 0xFF, 0x00, 0xFF, 0xFF, 0x00, 0xFF, 0xFF, 0x00,
0xFF, 0xFF, 0x00, 0xFF, 0xFF, 0x00, 0xFF, 0xFF, 0x00, 0x00, 0x00, 0x00, 0xFF, 0x00, 0x00, 0xFF,
0x00, 0x00, 0xFF, 0x00, 0x00, 0xFF, 0x00, 0x00, 0xFF, 0x00, 0x00, 0xFF, 0x00, 0x00, 0xFF, 0x00,
0x00, 0xFF, 0x00, 0x00, 0xFF, 0x00, 0x00, 0xFF, 0x00, 0x00, 0xFF, 0x00, 0x00, 0xFF, 0x00, 0x00,
0xFF, 0x00, 0x00, 0xFF, 0x00, 0x00, 0xFF, 0x00, 0x00, 0xFF, 0x00, 0x00, 0xFF, 0x00, 0x00, 0xFF,
0x00, 0x00, 0xFF, 0x00, 0x00, 0xFF, 0x00, 0x00, 0xFF, 0x00, 0x00, 0xFF, 0x00, 0x00, 0xFF, 0x00,
0x00, 0xFF, 0x00, 0x00, 0xFF, 0x00, 0x00, 0xFF, 0x00, 0x00, 0xFF, 0x00, 0x00, 0xFF, 0x00, 0x00,
0xFF, 0x00, 0x00, 0xFF, 0x00, 0x00, 0xFF, 0x00, 0x00, 0xFF, 0x00, 0x00, 0xFF, 0x00, 0x00, 0xFF,
0x00, 0x00, 0xFF, 0x00, 0x00, 0x00, 0x00, 0xFF, 0x00, 0x00, 0xFF, 0x00, 0x00, 0xFF, 0x00, 0x00,
0xFF, 0x00, 0x00, 0xFF, 0x00, 0x00, 0xFF, 0x00, 0x00, 0xFF, 0x00, 0x00, 0xFF, 0x00, 0x00, 0xFF,
0x00, 0x00, 0xFF, 0x00, 0x00, 0xFF, 0x00, 0x00, 0xFF, 0x00, 0x00, 0xFF, 0x00, 0x00, 0xFF, 0x00,
0x00, 0xFF, 0x00, 0x00, 0xFF, 0x00, 0x00, 0xFF, 0x00, 0x00, 0xFF, 0x00, 0x00, 0xFF, 0x00, 0x00,
0xFF, 0x00, 0x00, 0xFF, 0x00, 0x00, 0xFF, 0x00, 0x00, 0xFF, 0x00, 0x00, 0xFF, 0x00, 0x00, 0xFF,
0x00, 0x00, 0xFF, 0x00, 0x00, 0xFF, 0x00, 0x00, 0xFF, 0x00, 0x00, 0xFF, 0x00, 0x00, 0xFF, 0x00,
0x00, 0xFF, 0x00, 0x00, 0xFF, 0x00, 0x00, 0xFF, 0x00, 0x00, 0x00, 0x00, 0x00, 0xFF, 0xFF, 0xFF,
0xFF, 0xFF, 0xFF, 0xFF, 0xFF, 0xFF, 0xFF, 0xFF, 0xFF, 0xFF, 0xFF, 0xFF, 0xFF, 0xFF, 0xFF, 0xFF,
0xFF, 0xFF, 0xFF, 0xFF, 0xFF, 0xFF, 0xFF, 0xFF, 0xFF, 0xFF, 0xFF, 0xFF, 0xFF, 0xFF, 0xFF, 0xFF,
0xFF, 0xFF, 0xFF, 0xFF, 0xFF, 0xFF, 0xFF, 0xFF, 0xFF, 0xFF, 0x00, 0x00, 0x00, 0x80, 0x00, 0xFF,
0x80, 0x00, 0xFF, 0x80, 0x00, 0xFF, 0x80, 0x00, 0xFF, 0x80, 0x00, 0xFF, 0x80, 0x00, 0xFF, 0x80,
0x00, 0xFF, 0x80, 0x00, 0xFF, 0x80, 0x00, 0xFF, 0x80, 0x00, 0xFF, 0x80, 0x00, 0xFF, 0x80, 0x00,
0xFF, 0x80, 0x00, 0xFF, 0x80, 0x00, 0xFF, 0x80, 0x00, 0xFF, 0x80, 0x00, 0xFF, 0x80, 0x00, 0xFF,
```

```
0x80, 0x00, 0xFF, 0x80, 0x00, 0xFF, 0x80, 0x00, 0xFF, 0x00, 0x00, 0x00, 0x00, 0xFF, 0xFF, 0x00,
0xFF, 0xFF, 0x00, 0xFF, 0xFF, 0x00, 0xFF, 0xFF, 0x00, 0xFF, 0xFF, 0x00, 0xFF, 0xFF, 0x00, 0xFF,
0xFF, 0x00, 0xFF, 0xFF, 0x00, 0xFF, 0xFF, 0x00, 0xFF, 0xFF, 0x00, 0xFF, 0xFF, 0x00, 0xFF, 0xFF,
0x00, 0xFF, 0xFF, 0x00, 0xFF, 0xFF, 0x00, 0xFF, 0xFF, 0x00, 0xFF, 0xFF, 0x00, 0xFF, 0xFF, 0x00,
0xFF, 0xFF, 0x00, 0xFF, 0xFF, 0x00, 0xFF, 0xFF, 0x00, 0xFF, 0xFF, 0x00, 0xFF, 0xFF, 0x00, 0xFF,
0xFF, 0x00, 0xFF, 0xFF, 0x00, 0xFF, 0xFF, 0x00, 0xFF, 0xFF, 0x00, 0xFF, 0xFF, 0x00, 0xFF, 0xFF,
0x00, 0xFF, 0xFF, 0x00, 0xFF, 0xFF, 0x00, 0xFF, 0xFF, 0x00, 0xFF, 0xFF, 0x00, 0x00, 0x00, 0x00,
0xFF, 0x00, 0x00, 0xFF, 0x00, 0x00, 0xFF, 0x00, 0x00, 0xFF, 0x00, 0x00, 0xFF, 0x00, 0x00, 0xFF,
0x00, 0x00, 0xFF, 0x00, 0x00, 0xFF, 0x00, 0x00, 0xFF, 0x00, 0x00, 0xFF, 0x00, 0x00, 0xFF, 0x00,
0x00, 0xFF, 0x00, 0x00, 0xFF, 0x00, 0x00, 0xFF, 0x00, 0x00, 0xFF, 0x00, 0x00, 0xFF, 0x00, 0x00,
0xFF, 0x00, 0x00, 0xFF, 0x00, 0x00, 0xFF, 0x00, 0x00, 0xFF, 0x00, 0x00, 0xFF, 0x00, 0x00, 0xFF,
0x00, 0x00, 0xFF, 0x00, 0x00, 0xFF, 0x00, 0x00, 0xFF, 0x00, 0x00, 0xFF, 0x00, 0x00, 0xFF, 0x00,
0x00, 0xFF, 0x00, 0x00, 0xFF, 0x00, 0x00, 0xFF, 0x00, 0x00, 0xFF, 0x00, 0x00, 0xFF, 0x00, 0x00,
0xFF, 0x00, 0x00, 0xFF, 0x00, 0x00, 0xFF, 0x00, 0x00, 0x00, 0x00, 0xFF, 0x00, 0x00, 0xFF, 0x00,
0x00, 0xFF, 0x00, 0x00, 0xFF, 0x00, 0x00, 0xFF, 0x00, 0x00, 0xFF, 0x00, 0x00, 0xFF, 0x00, 0x00,
0xFF, 0x00, 0x00, 0xFF, 0x00, 0x00, 0xFF, 0x00, 0x00, 0xFF, 0x00, 0x00, 0xFF, 0x00, 0x00, 0xFF,
0x00, 0x00, 0xFF, 0x00, 0x00, 0xFF, 0x00, 0x00, 0xFF, 0x00, 0x00, 0xFF, 0x00, 0x00, 0xFF, 0x00,
0x00, 0xFF, 0x00, 0x00, 0xFF, 0x00, 0x00, 0xFF, 0x00, 0x00, 0xFF, 0x00, 0x00, 0xFF, 0x00, 0x00,
0xFF, 0x00, 0x00, 0xFF, 0x00, 0x00, 0xFF, 0x00, 0x00, 0xFF, 0x00, 0x00, 0xFF, 0x00, 0x00, 0xFF,
0x00, 0x00, 0xFF, 0x00, 0x00, 0xFF, 0x00, 0x00, 0xFF, 0x00, 0x00, 0xFF, 0x00, 0x00, 0xFF, 0x00,
0x00, 0x00, 0x00, 0x00, 0xFF, 0xFF, 0xFF, 0xFF, 0xFF, 0xFF, 0xFF, 0xFF, 0xFF, 0xFF, 0xFF, 0xFF,
0xFF, 0xFF, 0xFF, 0xFF, 0xFF, 0xFF, 0xFF, 0xFF, 0xFF, 0xFF, 0xFF, 0xFF, 0xFF, 0xFF, 0xFF, 0xFF,
0xFF, 0xFF, 0xFF, 0xFF, 0xFF, 0xFF, 0xFF, 0xFF, 0xFF, 0xFF, 0xFF, 0x00, 0x00, 0x00, 0x80, 0x00,
0xFF, 0x80, 0x00, 0xFF, 0x80, 0x00, 0xFF, 0x80, 0x00, 0xFF, 0x80, 0x00, 0xFF, 0x80, 0x00, 0xFF,
0x80, 0x00, 0xFF, 0x80, 0x00, 0xFF, 0x80, 0x00, 0xFF, 0x80, 0x00, 0xFF, 0x80, 0x00, 0xFF, 0x80,
0x00, 0xFF, 0x80, 0x00, 0xFF, 0x80, 0x00, 0xFF, 0x80, 0x00, 0xFF, 0x80, 0x00, 0xFF, 0x80, 0x00,
0xFF, 0x80, 0x00, 0xFF, 0x80, 0x00, 0xFF, 0x80, 0x00, 0xFF, 0x80, 0x00, 0xFF, 0x00, 0x00, 0x00,
0x00, 0xFF, 0xFF, 0x00, 0xFF, 0xFF, 0x00, 0xFF, 0xFF, 0x00, 0xFF, 0xFF, 0x00, 0xFF, 0xFF, 0x00,
0xFF, 0xFF, 0x00, 0xFF, 0xFF, 0x00, 0xFF, 0xFF, 0x00, 0xFF, 0xFF, 0x00, 0xFF, 0xFF, 0x00, 0xFF,
0xFF, 0x00, 0xFF, 0xFF, 0x00, 0xFF, 0xFF, 0x00, 0xFF, 0xFF, 0x00, 0xFF, 0xFF, 0x00, 0xFF, 0xFF,
0x00, 0xFF, 0xFF, 0x00, 0xFF, 0xFF, 0x00, 0xFF, 0xFF, 0x00, 0xFF, 0xFF, 0x00, 0xFF, 0xFF, 0x00,
0xFF, 0xFF, 0x00, 0xFF, 0xFF, 0x00, 0xFF, 0xFF, 0x00, 0xFF, 0xFF, 0x00, 0xFF, 0xFF, 0x00, 0xFF,
0xFF, 0x00, 0xFF, 0xFF, 0x00, 0xFF, 0xFF, 0x00, 0xFF, 0xFF, 0x00, 0xFF, 0xFF, 0x00, 0xFF, 0xFF,
0x00, 0x00, 0x00, 0x00, 0xFF, 0x00, 0x00, 0xFF, 0x00, 0x00, 0xFF, 0x00, 0x00, 0xFF, 0x00, 0x00,
0xFF, 0x00, 0x00, 0xFF, 0x00, 0x00, 0xFF, 0x00, 0x00, 0xFF, 0x00, 0x00, 0xFF, 0x00, 0x00, 0xFF,
0x00, 0x00, 0xFF, 0x00, 0x00, 0xFF, 0x00, 0x00, 0xFF, 0x00, 0x00, 0xFF, 0x00, 0x00, 0xFF, 0x00,
0x00, 0xFF, 0x00, 0x00, 0xFF, 0x00, 0x00, 0xFF, 0x00, 0x00, 0xFF, 0x00, 0x00, 0xFF, 0x00, 0x00,
0xFF, 0x00, 0x00, 0xFF, 0x00, 0x00, 0xFF, 0x00, 0x00, 0xFF, 0x00, 0x00, 0xFF, 0x00, 0x00, 0xFF,
0x00, 0x00, 0xFF, 0x00, 0x00, 0xFF, 0x00, 0x00, 0xFF, 0x00, 0x00, 0xFF, 0x00, 0x00, 0xFF, 0x00,
```

```
0x00, 0xFF, 0x00, 0x00, 0xFF, 0x00, 0x00, 0xFF, 0x00, 0x00, 0xFF, 0x00, 0x00, 0x00, 0x00, 0xFF,
0x00, 0x00, 0xFF, 0x00, 0x00, 0xFF, 0x00, 0x00, 0xFF, 0x00, 0x00, 0xFF, 0x00, 0x00, 0xFF, 0x00,
0x00, 0xFF, 0x00, 0x00, 0xFF, 0x00, 0x00, 0xFF, 0x00, 0x00, 0xFF, 0x00, 0x00, 0xFF, 0x00, 0x00,
0xFF, 0x00, 0x00, 0xFF, 0x00, 0x00, 0xFF, 0x00, 0x00, 0xFF, 0x00, 0x00, 0xFF, 0x00, 0x00, 0xFF,
0x00, 0x00, 0xFF, 0x00, 0x00, 0xFF, 0x00, 0x00, 0xFF, 0x00, 0x00, 0xFF, 0x00, 0x00, 0xFF, 0x00,
0x00, 0xFF, 0x00, 0x00, 0xFF, 0x00, 0x00, 0xFF, 0x00, 0x00, 0xFF, 0x00, 0x00, 0xFF, 0x00, 0x00,
0xFF, 0x00, 0x00, 0xFF, 0x00, 0x00, 0xFF, 0x00, 0x00, 0xFF, 0x00, 0x00, 0xFF, 0x00, 0x00, 0xFF,
0x00, 0x00, 0xFF, 0x00, 0x00, 0xFF, 0x00, 0x00, 0x00, 0x00, 0x00, 0xFF, 0xFF, 0xFF, 0xFF, 0xFF,
0xFF, 0xFF, 0xFF, 0xFF, 0xFF, 0xFF, 0xFF, 0xFF, 0xFF, 0xFF, 0xFF, 0xFF, 0xFF, 0xFF, 0xFF, 0xFF,
0xFF, 0xFF, 0xFF, 0xFF, 0xFF, 0xFF, 0xFF, 0xFF, 0xFF, 0xFF, 0xFF, 0xFF, 0x00, 0x00, 0x00, 0x80,
0x00, 0xFF, 0x80, 0x00, 0xFF, 0x80, 0x00, 0xFF, 0x80, 0x00, 0xFF, 0x80, 0x00, 0xFF, 0x80, 0x00,
0xFF, 0x80, 0x00, 0xFF, 0x80, 0x00, 0xFF, 0x80, 0x00, 0xFF, 0x80, 0x00, 0xFF, 0x80, 0x00, 0xFF,
0x80, 0x00, 0xFF, 0x80, 0x00, 0xFF, 0x80, 0x00, 0xFF, 0x80, 0x00, 0xFF, 0x80, 0x00, 0xFF, 0x80,
0x00, 0xFF, 0x80, 0x00, 0xFF, 0x80, 0x00, 0xFF, 0x80, 0x00, 0xFF, 0x80, 0x00, 0xFF, 0x80, 0x00,
0xFF, 0x00, 0x00, 0x00, 0x00, 0xFF, 0xFF, 0x00, 0xFF, 0xFF, 0x00, 0xFF, 0xFF, 0x00, 0xFF, 0xFF,
0x00, 0xFF, 0xFF, 0x00, 0xFF, 0xFF, 0x00, 0xFF, 0xFF, 0x00, 0xFF, 0xFF, 0x00, 0xFF, 0xFF, 0x00,
0xFF, 0xFF, 0x00, 0xFF, 0xFF, 0x00, 0xFF, 0xFF, 0x00, 0xFF, 0xFF, 0x00, 0xFF, 0xFF, 0x00, 0xFF,
0xFF, 0x00, 0xFF, 0xFF, 0x00, 0xFF, 0xFF, 0x00, 0xFF, 0xFF, 0x00, 0xFF, 0xFF, 0x00, 0xFF, 0xFF,
0x00, 0xFF, 0xFF, 0x00, 0xFF, 0xFF, 0x00, 0xFF, 0xFF, 0x00, 0xFF, 0xFF, 0x00, 0xFF, 0xFF, 0x00,
0xFF, 0xFF, 0x00, 0xFF, 0xFF, 0x00, 0xFF, 0xFF, 0x00, 0xFF, 0xFF, 0x00, 0xFF, 0xFF, 0x00, 0xFF,
0xFF, 0x00, 0xFF, 0xFF, 0x00, 0x00, 0x00, 0x00, 0xFF, 0x00, 0x00, 0xFF, 0x00, 0x00, 0xFF, 0x00,
0x00, 0xFF, 0x00, 0x00, 0xFF, 0x00, 0x00, 0xFF, 0x00, 0x00, 0xFF, 0x00, 0x00, 0xFF, 0x00, 0x00,
0xFF, 0x00, 0x00, 0xFF, 0x00, 0x00, 0xFF, 0x00, 0x00, 0xFF, 0x00, 0x00, 0xFF, 0x00, 0x00, 0xFF,
0x00, 0x00, 0xFF, 0x00, 0x00, 0xFF, 0x00, 0x00, 0xFF, 0x00, 0x00, 0xFF, 0x00, 0x00, 0xFF, 0x00,
0x00, 0xFF, 0x00, 0x00, 0xFF, 0x00, 0x00, 0xFF, 0x00, 0x00, 0xFF, 0x00, 0x00, 0xFF, 0x00, 0x00,
0xFF, 0x00, 0x00, 0xFF, 0x00, 0x00, 0xFF, 0x00, 0x00, 0xFF, 0x00, 0x00, 0xFF, 0x00, 0x00, 0xFF,
0x00, 0x00, 0xFF, 0x00, 0x00, 0xFF, 0x00, 0x00, 0xFF, 0x00, 0x00, 0xFF, 0x00, 0x00, 0xFF, 0x00,
0x00, 0x00, 0x00, 0xFF, 0x00, 0x00, 0xFF, 0x00, 0x00, 0xFF, 0x00, 0x00, 0xFF, 0x00, 0x00, 0xFF,
0x00, 0x00, 0xFF, 0x00, 0x00, 0xFF, 0x00, 0x00, 0xFF, 0x00, 0x00, 0xFF, 0x00, 0x00, 0xFF, 0x00,
0x00, 0xFF, 0x00, 0x00, 0xFF, 0x00, 0x00, 0xFF, 0x00, 0x00, 0xFF, 0x00, 0x00, 0xFF, 0x00, 0x00,
0xFF, 0x00, 0x00, 0xFF, 0x00, 0x00, 0xFF, 0x00, 0x00, 0xFF, 0x00, 0x00, 0xFF, 0x00, 0x00, 0xFF,
0x00, 0x00, 0xFF, 0x00, 0x00, 0xFF, 0x00, 0x00, 0xFF, 0x00, 0x00, 0xFF, 0x00, 0x00, 0xFF, 0x00,
0x00, 0xFF, 0x00, 0x00, 0xFF, 0x00, 0x00, 0xFF, 0x00, 0x00, 0xFF, 0x00, 0x00, 0xFF, 0x00, 0x00,
0xFF, 0x00, 0x00, 0xFF, 0x00, 0x00, 0xFF, 0x00, 0x00, 0xFF, 0x00, 0x00, 0xFF, 0x00, 0x00, 0x00,
0x00, 0x00, 0xFF, 0xFF, 0xFF, 0xFF, 0xFF, 0xFF, 0xFF, 0xFF, 0xFF, 0xFF, 0xFF, 0xFF, 0xFF, 0xFF,
0xFF, 0xFF, 0xFF, 0xFF, 0xFF, 0xFF, 0xFF, 0xFF, 0xFF, 0xFF, 0xFF, 0xFF, 0xFF, 0x00, 0x00, 0x00,
0x80, 0x00, 0xFF, 0x80, 0x00, 0xFF, 0x80, 0x00, 0xFF, 0x80, 0x00, 0xFF, 0x80, 0x00, 0xFF, 0x80,
0x00, 0xFF, 0x80, 0x00, 0xFF, 0x80, 0x00, 0xFF, 0x80, 0x00, 0xFF, 0x80, 0x00, 0xFF, 0x80, 0x00,
0xFF, 0x80, 0x00, 0xFF, 0x80, 0x00, 0xFF, 0x80, 0x00, 0xFF, 0x80, 0x00, 0xFF, 0x80, 0x00, 0xFF,
```

```
0x80, 0x00, 0xFF, 0x80, 0x00, 0xFF, 0x80, 0x00, 0xFF, 0x80, 0x00, 0xFF, 0x80, 0x00, 0xFF, 0x80,
0x00, 0xFF, 0x80, 0x00, 0xFF, 0x00, 0x00, 0x00, 0x00, 0xFF, 0xFF, 0x00, 0xFF, 0xFF, 0x00, 0xFF,
0xFF, 0x00, 0xFF, 0xFF, 0x00, 0xFF, 0xFF, 0x00, 0xFF, 0xFF, 0x00, 0xFF, 0xFF, 0x00, 0xFF, 0xFF,
0x00, 0xFF, 0xFF, 0x00, 0xFF, 0xFF, 0x00, 0xFF, 0xFF, 0x00, 0xFF, 0xFF, 0x00, 0xFF, 0xFF, 0x00,
0xFF, 0xFF, 0x00, 0xFF, 0xFF, 0x00, 0xFF, 0xFF, 0x00, 0xFF, 0xFF, 0x00, 0xFF, 0xFF, 0x00, 0xFF,
0xFF, 0x00, 0xFF, 0xFF, 0x00, 0xFF, 0xFF, 0x00, 0xFF, 0xFF, 0x00, 0xFF, 0xFF, 0x00, 0xFF, 0xFF,
0x00, 0xFF, 0xFF, 0x00, 0xFF, 0xFF, 0x00, 0xFF, 0xFF, 0x00, 0xFF, 0xFF, 0x00, 0xFF, 0xFF, 0x00,
0xFF, 0xFF, 0x00, 0xFF, 0xFF, 0x00, 0xFF, 0xFF, 0x00, 0x00, 0x00, 0x00, 0xFF, 0x00, 0x00, 0xFF,
0x00, 0x00, 0xFF, 0x00, 0x00, 0xFF, 0x00, 0x00, 0xFF, 0x00, 0x00, 0xFF, 0x00, 0x00, 0xFF, 0x00,
0x00, 0xFF, 0x00, 0x00, 0xFF, 0x00, 0x00, 0xFF, 0x00, 0x00, 0xFF, 0x00, 0x00, 0xFF, 0x00, 0x00,
0xFF, 0x00, 0x00, 0xFF, 0x00, 0x00, 0xFF, 0x00, 0x00, 0xFF, 0x00, 0x00, 0xFF, 0x00, 0x00, 0xFF,
0x00, 0x00, 0xFF, 0x00, 0x00, 0xFF, 0x00, 0x00, 0xFF, 0x00, 0x00, 0xFF, 0x00, 0x00, 0xFF, 0x00,
0x00, 0xFF, 0x00, 0x00, 0xFF, 0x00, 0x00, 0xFF, 0x00, 0x00, 0xFF, 0x00, 0x00, 0xFF, 0x00, 0x00,
0xFF, 0x00, 0x00, 0xFF, 0x00, 0x00, 0xFF, 0x00, 0x00, 0xFF, 0x00, 0x00, 0xFF, 0x00, 0x00, 0xFF,
0x00, 0x00, 0xFF, 0x00, 0x00, 0x00, 0x00, 0xFF, 0x00, 0x00, 0xFF, 0x00, 0x00, 0xFF, 0x00, 0x00,
0xFF, 0x00, 0x00, 0xFF, 0x00, 0x00, 0xFF, 0x00, 0x00, 0xFF, 0x00, 0x00, 0xFF, 0x00, 0x00, 0xFF,
0x00, 0x00, 0xFF, 0x00, 0x00, 0xFF, 0x00, 0x00, 0xFF, 0x00, 0x00, 0xFF, 0x00, 0x00, 0xFF, 0x00,
0x00, 0xFF, 0x00, 0x00, 0xFF, 0x00, 0x00, 0xFF, 0x00, 0x00, 0xFF, 0x00, 0x00, 0xFF, 0x00, 0x00,
0xFF, 0x00, 0x00, 0xFF, 0x00, 0x00, 0xFF, 0x00, 0x00, 0xFF, 0x00, 0x00, 0xFF, 0x00, 0x00, 0xFF,
0x00, 0x00, 0xFF, 0x00, 0x00, 0xFF, 0x00, 0x00, 0xFF, 0x00, 0x00, 0xFF, 0x00, 0x00, 0xFF, 0x00,
0x00, 0xFF, 0x00, 0x00, 0xFF, 0x00, 0x00, 0xFF, 0x00, 0x00, 0xFF, 0x00, 0x00, 0xFF, 0x00, 0x00,
0xFF, 0x00, 0x00, 0xFF, 0x00, 0x00, 0x00, 0x00, 0x00, 0xFF, 0xFF, 0xFF, 0xFF, 0xFF, 0xFF, 0xFF,
0xFF, 0xFF, 0xFF, 0xFF, 0xFF, 0xFF, 0xFF, 0xFF, 0xFF, 0xFF, 0xFF, 0xFF, 0xFF, 0xFF, 0xFF, 0xFF,
0xFF, 0x00, 0x00, 0x00, 0x80, 0x00, 0xFF, 0x80, 0x00, 0xFF, 0x80, 0x00, 0xFF, 0x80, 0x00, 0xFF,
0x80, 0x00, 0xFF, 0x80, 0x00, 0xFF, 0x80, 0x00, 0xFF, 0x80, 0x00, 0xFF, 0x80, 0x00, 0xFF, 0x80,
0x00, 0xFF, 0x80, 0x00, 0xFF, 0x80, 0x00, 0xFF, 0x80, 0x00, 0xFF, 0x80, 0x00, 0xFF, 0x80, 0x00,
0xFF, 0x80, 0x00, 0xFF, 0x80, 0x00, 0xFF, 0x80, 0x00, 0xFF, 0x80, 0x00, 0xFF, 0x80, 0x00, 0xFF,
0x80, 0x00, 0xFF, 0x80, 0x00, 0xFF, 0x80, 0x00, 0xFF, 0x00, 0x00, 0x00, 0x00, 0xFF, 0xFF, 0x00,
0xFF, 0xFF, 0x00, 0xFF, 0xFF, 0x00, 0xFF, 0xFF, 0x00, 0xFF, 0xFF, 0x00, 0xFF, 0xFF, 0x00, 0xFF,
0xFF, 0x00, 0xFF, 0xFF, 0x00, 0xFF, 0xFF, 0x00, 0xFF, 0xFF, 0x00, 0xFF, 0xFF, 0x00, 0xFF, 0xFF,
0x00, 0xFF, 0xFF, 0x00, 0xFF, 0xFF, 0x00, 0xFF, 0xFF, 0x00, 0xFF, 0xFF, 0x00, 0xFF, 0xFF, 0x00,
0xFF, 0xFF, 0x00, 0xFF, 0xFF, 0x00, 0xFF, 0xFF, 0x00, 0xFF, 0xFF, 0x00, 0xFF, 0xFF, 0x00, 0xFF,
0xFF, 0x00, 0xFF, 0xFF, 0x00, 0xFF, 0xFF, 0x00, 0xFF, 0xFF, 0x00, 0xFF, 0xFF, 0x00, 0xFF, 0xFF,
0x00, 0xFF, 0xFF, 0x00, 0xFF, 0xFF, 0x00, 0xFF, 0xFF, 0x00, 0xFF, 0xFF, 0x00, 0x00, 0x00, 0x00,
0xFF, 0x00, 0x00, 0xFF, 0x00, 0x00, 0xFF, 0x00, 0x00, 0xFF, 0x00, 0x00, 0xFF, 0x00, 0x00, 0xFF,
0x00, 0x00, 0xFF, 0x00, 0x00, 0xFF, 0x00, 0x00, 0xFF, 0x00, 0x00, 0xFF, 0x00, 0x00, 0xFF, 0x00,
0x00, 0xFF, 0x00, 0x00, 0xFF, 0x00, 0x00, 0xFF, 0x00, 0x00, 0xFF, 0x00, 0x00, 0xFF, 0x00, 0x00,
0xFF, 0x00, 0x00, 0xFF, 0x00, 0x00, 0xFF, 0x00, 0x00, 0xFF, 0x00, 0x00, 0xFF, 0x00, 0x00, 0xFF,
0x00, 0x00, 0xFF, 0x00, 0x00, 0xFF, 0x00, 0x00, 0xFF, 0x00, 0x00, 0xFF, 0x00, 0x00, 0xFF, 0x00,
```

```
0x00, 0xFF, 0x00, 0x00, 0xFF, 0x00, 0x00, 0xFF, 0x00, 0x00, 0xFF, 0x00, 0x00, 0xFF, 0x00, 0x00,
0xFF, 0x00, 0x00, 0xFF, 0x00, 0x00, 0xFF, 0x00, 0x00, 0x00, 0x00, 0xFF, 0x00, 0x00, 0xFF, 0x00,
0x00, 0xFF, 0x00, 0x00, 0xFF, 0x00, 0x00, 0xFF, 0x00, 0x00, 0xFF, 0x00, 0x00, 0xFF, 0x00, 0x00,
0xFF, 0x00, 0x00, 0xFF, 0x00, 0x00, 0xFF, 0x00, 0x00, 0xFF, 0x00, 0x00, 0xFF, 0x00, 0x00, 0xFF,
0x00, 0x00, 0xFF, 0x00, 0x00, 0xFF, 0x00, 0x00, 0xFF, 0x00, 0x00, 0xFF, 0x00, 0x00, 0xFF, 0x00,
0x00, 0xFF, 0x00, 0x00, 0xFF, 0x00, 0x00, 0xFF, 0x00, 0x00, 0xFF, 0x00, 0x00, 0xFF, 0x00, 0x00,
0xFF, 0x00, 0x00, 0xFF, 0x00, 0x00, 0xFF, 0x00, 0x00, 0xFF, 0x00, 0x00, 0xFF, 0x00, 0x00, 0xFF,
0x00, 0x00, 0xFF, 0x00, 0x00, 0xFF, 0x00, 0x00, 0xFF, 0x00, 0x00, 0xFF, 0x00, 0x00, 0xFF, 0x00,
0x00, 0xFF, 0x00, 0x00, 0xFF, 0x00, 0x00, 0xFF, 0x00, 0x00, 0x00, 0x00, 0x00, 0xFF, 0xFF, 0xFF,
0xFF, 0xFF, 0xFF, 0xFF, 0xFF, 0xFF, 0xFF, 0xFF, 0xFF, 0xFF, 0xFF, 0xFF, 0xFF, 0xFF, 0xFF, 0xFF,
0xFF, 0xFF, 0xFF, 0xFF, 0xFF, 0x00, 0x00, 0x00, 0x80, 0x00, 0xFF, 0x80, 0x00, 0xFF, 0x80, 0x00,
0xFF, 0x80, 0x00, 0xFF, 0x80, 0x00, 0xFF, 0x80, 0x00, 0xFF, 0x80, 0x00, 0xFF, 0x80, 0x00, 0xFF,
0x80, 0x00, 0xFF, 0x80, 0x00, 0xFF, 0xFF, 0xFF, 0xFF, 0xFF, 0xFF, 0xFF, 0xFF, 0xFF, 0xFF, 0x80,
0x00, 0xFF, 0x80, 0x00, 0xFF, 0x80, 0x00, 0xFF, 0x80, 0x00, 0xFF, 0x80, 0x00, 0xFF, 0x80, 0x00,
0xFF, 0x80, 0x00, 0xFF, 0x80, 0x00, 0xFF, 0x80, 0x00, 0xFF, 0x80, 0x00, 0xFF, 0x00, 0x00, 0x00,
0x00, 0xFF, 0xFF, 0x00, 0xFF, 0xFF, 0x00, 0xFF, 0xFF, 0x00, 0xFF, 0xFF, 0x00, 0xFF, 0xFF, 0x00,
0xFF, 0xFF, 0x00, 0xFF, 0xFF, 0x00, 0xFF, 0xFF, 0x00, 0xFF, 0xFF, 0x00, 0xFF, 0xFF, 0x00, 0xFF,
0xFF, 0x00, 0xFF, 0xFF, 0x00, 0xFF, 0xFF, 0x00, 0xFF, 0xFF, 0x00, 0xFF, 0xFF, 0x00, 0xFF, 0xFF,
0x00, 0xFF, 0xFF, 0x00, 0xFF, 0xFF, 0x00, 0xFF, 0xFF, 0x00, 0xFF, 0xFF, 0x00, 0xFF, 0xFF, 0x00,
0xFF, 0xFF, 0x00, 0xFF, 0xFF, 0x00, 0xFF, 0xFF, 0x00, 0xFF, 0xFF, 0x00, 0xFF, 0xFF, 0x00, 0xFF,
0xFF, 0x00, 0xFF, 0xFF, 0x00, 0xFF, 0xFF, 0x00, 0xFF, 0xFF, 0x00, 0xFF, 0xFF, 0x00, 0xFF, 0xFF,
0x00, 0x00, 0x00, 0x00, 0xFF, 0x00, 0x00, 0xFF, 0x00, 0x00, 0xFF, 0x00, 0x00, 0xFF, 0x00, 0x00,
0xFF, 0x00, 0x00, 0xFF, 0x00, 0x00, 0xFF, 0x00, 0x00, 0xFF, 0x00, 0x00, 0xFF, 0x00, 0x00, 0xFF,
0x00, 0x00, 0xFF, 0x00, 0x00, 0xFF, 0x00, 0x00, 0xFF, 0x00, 0x00, 0xFF, 0x00, 0x00, 0xFF, 0x00,
0x00, 0xFF, 0x00, 0x00, 0xFF, 0x00, 0x00, 0xFF, 0x00, 0x00, 0xFF, 0x00, 0x00, 0xFF, 0x00, 0x00,
0xFF, 0x00, 0x00, 0xFF, 0x00, 0x00, 0xFF, 0x00, 0x00, 0xFF, 0x00, 0x00, 0xFF, 0x00, 0x00, 0xFF,
0x00, 0x00, 0xFF, 0x00, 0x00, 0xFF, 0x00, 0x00, 0xFF, 0x00, 0x00, 0xFF, 0x00, 0x00, 0xFF, 0x00,
0x00, 0xFF, 0x00, 0x00, 0xFF, 0x00, 0x00, 0xFF, 0x00, 0x00, 0xFF, 0x00, 0x00, 0x00, 0x00, 0xFF,
0x00, 0x00, 0xFF, 0x00, 0x00, 0xFF, 0x00, 0x00, 0xFF, 0x00, 0x00, 0xFF, 0x00, 0x00, 0xFF, 0x00,
0x00, 0xFF, 0x00, 0x00, 0xFF, 0x00, 0x00, 0xFF, 0x00, 0x00, 0xFF, 0x00, 0x00, 0xFF, 0x00, 0x00,
0xFF, 0x00, 0x00, 0xFF, 0x00, 0x00, 0xFF, 0x00, 0x00, 0xFF, 0x00, 0x00, 0xFF, 0x00, 0x00, 0xFF,
0x00, 0x00, 0xFF, 0x00, 0x00, 0xFF, 0x00, 0x00, 0xFF, 0x00, 0x00, 0xFF, 0x00, 0x00, 0xFF, 0x00,
0x00, 0xFF, 0x00, 0x00, 0xFF, 0x00, 0x00, 0xFF, 0x00, 0x00, 0xFF, 0x00, 0x00, 0xFF, 0x00, 0x00,
0xFF, 0x00, 0x00, 0xFF, 0x00, 0x00, 0xFF, 0x00, 0x00, 0xFF, 0x00, 0x00, 0xFF, 0x00, 0x00, 0xFF,
0x00, 0x00, 0xFF, 0x00, 0x00, 0xFF, 0x00, 0x00, 0xFF, 0x00, 0x00, 0xFF, 0x00, 0x00, 0x00, 0x00,
0x00, 0xFF, 0xFF, 0xFF, 0xFF, 0xFF, 0xFF, 0xFF, 0xFF, 0xFF, 0xFF, 0xFF, 0xFF, 0xFF, 0xFF, 0xFF,
0xFF, 0xFF, 0xFF, 0xFF, 0xFF, 0xFF, 0x00, 0x00, 0x00, 0x80, 0x00, 0xFF, 0x80, 0x00, 0xFF, 0x80,
0x00, 0xFF, 0x80, 0x00, 0xFF, 0x80, 0x00, 0xFF, 0x80, 0x00, 0xFF, 0x80, 0x00, 0xFF, 0x80, 0x00,
0xFF, 0x80, 0x00, 0xFF, 0x80, 0x00, 0xFF, 0xFF, 0xFF, 0xFF, 0xFF, 0xFF, 0xFF, 0xFF, 0xFF, 0xFF,
```

```
0xFF, 0xFF, 0xFF, 0xFF, 0xFF, 0xFF, 0x80, 0x00, 0xFF, 0x80, 0x00, 0xFF, 0x80, 0x00, 0xFF, 0x80,
0x00, 0xFF, 0x80, 0x00, 0xFF, 0x80, 0x00, 0xFF, 0x80, 0x00, 0xFF, 0x80, 0x00, 0xFF, 0x80, 0x00,
0xFF, 0x00, 0x00, 0x00, 0x00, 0xFF, 0xFF, 0x00, 0xFF, 0xFF, 0x00, 0xFF, 0xFF, 0x00, 0xFF, 0xFF,
0x00, 0xFF, 0xFF, 0x00, 0xFF, 0xFF, 0x00, 0xFF, 0xFF, 0x00, 0xFF, 0xFF, 0x00, 0xFF, 0xFF, 0x00,
0xFF, 0xFF, 0x00, 0xFF, 0xFF, 0x00, 0xFF, 0xFF, 0x00, 0xFF, 0xFF, 0x00, 0xFF, 0xFF, 0x00, 0xFF,
0xFF, 0x00, 0xFF, 0xFF, 0x00, 0xFF, 0xFF, 0x00, 0xFF, 0xFF, 0x00, 0xFF, 0xFF, 0x00, 0xFF, 0xFF,
0x00, 0xFF, 0xFF, 0x00, 0xFF, 0xFF, 0x00, 0xFF, 0xFF, 0x00, 0xFF, 0xFF, 0x00, 0xFF, 0xFF, 0x00,
0xFF, 0xFF, 0x00, 0xFF, 0xFF, 0x00, 0xFF, 0xFF, 0x00, 0xFF, 0xFF, 0x00, 0xFF, 0xFF, 0x00, 0xFF,
0xFF, 0x00, 0xFF, 0xFF, 0x00, 0x00, 0x00, 0x00, 0xFF, 0x00, 0x00, 0xFF, 0x00, 0x00, 0xFF, 0x00,
0x00, 0xFF, 0x00, 0x00, 0xFF, 0x00, 0x00, 0xFF, 0x00, 0x00, 0xFF, 0x00, 0x00, 0xFF, 0x00, 0x00,
0xFF, 0x00, 0x00, 0xFF, 0x00, 0x00, 0xFF, 0x00, 0x00, 0xFF, 0x00, 0x00, 0xFF, 0x00, 0x00, 0xFF,
0x00, 0x00, 0xFF, 0x00, 0x00, 0xFF, 0x00, 0x00, 0xFF, 0x00, 0x00, 0xFF, 0x00, 0x00, 0xFF, 0x00,
0x00, 0xFF, 0x00, 0x00, 0xFF, 0x00, 0x00, 0xFF, 0x00, 0x00, 0xFF, 0x00, 0x00, 0xFF, 0x00, 0x00,
0xFF, 0x00, 0x00, 0xFF, 0x00, 0x00, 0xFF, 0x00, 0x00, 0xFF, 0x00, 0x00, 0xFF, 0x00, 0x00, 0xFF,
0x00, 0x00, 0xFF, 0x00, 0x00, 0xFF, 0x00, 0x00, 0xFF, 0x00, 0x00, 0xFF, 0x00, 0x00, 0xFF, 0x00,
0x00, 0x00, 0x00, 0xFF, 0x00, 0x00, 0xFF, 0x00, 0x00, 0xFF, 0x00, 0x00, 0xFF, 0x00, 0x00, 0xFF,
0x00, 0x00, 0xFF, 0x00, 0x00, 0xFF, 0x00, 0x00, 0xFF, 0x00, 0x00, 0xFF, 0x00, 0x00, 0xFF, 0x00,
0x00, 0xFF, 0x00, 0x00, 0xFF, 0x00, 0x00, 0xFF, 0x00, 0x00, 0xFF, 0x00, 0x00, 0xFF, 0x00, 0x00,
0xFF, 0x00, 0x00, 0xFF, 0x00, 0x00, 0xFF, 0x00, 0x00, 0xFF, 0x00, 0x00, 0xFF, 0x00, 0x00, 0xFF,
0x00, 0x00, 0xFF, 0x00, 0x00, 0xFF, 0x00, 0x00, 0xFF, 0x00, 0x00, 0xFF, 0x00, 0x00, 0xFF, 0x00,
0x00, 0xFF, 0x00, 0x00, 0xFF, 0x00, 0x00, 0xFF, 0x00, 0x00, 0xFF, 0x00, 0x00, 0xFF, 0x00, 0x00,
0xFF, 0x00, 0x00, 0xFF, 0x00, 0x00, 0xFF, 0x00, 0x00, 0xFF, 0x00, 0x00, 0xFF, 0x00, 0x00, 0xFF,
0x00, 0x00, 0xFF, 0x00, 0x00, 0x00, 0x00, 0x00, 0xFF, 0xFF, 0xFF, 0xFF, 0xFF, 0xFF, 0xFF, 0xFF,
0xFF, 0xFF, 0xFF, 0xFF, 0xFF, 0xFF, 0xFF, 0xFF, 0xFF, 0xFF, 0x00, 0x00, 0x00, 0x80, 0x00, 0xFF,
0x80, 0x00, 0xFF, 0x80, 0x00, 0xFF, 0x80, 0x00, 0xFF, 0x80, 0x00, 0xFF, 0x80, 0x00, 0xFF, 0x80,
0x00, 0xFF, 0x80, 0x00, 0xFF, 0x80, 0x00, 0xFF, 0xFF, 0xFF, 0xFF, 0xFF, 0xFF, 0xFF, 0xFF, 0xFF,
0xFF, 0xFF, 0xFF, 0xFF, 0xFF, 0xFF, 0xFF, 0xFF, 0xFF, 0xFF, 0xFF, 0xFF, 0xFF, 0x80, 0x00, 0xFF,
0x80, 0x00, 0xFF, 0x80, 0x00, 0xFF, 0x80, 0x00, 0xFF, 0x80, 0x00, 0xFF, 0x80, 0x00, 0xFF, 0x80,
0x00, 0xFF, 0x80, 0x00, 0xFF, 0x00, 0x00, 0x00, 0x00, 0xFF, 0xFF, 0x00, 0xFF, 0xFF, 0x00, 0xFF,
0xFF, 0x00, 0xFF, 0xFF, 0x00, 0xFF, 0xFF, 0x00, 0xFF, 0xFF, 0x00, 0xFF, 0xFF, 0x00, 0xFF, 0xFF,
0x00, 0xFF, 0xFF, 0x00, 0xFF, 0xFF, 0x00, 0xFF, 0xFF, 0x00, 0xFF, 0xFF, 0x00, 0xFF, 0xFF, 0x00,
0xFF, 0xFF, 0x00, 0xFF, 0xFF, 0x00, 0xFF, 0xFF, 0x00, 0xFF, 0xFF, 0x00, 0xFF, 0xFF, 0x00, 0xFF,
0xFF, 0x00, 0xFF, 0xFF, 0x00, 0xFF, 0xFF, 0x00, 0xFF, 0xFF, 0x00, 0xFF, 0xFF, 0x00, 0xFF, 0xFF,
0x00, 0xFF, 0xFF, 0x00, 0xFF, 0xFF, 0x00, 0xFF, 0xFF, 0x00, 0xFF, 0xFF, 0x00, 0xFF, 0xFF, 0x00,
0xFF, 0xFF, 0x00, 0xFF, 0xFF, 0x00, 0xFF, 0xFF, 0x00, 0x00, 0x00, 0x00, 0xFF, 0x00, 0x00, 0xFF,
0x00, 0x00, 0xFF, 0x00, 0x00, 0xFF, 0x00, 0x00, 0xFF, 0x00, 0x00, 0xFF, 0x00, 0x00, 0xFF, 0x00,
0x00, 0xFF, 0x00, 0x00, 0xFF, 0x00, 0x00, 0xFF, 0x00, 0x00, 0xFF, 0x00, 0x00, 0xFF, 0x00, 0x00,
0xFF, 0x00, 0x00, 0xFF, 0x00, 0x00, 0xFF, 0x00, 0x00, 0xFF, 0x00, 0x00, 0xFF, 0x00, 0x00, 0xFF,
0x00, 0x00, 0xFF, 0x00, 0x00, 0xFF, 0x00, 0x00, 0xFF, 0x00, 0x00, 0xFF, 0x00, 0x00, 0xFF, 0x00,
```

```
0x00, 0xFF, 0x00, 0x00, 0xFF, 0x00, 0x00, 0xFF, 0x00, 0x00, 0xFF, 0x00, 0x00, 0xFF, 0x00, 0x00,
0xFF, 0x00, 0x00, 0xFF, 0x00, 0x00, 0xFF, 0x00, 0x00, 0xFF, 0x00, 0x00, 0xFF, 0x00, 0x00, 0xFF,
0x00, 0x00, 0xFF, 0x00, 0x00, 0x00, 0x00, 0xFF, 0x00, 0x00, 0xFF, 0x00, 0x00, 0xFF, 0x00, 0x00,
0xFF, 0x00, 0x00, 0xFF, 0x00, 0x00, 0xFF, 0x00, 0x00, 0xFF, 0x00, 0x00, 0xFF, 0x00, 0x00, 0xFF,
0x00, 0x00, 0xFF, 0x00, 0x00, 0xFF, 0x00, 0x00, 0xFF, 0x00, 0x00, 0xFF, 0x00, 0x00, 0xFF, 0x00,
0x00, 0xFF, 0x00, 0x00, 0xFF, 0x00, 0x00, 0xFF, 0x00, 0x00, 0xFF, 0x00, 0x00, 0xFF, 0x00, 0x00,
0xFF, 0x00, 0x00, 0xFF, 0x00, 0x00, 0xFF, 0x00, 0x00, 0xFF, 0x00, 0x00, 0xFF, 0x00, 0x00, 0xFF,
0x00, 0x00, 0xFF, 0x00, 0x00, 0xFF, 0x00, 0x00, 0xFF, 0x00, 0x00, 0xFF, 0x00, 0x00, 0xFF, 0x00,
0x00, 0xFF, 0x00, 0x00, 0xFF, 0x00, 0x00, 0xFF, 0x00, 0x00, 0xFF, 0x00, 0x00, 0xFF, 0x00, 0x00,
0xFF, 0x00, 0x00, 0xFF, 0x00, 0x00, 0xFF, 0x00, 0x00, 0x00, 0x00, 0x00, 0xFF, 0xFF, 0xFF, 0xFF,
0xFF, 0xFF, 0xFF, 0xFF, 0xFF, 0xFF, 0xFF, 0xFF, 0xFF, 0xFF, 0xFF, 0xFF, 0xFF, 0xFF, 0x00, 0x00,
0x00, 0x80, 0x00, 0xFF, 0x80, 0x00, 0xFF, 0x80, 0x00, 0xFF, 0x80, 0x00, 0xFF, 0x80, 0x00, 0xFF,
0x80, 0x00, 0xFF, 0x80, 0x00, 0xFF, 0x80, 0x00, 0xFF, 0x80, 0x00, 0xFF, 0xFF, 0xFF, 0xFF, 0xFF,
0xFF, 0xFF, 0xFF, 0xFF, 0xFF, 0xFF, 0xFF, 0xFF, 0xFF, 0xFF, 0xFF, 0xFF, 0xFF, 0xFF, 0xFF, 0xFF,
0xFF, 0x80, 0x00, 0xFF, 0x80, 0x00, 0xFF, 0x80, 0x00, 0xFF, 0x80, 0x00, 0xFF, 0x80, 0x00, 0xFF,
0x80, 0x00, 0xFF, 0x80, 0x00, 0xFF, 0x80, 0x00, 0xFF, 0x00, 0x00, 0x00, 0x00, 0xFF, 0xFF, 0x00,
0xFF, 0xFF, 0x00, 0xFF, 0xFF, 0x00, 0xFF, 0xFF, 0x00, 0xFF, 0xFF, 0x00, 0xFF, 0xFF, 0x00, 0xFF,
0xFF, 0x00, 0xFF, 0xFF, 0x00, 0xFF, 0xFF, 0x00, 0xFF, 0xFF, 0x00, 0xFF, 0xFF, 0x00, 0xFF, 0xFF,
0x00, 0xFF, 0xFF, 0x00, 0xFF, 0xFF, 0x00, 0xFF, 0xFF, 0x00, 0xFF, 0xFF, 0x00, 0xFF, 0xFF, 0x00,
0xFF, 0xFF, 0x00, 0xFF, 0xFF, 0x00, 0xFF, 0xFF, 0x00, 0xFF, 0xFF, 0x00, 0xFF, 0xFF, 0x00, 0xFF,
0xFF, 0x00, 0xFF, 0xFF, 0x00, 0xFF, 0xFF, 0x00, 0xFF, 0xFF, 0x00, 0xFF, 0xFF, 0x00, 0xFF, 0xFF,
0x00, 0xFF, 0xFF, 0x00, 0xFF, 0xFF, 0x00, 0xFF, 0xFF, 0x00, 0xFF, 0xFF, 0x00, 0x00, 0x00, 0x00,
0xFF, 0x00, 0x00, 0xFF, 0x00, 0x00, 0xFF, 0x00, 0x00, 0xFF, 0x00, 0x00, 0xFF, 0x00, 0x00, 0xFF,
0x00, 0x00, 0xFF, 0x00, 0x00, 0xFF, 0x00, 0x00, 0xFF, 0x00, 0x00, 0xFF, 0x00, 0x00, 0xFF, 0x00,
0x00, 0xFF, 0x00, 0x00, 0xFF, 0x00, 0x00, 0xFF, 0x00, 0x00, 0xFF, 0x00, 0x00, 0xFF, 0x00, 0x00,
0xFF, 0x00, 0x00, 0xFF, 0x00, 0x00, 0xFF, 0x00, 0x00, 0xFF, 0x00, 0x00, 0xFF, 0x00, 0x00, 0xFF,
0x00, 0x00, 0xFF, 0x00, 0x00, 0xFF, 0x00, 0x00, 0xFF, 0x00, 0x00, 0xFF, 0x00, 0x00, 0xFF, 0x00,
0x00, 0xFF, 0x00, 0x00, 0xFF, 0x00, 0x00, 0xFF, 0x00, 0x00, 0xFF, 0x00, 0x00, 0xFF, 0x00, 0x00,
0xFF, 0x00, 0x00, 0xFF, 0x00, 0x00, 0xFF, 0x00, 0x00, 0x00, 0x00, 0xFF, 0x00, 0x00, 0xFF, 0x00,
0x00, 0xFF, 0x00, 0x00, 0xFF, 0x00, 0x00, 0xFF, 0x00, 0x00, 0xFF, 0x00, 0x00, 0xFF, 0x00, 0x00,
0xFF, 0x00, 0x00, 0xFF, 0x00, 0x00, 0xFF, 0x00, 0x00, 0xFF, 0x00, 0x00, 0xFF, 0x00, 0x00, 0xFF,
0x00, 0x00, 0xFF, 0x00, 0x00, 0xFF, 0x00, 0x00, 0xFF, 0x00, 0x00, 0xFF, 0x00, 0x00, 0xFF, 0x00,
0x00, 0xFF, 0x00, 0x00, 0xFF, 0x00, 0x00, 0xFF, 0x00, 0x00, 0xFF, 0x00, 0x00, 0xFF, 0x00, 0x00,
0xFF, 0x00, 0x00, 0xFF, 0x00, 0x00, 0xFF, 0x00, 0x00, 0xFF, 0x00, 0x00, 0xFF, 0x00, 0x00, 0xFF,
0x00, 0x00, 0xFF, 0x00, 0x00, 0xFF, 0x00, 0x00, 0xFF, 0x00, 0x00, 0xFF, 0x00, 0x00, 0xFF, 0x00,
0x00, 0xFF, 0x00, 0x00, 0xFF, 0x00, 0x00, 0xFF, 0x00, 0x00, 0xFF, 0x00, 0x00, 0x00, 0x00, 0x00,
0xFF, 0xFF, 0xFF, 0xFF, 0xFF, 0xFF, 0xFF, 0xFF, 0xFF, 0xFF, 0xFF, 0xFF, 0xFF, 0xFF, 0xFF, 0xFF,
0xFF, 0xFF, 0x00, 0x00, 0x00, 0x80, 0x00, 0xFF, 0x80, 0x00, 0xFF, 0x80, 0x00, 0xFF, 0x80, 0x00,
0xFF, 0x80, 0x00, 0xFF, 0x80, 0x00, 0xFF, 0x80, 0x00, 0xFF, 0x80, 0x00, 0xFF, 0x80, 0x00, 0xFF,
```

```
0xFF, 0xFF, 0xFF, 0xFF, 0xFF, 0xFF, 0xFF, 0xFF, 0xFF, 0xFF, 0xFF, 0xFF, 0xFF, 0xFF, 0xFF, 0xFF,
0xFF, 0xFF, 0xFF, 0xFF, 0xFF, 0x80, 0x00, 0xFF, 0x80, 0x00, 0xFF, 0x80, 0x00, 0xFF, 0x80, 0x00,
0xFF, 0x80, 0x00, 0xFF, 0x80, 0x00, 0xFF, 0x80, 0x00, 0xFF, 0x80, 0x00, 0xFF, 0x00, 0x00, 0x00,
0x00, 0xFF, 0xFF, 0x00, 0xFF, 0xFF, 0x00, 0xFF, 0xFF, 0x00, 0xFF, 0xFF, 0x00, 0xFF, 0xFF, 0x00,
0xFF, 0xFF, 0x00, 0xFF, 0xFF, 0x00, 0xFF, 0xFF, 0x00, 0xFF, 0xFF, 0x00, 0xFF, 0xFF, 0x00, 0xFF,
0xFF, 0x00, 0xFF, 0xFF, 0x00, 0xFF, 0xFF, 0x00, 0xFF, 0xFF, 0x00, 0xFF, 0xFF, 0x00, 0xFF, 0xFF,
0x00, 0xFF, 0xFF, 0x00, 0xFF, 0xFF, 0x00, 0xFF, 0xFF, 0x00, 0xFF, 0xFF, 0x00, 0xFF, 0xFF, 0x00,
0xFF, 0xFF, 0x00, 0xFF, 0xFF, 0x00, 0xFF, 0xFF, 0x00, 0xFF, 0xFF, 0x00, 0xFF, 0xFF, 0x00, 0xFF,
0xFF, 0x00, 0xFF, 0xFF, 0x00, 0xFF, 0xFF, 0x00, 0xFF, 0xFF, 0x00, 0xFF, 0xFF, 0x00, 0xFF, 0xFF,
0x00, 0x00, 0x00, 0x00, 0xFF, 0x00, 0x00, 0xFF, 0x00, 0x00, 0xFF, 0x00, 0x00, 0xFF, 0x00, 0x00,
0xFF, 0x00, 0x00, 0xFF, 0x00, 0x00, 0xFF, 0x00, 0x00, 0xFF, 0x00, 0x00, 0xFF, 0x00, 0x00, 0xFF,
0x00, 0x00, 0xFF, 0x00, 0x00, 0xFF, 0x00, 0x00, 0xFF, 0x00, 0x00, 0xFF, 0x00, 0x00, 0xFF, 0x00,
0x00, 0xFF, 0x00, 0x00, 0xFF, 0x00, 0x00, 0xFF, 0x00, 0x00, 0xFF, 0x00, 0x00, 0xFF, 0x00, 0x00,
0xFF, 0x00, 0x00, 0xFF, 0x00, 0x00, 0xFF, 0x00, 0x00, 0xFF, 0x00, 0x00, 0xFF, 0x00, 0x00, 0xFF,
0x00, 0x00, 0xFF, 0x00, 0x00, 0xFF, 0x00, 0x00, 0xFF, 0x00, 0x00, 0xFF, 0x00, 0x00, 0xFF, 0x00,
0x00, 0xFF, 0x00, 0x00, 0xFF, 0x00, 0x00, 0xFF, 0x00, 0x00, 0xFF, 0x00, 0x00, 0x00, 0x00, 0xFF,
0x00, 0x00, 0xFF, 0x00, 0x00, 0xFF, 0x00, 0x00, 0xFF, 0x00, 0x00, 0xFF, 0x00, 0x00, 0xFF, 0x00,
0x00, 0xFF, 0x00, 0x00, 0xFF, 0x00, 0x00, 0xFF, 0x00, 0x00, 0xFF, 0x00, 0x00, 0xFF, 0x00, 0x00,
0xFF, 0x00, 0x00, 0xFF, 0x00, 0x00, 0xFF, 0x00, 0x00, 0xFF, 0x00, 0x00, 0xFF, 0x00, 0x00, 0xFF,
0x00, 0x00, 0xFF, 0x00, 0x00, 0xFF, 0x00, 0x00, 0xFF, 0x00, 0x00, 0xFF, 0x00, 0x00, 0xFF, 0x00,
0x00, 0xFF, 0x00, 0x00, 0xFF, 0x00, 0x00, 0xFF, 0x00, 0x00, 0xFF, 0x00, 0x00, 0xFF, 0x00, 0x00,
0xFF, 0x00, 0x00, 0xFF, 0x00, 0x00, 0xFF, 0x00, 0x00, 0xFF, 0x00, 0x00, 0xFF, 0x00, 0x00, 0xFF,
0x00, 0x00, 0xFF, 0x00, 0x00, 0xFF, 0x00, 0x00, 0xFF, 0x00, 0x00, 0xFF, 0x00, 0x00, 0xFF, 0x00,
0x00, 0x00, 0x00, 0x00, 0xFF, 0xFF, 0xFF, 0xFF, 0xFF, 0xFF, 0xFF, 0xFF, 0xFF, 0xFF, 0xFF, 0xFF,
0xFF, 0xFF, 0xFF, 0xFF, 0xFF, 0xFF, 0xFF, 0xFF, 0xFF, 0x00, 0x00, 0x00, 0x80, 0x00, 0xFF, 0x80,
0x00, 0xFF, 0x80, 0x00, 0xFF, 0x80, 0x00, 0xFF, 0x80, 0x00, 0xFF, 0x80, 0x00, 0xFF, 0x80, 0x00,
0xFF, 0x80, 0x00, 0xFF, 0x80, 0x00, 0xFF, 0xFF, 0xFF, 0xFF, 0xFF, 0xFF, 0xFF, 0xFF, 0xFF, 0xFF,
0xFF, 0xFF, 0xFF, 0xFF, 0xFF, 0xFF, 0x80, 0x00, 0xFF, 0x80, 0x00, 0xFF, 0x80, 0x00, 0xFF, 0x80,
0x00, 0xFF, 0x80, 0x00, 0xFF, 0x80, 0x00, 0xFF, 0x80, 0x00, 0xFF, 0x80, 0x00, 0xFF, 0x80, 0x00,
0xFF, 0x00, 0x00, 0x00, 0x00, 0xFF, 0xFF, 0x00, 0xFF, 0xFF, 0x00, 0xFF, 0xFF, 0x00, 0xFF, 0xFF,
0x00, 0xFF, 0xFF, 0x00, 0xFF, 0xFF, 0x00, 0xFF, 0xFF, 0x00, 0xFF, 0xFF, 0x00, 0xFF, 0xFF, 0x00,
0xFF, 0xFF, 0x00, 0xFF, 0xFF, 0x00, 0xFF, 0xFF, 0x00, 0xFF, 0xFF, 0x00, 0xFF, 0xFF, 0x00, 0xFF,
0xFF, 0x00, 0xFF, 0xFF, 0x00, 0xFF, 0xFF, 0x00, 0xFF, 0xFF, 0x00, 0xFF, 0xFF, 0x00, 0xFF, 0xFF,
0x00, 0xFF, 0xFF, 0x00, 0xFF, 0xFF, 0x00, 0xFF, 0xFF, 0x00, 0xFF, 0xFF, 0x00, 0xFF, 0xFF, 0x00,
0xFF, 0xFF, 0x00, 0xFF, 0xFF, 0x00, 0xFF, 0xFF, 0x00, 0xFF, 0xFF, 0x00, 0xFF, 0xFF, 0x00, 0xFF,
0xFF, 0x00, 0xFF, 0xFF, 0x00, 0x00, 0x00, 0x00, 0xFF, 0x00, 0x00, 0xFF, 0x00, 0x00, 0xFF, 0x00,
0x00, 0xFF, 0x00, 0x00, 0xFF, 0x00, 0x00, 0xFF, 0x00, 0x00, 0xFF, 0x00, 0x00, 0xFF, 0x00, 0x00,
0xFF, 0x00, 0x00, 0xFF, 0x00, 0x00, 0xFF, 0x00, 0x00, 0xFF, 0x00, 0x00, 0xFF, 0x00, 0x00, 0xFF,
0x00, 0x00, 0xFF, 0x00, 0x00, 0xFF, 0x00, 0x00, 0xFF, 0x00, 0x00, 0xFF, 0x00, 0x00, 0xFF, 0x00,
```

```
0x00, 0xFF, 0x00, 0x00, 0xFF, 0x00, 0x00, 0xFF, 0x00, 0x00, 0xFF, 0x00, 0x00, 0xFF, 0x00, 0x00,
0xFF, 0x00, 0x00, 0xFF, 0x00, 0x00, 0xFF, 0x00, 0x00, 0xFF, 0x00, 0x00, 0xFF, 0x00, 0x00, 0xFF,
0x00, 0x00, 0xFF, 0x00, 0x00, 0xFF, 0x00, 0x00, 0xFF, 0x00, 0x00, 0xFF, 0x00, 0x00, 0xFF, 0x00,
0x00, 0x00, 0x00, 0xFF, 0x00, 0x00, 0xFF, 0x00, 0x00, 0xFF, 0x00, 0x00, 0xFF, 0x00, 0x00, 0xFF,
0x00, 0x00, 0xFF, 0x00, 0x00, 0xFF, 0x00, 0x00, 0xFF, 0x00, 0x00, 0xFF, 0x00, 0x00, 0xFF, 0x00,
0x00, 0xFF, 0x00, 0x00, 0xFF, 0x00, 0x00, 0xFF, 0x00, 0x00, 0xFF, 0x00, 0x00, 0xFF, 0x00, 0x00,
0xFF, 0x00, 0x00, 0xFF, 0x00, 0x00, 0xFF, 0x00, 0x00, 0xFF, 0x00, 0x00, 0xFF, 0x00, 0x00, 0xFF,
0x00, 0x00, 0xFF, 0x00, 0x00, 0xFF, 0x00, 0x00, 0xFF, 0x00, 0x00, 0xFF, 0x00, 0x00, 0xFF, 0x00,
0x00, 0xFF, 0x00, 0x00, 0xFF, 0x00, 0x00, 0xFF, 0x00, 0x00, 0xFF, 0x00, 0x00, 0xFF, 0x00, 0x00,
0xFF, 0x00, 0x00, 0xFF, 0x00, 0x00, 0xFF, 0x00, 0x00, 0xFF, 0x00, 0x00, 0xFF, 0x00, 0x00, 0xFF,
0x00, 0x00, 0x00, 0x00, 0x00, 0xFF, 0xFF, 0xFF, 0xFF, 0xFF, 0xFF, 0xFF, 0xFF, 0xFF, 0xFF, 0xFF,
0xFF, 0xFF, 0xFF, 0xFF, 0xFF, 0xFF, 0xFF, 0xFF, 0xFF, 0xFF, 0xFF, 0xFF, 0xFF, 0x00, 0x00, 0x00,
0x80, 0x00, 0xFF, 0x80, 0x00, 0xFF, 0x80, 0x00, 0xFF, 0x80, 0x00, 0xFF, 0x80, 0x00, 0xFF, 0x80,
0x00, 0xFF, 0x80, 0x00, 0xFF, 0x80, 0x00, 0xFF, 0x80, 0x00, 0xFF, 0x80, 0x00, 0xFF, 0xFF, 0xFF,
0xFF, 0xFF, 0xFF, 0xFF, 0xFF, 0xFF, 0xFF, 0x80, 0x00, 0xFF, 0x80, 0x00, 0xFF, 0x80, 0x00, 0xFF,
0x80, 0x00, 0xFF, 0x80, 0x00, 0xFF, 0x80, 0x00, 0xFF, 0x80, 0x00, 0xFF, 0x80, 0x00, 0xFF, 0x80,
0x00, 0xFF, 0x80, 0x00, 0xFF, 0x00, 0x00, 0x00, 0x00, 0xFF, 0xFF, 0x00, 0xFF, 0xFF, 0x00, 0xFF,
0xFF, 0x00, 0xFF, 0xFF, 0x00, 0xFF, 0xFF, 0x00, 0xFF, 0xFF, 0x00, 0xFF, 0xFF, 0x00, 0xFF, 0xFF,
0x00, 0xFF, 0xFF, 0x00, 0xFF, 0xFF, 0x00, 0xFF, 0xFF, 0x00, 0xFF, 0xFF, 0x00, 0xFF, 0xFF, 0x00,
0xFF, 0xFF, 0x00, 0xFF, 0xFF, 0x00, 0xFF, 0xFF, 0x00, 0xFF, 0xFF, 0x00, 0xFF, 0xFF, 0x00, 0xFF,
0xFF, 0x00, 0xFF, 0xFF, 0x00, 0xFF, 0xFF, 0x00, 0xFF, 0xFF, 0x00, 0xFF, 0xFF, 0x00, 0xFF, 0xFF,
0x00, 0xFF, 0xFF, 0x00, 0xFF, 0xFF, 0x00, 0xFF, 0xFF, 0x00, 0xFF, 0xFF, 0x00, 0xFF, 0xFF, 0x00,
0xFF, 0xFF, 0x00, 0xFF, 0xFF, 0x00, 0xFF, 0xFF, 0x00, 0x00, 0x00, 0x00, 0xFF, 0x00, 0x00, 0xFF,
0x00, 0x00, 0xFF, 0x00, 0x00, 0xFF, 0x00, 0x00, 0xFF, 0x00, 0x00, 0xFF, 0x00, 0x00, 0xFF, 0x00,
0x00, 0xFF, 0x00, 0x00, 0xFF, 0x00, 0x00, 0xFF, 0x00, 0x00, 0xFF, 0x00, 0x00, 0xFF, 0x00, 0x00,
0xFF, 0x00, 0x00, 0xFF, 0x00, 0x00, 0xFF, 0x00, 0x00, 0xFF, 0x00, 0x00, 0xFF, 0x00, 0x00, 0xFF,
0x00, 0x00, 0xFF, 0x00, 0x00, 0xFF, 0x00, 0x00, 0xFF, 0x00, 0x00, 0xFF, 0x00, 0x00, 0xFF, 0x00,
0x00, 0xFF, 0x00, 0x00, 0xFF, 0x00, 0x00, 0xFF, 0x00, 0x00, 0xFF, 0x00, 0x00, 0xFF, 0x00, 0x00,
0xFF, 0x00, 0x00, 0xFF, 0x00, 0x00, 0xFF, 0x00, 0x00, 0xFF, 0x00, 0x00, 0xFF, 0x00, 0x00, 0xFF,
0x00, 0x00, 0xFF, 0x00, 0x00, 0x00, 0x00, 0xFF, 0x00, 0x00, 0xFF, 0x00, 0x00, 0xFF, 0x00, 0x00,
0xFF, 0x00, 0x00, 0xFF, 0x00, 0x00, 0xFF, 0x00, 0x00, 0xFF, 0x00, 0x00, 0xFF, 0x00, 0x00, 0xFF,
0x00, 0x00, 0xFF, 0x00, 0x00, 0xFF, 0x00, 0x00, 0xFF, 0x00, 0x00, 0xFF, 0x00, 0x00, 0xFF, 0x00,
0x00, 0xFF, 0x00, 0x00, 0xFF, 0x00, 0x00, 0xFF, 0x00, 0x00, 0xFF, 0x00, 0x00, 0xFF, 0x00, 0x00,
0xFF, 0x00, 0x00, 0xFF, 0x00, 0x00, 0xFF, 0x00, 0x00, 0xFF, 0x00, 0x00, 0xFF, 0x00, 0x00, 0xFF,
0x00, 0x00, 0xFF, 0x00, 0x00, 0xFF, 0x00, 0x00, 0xFF, 0x00, 0x00, 0xFF, 0x00, 0x00, 0xFF, 0x00,
0x00, 0xFF, 0x00, 0x00, 0xFF, 0x00, 0x00, 0xFF, 0x00, 0x00, 0xFF, 0x00, 0x00, 0xFF, 0x00, 0x00,
0xFF, 0x00, 0x00, 0xFF, 0x00, 0x00, 0x00, 0x00, 0x00, 0xFF, 0xFF, 0xFF, 0xFF, 0xFF, 0xFF, 0xFF,
0xFF, 0xFF, 0xFF, 0xFF, 0xFF, 0xFF, 0xFF, 0xFF, 0xFF, 0xFF, 0xFF, 0xFF, 0xFF, 0xFF, 0xFF, 0xFF,
0xFF, 0x00, 0x00, 0x00, 0x80, 0x00, 0xFF, 0x80, 0x00, 0xFF, 0x80, 0x00, 0xFF, 0x80, 0x00, 0xFF,
```

```
0x80, 0x00, 0xFF, 0x80, 0x00, 0xFF, 0x80, 0x00, 0xFF, 0x80, 0x00, 0xFF, 0x80, 0x00, 0xFF, 0x80,
0x00, 0xFF, 0x80, 0x00, 0xFF, 0x80, 0x00, 0xFF, 0x80, 0x00, 0xFF, 0x80, 0x00, 0xFF, 0x80, 0x00,
0xFF, 0x80, 0x00, 0xFF, 0x80, 0x00, 0xFF, 0x80, 0x00, 0xFF, 0x80, 0x00, 0xFF, 0x80, 0x00, 0xFF,
0x80, 0x00, 0xFF, 0x80, 0x00, 0xFF, 0x80, 0x00, 0xFF, 0x00, 0x00, 0x00, 0x00, 0xFF, 0xFF, 0x00,
0xFF, 0xFF, 0x00, 0xFF, 0xFF, 0x00, 0xFF, 0xFF, 0x00, 0xFF, 0xFF, 0x00, 0xFF, 0xFF, 0x00, 0xFF,
0xFF, 0x00, 0xFF, 0xFF, 0x00, 0xFF, 0xFF, 0x00, 0xFF, 0xFF, 0x00, 0xFF, 0xFF, 0x00, 0xFF, 0xFF,
0x00, 0xFF, 0xFF, 0x00, 0xFF, 0xFF, 0x00, 0xFF, 0xFF, 0x00, 0xFF, 0xFF, 0x00, 0xFF, 0xFF, 0x00,
0xFF, 0xFF, 0x00, 0xFF, 0xFF, 0x00, 0xFF, 0xFF, 0x00, 0xFF, 0xFF, 0x00, 0xFF, 0xFF, 0x00, 0xFF,
0xFF, 0x00, 0xFF, 0xFF, 0x00, 0xFF, 0xFF, 0x00, 0xFF, 0xFF, 0x00, 0xFF, 0xFF, 0x00, 0xFF, 0xFF,
0x00, 0xFF, 0xFF, 0x00, 0xFF, 0xFF, 0x00, 0xFF, 0xFF, 0x00, 0xFF, 0xFF, 0x00, 0x00, 0x00, 0x00,
0xFF, 0x00, 0x00, 0xFF, 0x00, 0x00, 0xFF, 0x00, 0x00, 0xFF, 0x00, 0x00, 0xFF, 0x00, 0x00, 0xFF,
0x00, 0x00, 0xFF, 0x00, 0x00, 0xFF, 0x00, 0x00, 0xFF, 0x00, 0x00, 0xFF, 0x00, 0x00, 0xFF, 0x00,
0x00, 0xFF, 0x00, 0x00, 0xFF, 0x00, 0x00, 0xFF, 0x00, 0x00, 0xFF, 0x00, 0x00, 0xFF, 0x00, 0x00,
0xFF, 0x00, 0x00, 0xFF, 0x00, 0x00, 0xFF, 0x00, 0x00, 0xFF, 0x00, 0x00, 0xFF, 0x00, 0x00, 0xFF,
0x00, 0x00, 0xFF, 0x00, 0x00, 0xFF, 0x00, 0x00, 0xFF, 0x00, 0x00, 0xFF, 0x00, 0x00, 0xFF, 0x00,
0x00, 0xFF, 0x00, 0x00, 0xFF, 0x00, 0x00, 0xFF, 0x00, 0x00, 0xFF, 0x00, 0x00, 0xFF, 0x00, 0x00,
0xFF, 0x00, 0x00, 0xFF, 0x00, 0x00, 0xFF, 0x00, 0x00, 0x00, 0x00, 0xFF, 0x00, 0x00, 0xFF, 0x00,
0x00, 0xFF, 0x00, 0x00, 0xFF, 0x00, 0x00, 0xFF, 0x00, 0x00, 0xFF, 0x00, 0x00, 0xFF, 0x00, 0x00,
0xFF, 0x00, 0x00, 0xFF, 0x00, 0x00, 0xFF, 0x00, 0x00, 0xFF, 0x00, 0x00, 0xFF, 0x00, 0x00, 0xFF,
0x00, 0x00, 0xFF, 0x00, 0x00, 0xFF, 0x00, 0x00, 0xFF, 0x00, 0x00, 0xFF, 0x00, 0x00, 0xFF, 0x00,
0x00, 0xFF, 0x00, 0x00, 0xFF, 0x00, 0x00, 0xFF, 0x00, 0x00, 0xFF, 0x00, 0x00, 0xFF, 0x00, 0x00,
0xFF, 0x00, 0x00, 0xFF, 0x00, 0x00, 0xFF, 0x00, 0x00, 0xFF, 0x00, 0x00, 0xFF, 0x00, 0x00, 0xFF,
0x00, 0x00, 0xFF, 0x00, 0x00, 0xFF, 0x00, 0x00, 0xFF, 0x00, 0x00, 0xFF, 0x00, 0x00, 0xFF, 0x00,
0x00, 0xFF, 0x00, 0x00, 0xFF, 0x00, 0x00, 0xFF, 0x00, 0x00, 0x00, 0x00, 0x00, 0xFF, 0xFF, 0xFF,
0xFF, 0xFF, 0xFF, 0xFF, 0xFF, 0xFF, 0xFF, 0xFF, 0xFF, 0xFF, 0xFF, 0xFF, 0xFF, 0xFF, 0xFF, 0xFF,
0xFF, 0xFF, 0xFF, 0xFF, 0xFF, 0xFF, 0xFF, 0xFF, 0x00, 0x00, 0x00, 0x80, 0x00, 0xFF, 0x80, 0x00,
0xFF, 0x80, 0x00, 0xFF, 0x80, 0x00, 0xFF, 0x80, 0x00, 0xFF, 0x80, 0x00, 0xFF, 0x80, 0x00, 0xFF,
0x80, 0x00, 0xFF, 0x80, 0x00, 0xFF, 0x80, 0x00, 0xFF, 0x80, 0x00, 0xFF, 0x80, 0x00, 0xFF, 0x80,
0x00, 0xFF, 0x80, 0x00, 0xFF, 0x80, 0x00, 0xFF, 0x80, 0x00, 0xFF, 0x80, 0x00, 0xFF, 0x80, 0x00,
0xFF, 0x80, 0x00, 0xFF, 0x80, 0x00, 0xFF, 0x80, 0x00, 0xFF, 0x80, 0x00, 0xFF, 0x00, 0x00, 0x00,
0x00, 0xFF, 0xFF, 0x00, 0xFF, 0xFF, 0x00, 0xFF, 0xFF, 0x00, 0xFF, 0xFF, 0x00, 0xFF, 0xFF, 0x00,
0xFF, 0xFF, 0x00, 0xFF, 0xFF, 0x00, 0xFF, 0xFF, 0x00, 0xFF, 0xFF, 0x00, 0xFF, 0xFF, 0x00, 0xFF,
0xFF, 0x00, 0xFF, 0xFF, 0x00, 0xFF, 0xFF, 0x00, 0xFF, 0xFF, 0x00, 0xFF, 0xFF, 0x00, 0xFF, 0xFF,
0x00, 0xFF, 0xFF, 0x00, 0xFF, 0xFF, 0x00, 0xFF, 0xFF, 0x00, 0xFF, 0xFF, 0x00, 0xFF, 0xFF, 0x00,
0xFF, 0xFF, 0x00, 0xFF, 0xFF, 0x00, 0xFF, 0xFF, 0x00, 0xFF, 0xFF, 0x00, 0xFF, 0xFF, 0x00, 0xFF,
0xFF, 0x00, 0xFF, 0xFF, 0x00, 0xFF, 0xFF, 0x00, 0xFF, 0xFF, 0x00, 0xFF, 0xFF, 0x00, 0xFF, 0xFF,
0x00, 0x00, 0x00, 0x00, 0xFF, 0x00, 0x00, 0xFF, 0x00, 0x00, 0xFF, 0x00, 0x00, 0xFF, 0x00, 0x00,
0xFF, 0x00, 0x00, 0xFF, 0x00, 0x00, 0xFF, 0x00, 0x00, 0xFF, 0x00, 0x00, 0xFF, 0x00, 0x00, 0xFF,
0x00, 0x00, 0xFF, 0x00, 0x00, 0xFF, 0x00, 0x00, 0xFF, 0x00, 0x00, 0xFF, 0x00, 0x00, 0xFF, 0x00,
```

```
0x00, 0xFF, 0x00, 0x00, 0xFF, 0x00, 0x00, 0xFF, 0x00, 0x00, 0xFF, 0x00, 0x00, 0xFF, 0x00, 0x00,
0xFF, 0x00, 0x00, 0xFF, 0x00, 0x00, 0xFF, 0x00, 0x00, 0xFF, 0x00, 0x00, 0xFF, 0x00, 0x00, 0xFF,
0x00, 0x00, 0xFF, 0x00, 0x00, 0xFF, 0x00, 0x00, 0xFF, 0x00, 0x00, 0xFF, 0x00, 0x00, 0xFF, 0x00,
0x00, 0xFF, 0x00, 0x00, 0xFF, 0x00, 0x00, 0xFF, 0x00, 0x00, 0xFF, 0x00, 0x00, 0x00, 0x00, 0xFF,
0x00, 0x00, 0xFF, 0x00, 0x00, 0xFF, 0x00, 0x00, 0xFF, 0x00, 0x00, 0xFF, 0x00, 0x00, 0xFF, 0x00,
0x00, 0xFF, 0x00, 0x00, 0xFF, 0x00, 0x00, 0xFF, 0x00, 0x00, 0xFF, 0x00, 0x00, 0xFF, 0x00, 0x00,
0xFF, 0x00, 0x00, 0xFF, 0x00, 0x00, 0xFF, 0x00, 0x00, 0xFF, 0x00, 0x00, 0xFF, 0x00, 0x00, 0xFF,
0x00, 0x00, 0xFF, 0x00, 0x00, 0xFF, 0x00, 0x00, 0xFF, 0x00, 0x00, 0xFF, 0x00, 0x00, 0xFF, 0x00,
0x00, 0xFF, 0x00, 0x00, 0xFF, 0x00, 0x00, 0xFF, 0x00, 0x00, 0xFF, 0x00, 0x00, 0xFF, 0x00, 0x00,
0xFF, 0x00, 0x00, 0xFF, 0x00, 0x00, 0xFF, 0x00, 0x00, 0xFF, 0x00, 0x00, 0xFF, 0x00, 0x00, 0xFF,
0x00, 0x00, 0xFF, 0x00, 0x00, 0xFF, 0x00, 0x00, 0xFF, 0x00, 0x00, 0x00, 0x00, 0x00, 0xFF, 0xFF,
0xFF, 0xFF, 0xFF, 0xFF, 0xFF, 0xFF, 0xFF, 0xFF, 0xFF, 0xFF, 0xFF, 0xFF, 0xFF, 0xFF, 0xFF, 0xFF,
0xFF, 0xFF, 0xFF, 0xFF, 0xFF, 0xFF, 0xFF, 0xFF, 0xFF, 0xFF, 0xFF, 0xFF, 0xFF, 0xFF, 0xFF, 0x00,
0x00, 0x00, 0x80, 0x00, 0xFF, 0x80, 0x00, 0xFF, 0x80, 0x00, 0xFF, 0x80, 0x00, 0xFF, 0x80, 0x00,
0xFF, 0x80, 0x00, 0xFF, 0x80, 0x00, 0xFF, 0x80, 0x00, 0xFF, 0x80, 0x00, 0xFF, 0x80, 0x00, 0xFF,
0x80, 0x00, 0xFF, 0x80, 0x00, 0xFF, 0x80, 0x00, 0xFF, 0x80, 0x00, 0xFF, 0x80, 0x00, 0xFF, 0x80,
0x00, 0xFF, 0x80, 0x00, 0xFF, 0x80, 0x00, 0xFF, 0x80, 0x00, 0xFF, 0x80, 0x00, 0xFF, 0x80, 0x00,
0xFF, 0x00, 0x00, 0x00, 0x00, 0xFF, 0xFF, 0x00, 0xFF, 0xFF, 0x00, 0xFF, 0xFF, 0x00, 0xFF, 0xFF,
0x00, 0xFF, 0xFF, 0x00, 0xFF, 0xFF, 0x00, 0xFF, 0xFF, 0x00, 0xFF, 0xFF, 0x00, 0xFF, 0xFF, 0x00,
0xFF, 0xFF, 0x00, 0xFF, 0xFF, 0x00, 0xFF, 0xFF, 0x00, 0xFF, 0xFF, 0x00, 0xFF, 0xFF, 0x00, 0xFF,
0xFF, 0x00, 0xFF, 0xFF, 0x00, 0xFF, 0xFF, 0x00, 0xFF, 0xFF, 0x00, 0xFF, 0xFF, 0x00, 0xFF, 0xFF,
0x00, 0xFF, 0xFF, 0x00, 0xFF, 0xFF, 0x00, 0xFF, 0xFF, 0x00, 0xFF, 0xFF, 0x00, 0xFF, 0xFF, 0x00,
0xFF, 0xFF, 0x00, 0xFF, 0xFF, 0x00, 0xFF, 0xFF, 0x00, 0xFF, 0xFF, 0x00, 0xFF, 0xFF, 0x00, 0xFF,
0xFF, 0x00, 0xFF, 0xFF, 0x00, 0x00, 0x00, 0x00, 0xFF, 0x00, 0x00, 0xFF, 0x00, 0x00, 0xFF, 0x00,
0x00, 0xFF, 0x00, 0x00, 0xFF, 0x00, 0x00, 0xFF, 0x00, 0x00, 0xFF, 0x00, 0x00, 0xFF, 0x00, 0x00,
0xFF, 0x00, 0x00, 0xFF, 0x00, 0x00, 0xFF, 0x00, 0x00, 0xFF, 0x00, 0x00, 0xFF, 0x00, 0x00, 0xFF,
0x00, 0x00, 0xFF, 0x00, 0x00, 0xFF, 0x00, 0x00, 0xFF, 0x00, 0x00, 0xFF, 0x00, 0x00, 0xFF, 0x00,
0x00, 0xFF, 0x00, 0x00, 0xFF, 0x00, 0x00, 0xFF, 0x00, 0x00, 0xFF, 0x00, 0x00, 0xFF, 0x00, 0x00,
0xFF, 0x00, 0x00, 0xFF, 0x00, 0x00, 0xFF, 0x00, 0x00, 0xFF, 0x00, 0x00, 0xFF, 0x00, 0x00, 0xFF,
0x00, 0x00, 0xFF, 0x00, 0x00, 0xFF, 0x00, 0x00, 0xFF, 0x00, 0x00, 0xFF, 0x00, 0x00, 0xFF, 0x00,
0x00, 0x00, 0x00, 0xFF, 0x00, 0x00, 0xFF, 0x00, 0x00, 0xFF, 0x00, 0x00, 0xFF, 0x00, 0x00, 0xFF,
0x00, 0x00, 0xFF, 0x00, 0x00, 0xFF, 0x00, 0x00, 0xFF, 0x00, 0x00, 0xFF, 0x00, 0x00, 0xFF, 0x00,
0x00, 0xFF, 0x00, 0x00, 0xFF, 0x00, 0x00, 0xFF, 0x00, 0x00, 0xFF, 0x00, 0x00, 0xFF, 0x00, 0x00,
0xFF, 0x00, 0x00, 0xFF, 0x00, 0x00, 0xFF, 0x00, 0x00, 0xFF, 0x00, 0x00, 0xFF, 0x00, 0x00, 0xFF,
0x00, 0x00, 0xFF, 0x00, 0x00, 0xFF, 0x00, 0x00, 0xFF, 0x00, 0x00, 0xFF, 0x00, 0x00, 0xFF, 0x00,
0x00, 0xFF, 0x00, 0x00, 0xFF, 0x00, 0x00, 0xFF, 0x00, 0x00, 0xFF, 0x00, 0x00, 0xFF, 0x00, 0x00,
0xFF, 0x00, 0x00, 0xFF, 0x00, 0x00, 0xFF, 0x00, 0x00, 0xFF, 0x00, 0x00, 0x00, 0x00, 0x00, 0xFF,
0xFF, 0xFF, 0xFF, 0xFF, 0xFF, 0xFF, 0xFF, 0xFF, 0xFF, 0xFF, 0xFF, 0xFF, 0xFF, 0xFF, 0xFF, 0xFF,
0xFF, 0xFF, 0xFF, 0xFF, 0xFF, 0xFF, 0xFF, 0xFF, 0xFF, 0xFF, 0xFF, 0xFF, 0xFF, 0xFF, 0xFF, 0xFF,
```

```
0xFF, 0xFF, 0xFF, 0xFF, 0xFF, 0xFF, 0x00, 0x00, 0x00, 0x80, 0x00, 0xFF, 0x80, 0x00, 0xFF, 0x80,
0x00, 0xFF, 0x80, 0x00, 0xFF, 0x80, 0x00, 0xFF, 0x80, 0x00, 0xFF, 0x80, 0x00, 0xFF, 0x80, 0x00,
0xFF, 0x80, 0x00, 0xFF, 0x80, 0x00, 0xFF, 0x80, 0x00, 0xFF, 0x80, 0x00, 0xFF, 0x80, 0x00, 0xFF,
0x80, 0x00, 0xFF, 0x80, 0x00, 0xFF, 0x80, 0x00, 0xFF, 0x80, 0x00, 0xFF, 0x80, 0x00, 0xFF, 0x80,
0x00, 0xFF, 0x80, 0x00, 0xFF, 0x00, 0x00, 0x00, 0x00, 0xFF, 0xFF, 0x00, 0xFF, 0xFF, 0x00, 0xFF,
0xFF, 0x00, 0xFF, 0xFF, 0x00, 0xFF, 0xFF, 0x00, 0xFF, 0xFF, 0x00, 0xFF, 0xFF, 0x00, 0xFF, 0xFF,
0x00, 0xFF, 0xFF, 0x00, 0xFF, 0xFF, 0x00, 0xFF, 0xFF, 0x00, 0xFF, 0xFF, 0x00, 0xFF, 0xFF, 0x00,
0xFF, 0xFF, 0x00, 0xFF, 0xFF, 0x00, 0xFF, 0xFF, 0x00, 0xFF, 0xFF, 0x00, 0xFF, 0xFF, 0x00, 0xFF,
0xFF, 0x00, 0xFF, 0xFF, 0x00, 0xFF, 0xFF, 0x00, 0xFF, 0xFF, 0x00, 0xFF, 0xFF, 0x00, 0xFF, 0xFF,
0x00, 0xFF, 0xFF, 0x00, 0xFF, 0xFF, 0x00, 0xFF, 0xFF, 0x00, 0xFF, 0xFF, 0x00, 0xFF, 0xFF, 0x00,
0xFF, 0xFF, 0x00, 0xFF, 0xFF, 0x00, 0xFF, 0xFF, 0x00, 0x00, 0x00, 0x00, 0xFF, 0x00, 0x00, 0xFF,
0x00, 0x00, 0xFF, 0x00, 0x00, 0xFF, 0x00, 0x00, 0xFF, 0x00, 0x00, 0xFF, 0x00, 0x00, 0xFF, 0x00,
0x00, 0xFF, 0x00, 0x00, 0xFF, 0x00, 0x00, 0xFF, 0x00, 0x00, 0xFF, 0x00, 0x00, 0xFF, 0x00, 0x00,
0xFF, 0x00, 0x00, 0xFF, 0x00, 0x00, 0xFF, 0x00, 0x00, 0xFF, 0x00, 0x00, 0xFF, 0x00, 0x00, 0xFF,
0x00, 0x00, 0xFF, 0x00, 0x00, 0xFF, 0x00, 0x00, 0xFF, 0x00, 0x00, 0xFF, 0x00, 0x00, 0xFF, 0x00,
0x00, 0xFF, 0x00, 0x00, 0xFF, 0x00, 0x00, 0xFF, 0x00, 0x00, 0xFF, 0x00, 0x00, 0xFF, 0x00, 0x00,
0xFF, 0x00, 0x00, 0xFF, 0x00, 0x00, 0xFF, 0x00, 0x00, 0xFF, 0x00, 0x00, 0xFF, 0x00, 0x00, 0xFF,
0x00, 0x00, 0xFF, 0x00, 0x00, 0x00, 0x00, 0xFF, 0x00, 0x00, 0xFF, 0x00, 0x00, 0xFF, 0x00, 0x00,
0xFF, 0x00, 0x00, 0xFF, 0x00, 0x00, 0xFF, 0x00, 0x00, 0xFF, 0x00, 0x00, 0xFF, 0x00, 0x00, 0xFF,
0x00, 0x00, 0xFF, 0x00, 0x00, 0xFF, 0x00, 0x00, 0xFF, 0x00, 0x00, 0xFF, 0x00, 0x00, 0xFF, 0x00,
0x00, 0xFF, 0x00, 0x00, 0xFF, 0x00, 0x00, 0xFF, 0x00, 0x00, 0xFF, 0x00, 0x00, 0xFF, 0x00, 0x00,
0xFF, 0x00, 0x00, 0xFF, 0x00, 0x00, 0xFF, 0x00, 0x00, 0xFF, 0x00, 0x00, 0xFF, 0x00, 0x00, 0xFF,
0x00, 0x00, 0xFF, 0x00, 0x00, 0xFF, 0x00, 0x00, 0xFF, 0x00, 0x00, 0xFF, 0x00, 0x00, 0xFF, 0x00,
0x00, 0xFF, 0x00, 0x00, 0xFF, 0x00, 0x00, 0xFF, 0x00, 0x00, 0xFF, 0x00, 0x00, 0x00, 0x00, 0x00,
0xFF, 0xFF, 0xFF, 0xFF, 0xFF, 0xFF, 0xFF, 0xFF, 0xFF, 0xFF, 0xFF, 0xFF, 0xFF, 0xFF, 0xFF, 0xFF,
0xFF, 0xFF, 0xFF, 0xFF, 0xFF, 0xFF, 0xFF, 0xFF, 0xFF, 0xFF, 0xFF, 0xFF, 0xFF, 0xFF, 0xFF, 0xFF,
0xFF, 0xFF, 0xFF, 0xFF, 0xFF, 0xFF, 0xFF, 0xFF, 0xFF, 0xFF, 0xFF, 0xFF, 0xFF, 0x00, 0x00, 0x00,
0x80, 0x00, 0xFF, 0x80, 0x00, 0xFF, 0x80, 0x00, 0xFF, 0x80, 0x00, 0xFF, 0x80, 0x00, 0xFF, 0x80,
0x00, 0xFF, 0x80, 0x00, 0xFF, 0x80, 0x00, 0xFF, 0x80, 0x00, 0xFF, 0x80, 0x00, 0xFF, 0x80, 0x00,
0xFF, 0x80, 0x00, 0xFF, 0x80, 0x00, 0xFF, 0x80, 0x00, 0xFF, 0x80, 0x00, 0xFF, 0x80, 0x00, 0xFF,
0x80, 0x00, 0xFF, 0x80, 0x00, 0xFF, 0x80, 0x00, 0xFF, 0x00, 0x00, 0x00, 0x00, 0xFF, 0xFF, 0x00,
0xFF, 0xFF, 0x00, 0xFF, 0xFF, 0x00, 0xFF, 0xFF, 0x00, 0xFF, 0xFF, 0x00, 0xFF, 0xFF, 0x00, 0xFF,
0xFF, 0x00, 0xFF, 0xFF, 0x00, 0xFF, 0xFF, 0x00, 0xFF, 0xFF, 0x00, 0xFF, 0xFF, 0x00, 0xFF, 0xFF,
0x00, 0xFF, 0xFF, 0x00, 0xFF, 0xFF, 0x00, 0xFF, 0xFF, 0x00, 0xFF, 0xFF, 0x00, 0xFF, 0xFF, 0x00,
0xFF, 0xFF, 0x00, 0xFF, 0xFF, 0x00, 0xFF, 0xFF, 0x00, 0xFF, 0xFF, 0x00, 0xFF, 0xFF, 0x00, 0xFF,
0xFF, 0x00, 0xFF, 0xFF, 0x00, 0xFF, 0xFF, 0x00, 0xFF, 0xFF, 0x00, 0xFF, 0xFF, 0x00, 0xFF, 0xFF,
0x00, 0xFF, 0xFF, 0x00, 0xFF, 0xFF, 0x00, 0xFF, 0xFF, 0x00, 0xFF, 0xFF, 0x00, 0x00, 0x00, 0x00,
0xFF, 0x00, 0x00, 0xFF, 0x00, 0x00, 0xFF, 0x00, 0x00, 0xFF, 0x00, 0x00, 0xFF, 0x00, 0x00, 0xFF,
0x00, 0x00, 0xFF, 0x00, 0x00, 0xFF, 0x00, 0x00, 0xFF, 0x00, 0x00, 0xFF, 0x00, 0x00, 0xFF, 0x00,
```

```
0x00, 0xFF, 0x00, 0x00, 0xFF, 0x00, 0x00, 0xFF, 0x00, 0x00, 0xFF, 0x00, 0x00, 0xFF, 0x00, 0x00,
0xFF, 0x00, 0x00, 0xFF, 0x00, 0x00, 0xFF, 0x00, 0x00, 0xFF, 0x00, 0x00, 0xFF, 0x00, 0x00, 0xFF,
0x00, 0x00, 0xFF, 0x00, 0x00, 0xFF, 0x00, 0x00, 0xFF, 0x00, 0x00, 0xFF, 0x00, 0x00, 0xFF, 0x00,
0x00, 0xFF, 0x00, 0x00, 0xFF, 0x00, 0x00, 0xFF, 0x00, 0x00, 0xFF, 0x00, 0x00, 0xFF, 0x00, 0x00,
0xFF, 0x00, 0x00, 0xFF, 0x00, 0x00, 0xFF, 0x00, 0x00, 0x00, 0x00, 0xFF, 0x00, 0x00, 0xFF, 0x00,
0x00, 0xFF, 0x00, 0x00, 0xFF, 0x00, 0x00, 0xFF, 0x00, 0x00, 0xFF, 0x00, 0x00, 0xFF, 0x00, 0x00,
0xFF, 0x00, 0x00, 0xFF, 0x00, 0x00, 0xFF, 0x00, 0x00, 0xFF, 0x00, 0x00, 0xFF, 0x00, 0x00, 0xFF,
0x00, 0x00, 0xFF, 0x00, 0x00, 0xFF, 0x00, 0x00, 0xFF, 0x00, 0x00, 0xFF, 0x00, 0x00, 0xFF, 0x00,
0x00, 0xFF, 0x00, 0x00, 0xFF, 0x00, 0x00, 0xFF, 0x00, 0x00, 0xFF, 0x00, 0x00, 0xFF, 0x00, 0x00,
0xFF, 0x00, 0x00, 0xFF, 0x00, 0x00, 0xFF, 0x00, 0x00, 0xFF, 0x00, 0x00, 0xFF, 0x00, 0x00, 0xFF,
0x00, 0x00, 0xFF, 0x00, 0x00, 0xFF, 0x00, 0x00, 0xFF, 0x00, 0x00, 0xFF, 0x00, 0x00, 0x00, 0x00,
0x00, 0xFF, 0xFF, 0xFF, 0xFF, 0xFF, 0xFF, 0xFF, 0xFF, 0xFF, 0xFF, 0xFF, 0xFF, 0xFF, 0xFF, 0xFF,
0xFF, 0xFF, 0xFF, 0xFF, 0xFF, 0xFF, 0xFF, 0xFF, 0xFF, 0xFF, 0xFF, 0xFF, 0xFF, 0xFF, 0xFF, 0xFF,
0xFF, 0xFF, 0xFF, 0xFF, 0xFF, 0xFF, 0xFF, 0xFF, 0xFF, 0xFF, 0xFF, 0xFF, 0xFF, 0xFF, 0xFF, 0xFF,
0xFF, 0xFF, 0xFF, 0xFF, 0x00, 0x00, 0x00, 0x80, 0x00, 0xFF, 0x80, 0x00, 0xFF, 0x80, 0x00, 0xFF,
0x80, 0x00, 0xFF, 0x80, 0x00, 0xFF, 0x80, 0x00, 0xFF, 0x80, 0x00, 0xFF, 0x80, 0x00, 0xFF, 0x80,
0x00, 0xFF, 0x80, 0x00, 0xFF, 0x80, 0x00, 0xFF, 0x80, 0x00, 0xFF, 0x80, 0x00, 0xFF, 0x80, 0x00,
0xFF, 0x80, 0x00, 0xFF, 0x80, 0x00, 0xFF, 0x80, 0x00, 0xFF, 0x80, 0x00, 0xFF, 0x00, 0x00, 0x00,
0x00, 0xFF, 0xFF, 0x00, 0xFF, 0xFF, 0x00, 0xFF, 0xFF, 0x00, 0xFF, 0xFF, 0x00, 0xFF, 0xFF, 0x00,
0xFF, 0xFF, 0x00, 0xFF, 0xFF, 0x00, 0xFF, 0xFF, 0x00, 0xFF, 0xFF, 0x00, 0xFF, 0xFF, 0x00, 0xFF,
0xFF, 0x00, 0xFF, 0xFF, 0x00, 0xFF, 0xFF, 0x00, 0xFF, 0xFF, 0x00, 0xFF, 0xFF, 0x00, 0xFF, 0xFF,
0x00, 0xFF, 0xFF, 0x00, 0xFF, 0xFF, 0x00, 0xFF, 0xFF, 0x00, 0xFF, 0xFF, 0x00, 0xFF, 0xFF, 0x00,
0xFF, 0xFF, 0x00, 0xFF, 0xFF, 0x00, 0xFF, 0xFF, 0x00, 0xFF, 0xFF, 0x00, 0xFF, 0xFF, 0x00, 0xFF,
0xFF, 0x00, 0xFF, 0xFF, 0x00, 0xFF, 0xFF, 0x00, 0xFF, 0xFF, 0x00, 0xFF, 0xFF, 0x00, 0xFF, 0xFF,
0x00, 0x00, 0x00, 0x00, 0xFF, 0x00, 0x00, 0xFF, 0x00, 0x00, 0xFF, 0x00, 0x00, 0xFF, 0x00, 0x00,
0xFF, 0x00, 0x00, 0xFF, 0x00, 0x00, 0xFF, 0x00, 0x00, 0xFF, 0x00, 0x00, 0xFF, 0x00, 0x00, 0xFF,
0x00, 0x00, 0xFF, 0x00, 0x00, 0xFF, 0x00, 0x00, 0xFF, 0x00, 0x00, 0xFF, 0x00, 0x00, 0xFF, 0x00,
0x00, 0xFF, 0x00, 0x00, 0xFF, 0x00, 0x00, 0xFF, 0x00, 0x00, 0xFF, 0x00, 0x00, 0xFF, 0x00, 0x00,
0xFF, 0x00, 0x00, 0xFF, 0x00, 0x00, 0xFF, 0x00, 0x00, 0xFF, 0x00, 0x00, 0xFF, 0x00, 0x00, 0xFF,
0x00, 0x00, 0xFF, 0x00, 0x00, 0xFF, 0x00, 0x00, 0xFF, 0x00, 0x00, 0xFF, 0x00, 0x00, 0xFF, 0x00,
0x00, 0xFF, 0x00, 0x00, 0xFF, 0x00, 0x00, 0xFF, 0x00, 0x00, 0xFF, 0x00, 0x00, 0x00, 0x00, 0xFF,
0x00, 0x00, 0xFF, 0x00, 0x00, 0xFF, 0x00, 0x00, 0xFF, 0x00, 0x00, 0xFF, 0x00, 0x00, 0xFF, 0x00,
0x00, 0xFF, 0x00, 0x00, 0xFF, 0x00, 0x00, 0xFF, 0x00, 0x00, 0xFF, 0x00, 0x00, 0xFF, 0x00, 0x00,
0xFF, 0x00, 0x00, 0xFF, 0x00, 0x00, 0xFF, 0x00, 0x00, 0xFF, 0x00, 0x00, 0xFF, 0x00, 0x00, 0xFF,
0x00, 0x00, 0xFF, 0x00, 0x00, 0xFF, 0x00, 0x00, 0xFF, 0x00, 0x00, 0xFF, 0x00, 0x00, 0xFF, 0x00,
0x00, 0xFF, 0x00, 0x00, 0xFF, 0x00, 0x00, 0xFF, 0x00, 0x00, 0xFF, 0x00, 0x00, 0xFF, 0x00, 0x00,
0xFF, 0x00, 0x00, 0xFF, 0x00, 0x00, 0xFF, 0x00, 0x00, 0xFF, 0x00, 0x00, 0xFF, 0x00, 0x00, 0x00,
0x00, 0x00, 0xFF, 0xFF, 0xFF, 0xFF, 0xFF, 0xFF, 0xFF, 0xFF, 0xFF, 0xFF, 0xFF, 0xFF, 0xFF, 0xFF,
0xFF, 0xFF, 0xFF, 0xFF, 0xFF, 0xFF, 0xFF, 0xFF, 0xFF, 0xFF, 0xFF, 0xFF, 0xFF, 0xFF, 0xFF, 0xFF,
```

```
0xFF, 0xFF, 0xFF, 0xFF, 0xFF, 0xFF, 0xFF, 0xFF, 0xFF, 0xFF, 0xFF, 0xFF, 0xFF, 0xFF, 0xFF, 0xFF,
0xFF, 0xFF, 0xFF, 0xFF, 0xFF, 0xFF, 0xFF, 0xFF, 0xFF, 0xFF, 0xFF, 0x00, 0x00, 0x00, 0x00, 0x00,
0x00, 0x80, 0x00, 0xFF, 0x80, 0x00, 0xFF, 0x80, 0x00, 0xFF, 0x80, 0x00, 0xFF, 0x80, 0x00, 0xFF,
0x80, 0x00, 0xFF, 0x80, 0x00, 0xFF, 0x80, 0x00, 0xFF, 0x80, 0x00, 0xFF, 0x80, 0x00, 0xFF, 0x80,
0x00, 0xFF, 0x80, 0x00, 0xFF, 0x80, 0x00, 0xFF, 0x80, 0x00, 0xFF, 0x80, 0x00, 0xFF, 0x80, 0x00,
0xFF, 0x00, 0x00, 0x00, 0x00, 0xFF, 0xFF, 0x00, 0xFF, 0xFF, 0x00, 0xFF, 0xFF, 0x00, 0xFF, 0xFF,
0x00, 0xFF, 0xFF, 0x00, 0xFF, 0xFF, 0x00, 0xFF, 0xFF, 0x00, 0xFF, 0xFF, 0x00, 0xFF, 0xFF, 0x00,
0xFF, 0xFF, 0x00, 0xFF, 0xFF, 0x00, 0xFF, 0xFF, 0x00, 0xFF, 0xFF, 0x00, 0xFF, 0xFF, 0x00, 0xFF,
0xFF, 0x00, 0xFF, 0xFF, 0x00, 0xFF, 0xFF, 0x00, 0xFF, 0xFF, 0x00, 0xFF, 0xFF, 0x00, 0xFF, 0xFF,
0x00, 0xFF, 0xFF, 0x00, 0xFF, 0xFF, 0x00, 0xFF, 0xFF, 0x00, 0xFF, 0xFF, 0x00, 0xFF, 0xFF, 0x00,
0xFF, 0xFF, 0x00, 0xFF, 0xFF, 0x00, 0xFF, 0xFF, 0x00, 0xFF, 0xFF, 0x00, 0xFF, 0xFF, 0x00, 0xFF,
0xFF, 0x00, 0xFF, 0xFF, 0x00, 0x00, 0x00, 0x00, 0xFF, 0x00, 0x00, 0xFF, 0x00, 0x00, 0xFF, 0x00,
0x00, 0xFF, 0x00, 0x00, 0xFF, 0x00, 0x00, 0xFF, 0x00, 0x00, 0xFF, 0x00, 0x00, 0xFF, 0x00, 0x00,
0xFF, 0x00, 0x00, 0xFF, 0x00, 0x00, 0xFF, 0x00, 0x00, 0xFF, 0x00, 0x00, 0xFF, 0x00, 0x00, 0xFF,
0x00, 0x00, 0xFF, 0x00, 0x00, 0xFF, 0x00, 0x00, 0xFF, 0x00, 0x00, 0xFF, 0x00, 0x00, 0xFF, 0x00,
0x00, 0xFF, 0x00, 0x00, 0xFF, 0x00, 0x00, 0xFF, 0x00, 0x00, 0xFF, 0x00, 0x00, 0xFF, 0x00, 0x00,
0xFF, 0x00, 0x00, 0xFF, 0x00, 0x00, 0xFF, 0x00, 0x00, 0xFF, 0x00, 0x00, 0xFF, 0x00, 0x00, 0xFF,
0x00, 0x00, 0xFF, 0x00, 0x00, 0xFF, 0x00, 0x00, 0xFF, 0x00, 0x00, 0xFF, 0x00, 0x00, 0xFF, 0x00,
0x00, 0x00, 0x00, 0xFF, 0x00, 0x00, 0xFF, 0x00, 0x00, 0xFF, 0x00, 0x00, 0xFF, 0x00, 0x00, 0xFF,
0x00, 0x00, 0xFF, 0x00, 0x00, 0xFF, 0x00, 0x00, 0xFF, 0x00, 0x00, 0xFF, 0x00, 0x00, 0xFF, 0x00,
0x00, 0xFF, 0x00, 0x00, 0xFF, 0x00, 0x00, 0xFF, 0x00, 0x00, 0xFF, 0x00, 0x00, 0xFF, 0x00, 0x00,
0xFF, 0x00, 0x00, 0xFF, 0x00, 0x00, 0xFF, 0x00, 0x00, 0xFF, 0x00, 0x00, 0xFF, 0x00, 0x00, 0xFF,
0x00, 0x00, 0xFF, 0x00, 0x00, 0xFF, 0x00, 0x00, 0xFF, 0x00, 0x00, 0xFF, 0x00, 0x00, 0xFF, 0x00,
0x00, 0xFF, 0x00, 0x00, 0xFF, 0x00, 0x00, 0xFF, 0x00, 0x00, 0xFF, 0x00, 0x00, 0x00, 0x00, 0x00,
0x00, 0x00, 0x00, 0xFF, 0xFF, 0xFF, 0xFF, 0xFF, 0xFF, 0xFF, 0xFF, 0xFF, 0xFF, 0xFF, 0xFF, 0xFF,
0xFF, 0xFF, 0xFF, 0xFF, 0xFF, 0xFF, 0xFF, 0xFF, 0xFF, 0xFF, 0xFF, 0xFF, 0xFF, 0xFF, 0xFF, 0xFF,
0xFF, 0xFF, 0xFF, 0xFF, 0xFF, 0xFF, 0xFF, 0xFF, 0xFF, 0xFF, 0xFF, 0xFF, 0xFF, 0xFF, 0xFF, 0xFF,
0xFF, 0xFF, 0xFF, 0xFF, 0xFF, 0xFF, 0xFF, 0xFF, 0xFF, 0xFF, 0xFF, 0xFF, 0xFF, 0xFF, 0xFF, 0xFF,
0xFF, 0xFF, 0xFF, 0xFF, 0xFF, 0x00, 0x00, 0x00, 0x80, 0x00, 0xFF, 0x80, 0x00, 0xFF, 0x80, 0x00,
0xFF, 0x80, 0x00, 0xFF, 0x80, 0x00, 0xFF, 0x80, 0x00, 0xFF, 0x80, 0x00, 0xFF, 0x80, 0x00, 0xFF,
0x80, 0x00, 0xFF, 0x80, 0x00, 0xFF, 0x80, 0x00, 0xFF, 0x80, 0x00, 0xFF, 0x80, 0x00, 0xFF, 0x80,
0x00, 0xFF, 0x80, 0x00, 0xFF, 0x00, 0x00, 0x00, 0x00, 0xFF, 0xFF, 0x00, 0xFF, 0xFF, 0x00, 0xFF,
0xFF, 0x00, 0xFF, 0xFF, 0x00, 0xFF, 0xFF, 0x00, 0xFF, 0xFF, 0x00, 0xFF, 0xFF, 0x00, 0xFF, 0xFF,
0x00, 0xFF, 0xFF, 0x00, 0xFF, 0xFF, 0x00, 0xFF, 0xFF, 0x00, 0xFF, 0xFF, 0x00, 0xFF, 0xFF, 0x00,
0xFF, 0xFF, 0x00, 0xFF, 0xFF, 0x00, 0xFF, 0xFF, 0x00, 0xFF, 0xFF, 0x00, 0xFF, 0xFF, 0x00, 0xFF,
0xFF, 0x00, 0xFF, 0xFF, 0x00, 0xFF, 0xFF, 0x00, 0xFF, 0xFF, 0x00, 0xFF, 0xFF, 0x00, 0xFF, 0xFF,
0x00, 0xFF, 0xFF, 0x00, 0xFF, 0xFF, 0x00, 0xFF, 0xFF, 0x00, 0xFF, 0xFF, 0x00, 0xFF, 0xFF, 0x00,
0xFF, 0xFF, 0x00, 0xFF, 0xFF, 0x00, 0xFF, 0xFF, 0x00, 0x00, 0x00, 0x00, 0xFF, 0x00, 0x00, 0xFF,
0x00, 0x00, 0xFF, 0x00, 0x00, 0xFF, 0x00, 0x00, 0xFF, 0x00, 0x00, 0xFF, 0x00, 0x00, 0xFF, 0x00,
```

```
0x00, 0xFF, 0x00, 0x00, 0xFF, 0x00, 0x00, 0xFF, 0x00, 0x00, 0xFF, 0x00, 0x00, 0xFF, 0x00, 0x00,
0xFF, 0x00, 0x00, 0xFF, 0x00, 0x00, 0xFF, 0x00, 0x00, 0xFF, 0x00, 0x00, 0xFF, 0x00, 0x00, 0xFF,
0x00, 0x00, 0xFF, 0x00, 0x00, 0xFF, 0x00, 0x00, 0xFF, 0x00, 0x00, 0xFF, 0x00, 0x00, 0xFF, 0x00,
0x00, 0xFF, 0x00, 0x00, 0xFF, 0x00, 0x00, 0xFF, 0x00, 0x00, 0xFF, 0x00, 0x00, 0xFF, 0x00, 0x00,
0xFF, 0x00, 0x00, 0xFF, 0x00, 0x00, 0xFF, 0x00, 0x00, 0xFF, 0x00, 0x00, 0xFF, 0x00, 0x00, 0xFF,
0x00, 0x00, 0xFF, 0x00, 0x00, 0x00, 0x00, 0xFF, 0x00, 0x00, 0xFF, 0x00, 0x00, 0xFF, 0x00, 0x00,
0xFF, 0x00, 0x00, 0xFF, 0x00, 0x00, 0xFF, 0x00, 0x00, 0xFF, 0x00, 0x00, 0xFF, 0x00, 0x00, 0xFF,
0x00, 0x00, 0xFF, 0x00, 0x00, 0xFF, 0x00, 0x00, 0xFF, 0x00, 0x00, 0xFF, 0x00, 0x00, 0xFF, 0x00,
0x00, 0xFF, 0x00, 0x00, 0xFF, 0x00, 0x00, 0xFF, 0x00, 0x00, 0xFF, 0x00, 0x00, 0xFF, 0x00, 0x00,
0xFF, 0x00, 0x00, 0xFF, 0x00, 0x00, 0xFF, 0x00, 0x00, 0xFF, 0x00, 0x00, 0xFF, 0x00, 0x00, 0xFF,
0x00, 0x00, 0xFF, 0x00, 0x00, 0xFF, 0x00, 0x00, 0xFF, 0x00, 0x00, 0xFF, 0x00, 0x00, 0x00, 0x00,
0x00, 0xFF, 0xFF, 0xFF, 0xFF, 0xFF, 0xFF, 0xFF, 0xFF, 0xFF, 0xFF, 0xFF, 0xFF, 0xFF, 0xFF, 0xFF,
0xFF, 0xFF, 0xFF, 0xFF, 0xFF, 0xFF, 0xFF, 0xFF, 0xFF, 0xFF, 0xFF, 0xFF, 0xFF, 0xFF, 0xFF, 0xFF,
0xFF, 0xFF, 0xFF, 0xFF, 0xFF, 0xFF, 0xFF, 0xFF, 0xFF, 0xFF, 0xFF, 0xFF, 0xFF, 0xFF, 0xFF, 0xFF,
0xFF, 0xFF, 0xFF, 0xFF, 0xFF, 0xFF, 0xFF, 0xFF, 0xFF, 0xFF, 0xFF, 0xFF, 0xFF, 0xFF, 0xFF, 0xFF,
0xFF, 0xFF, 0xFF, 0xFF, 0xFF, 0xFF, 0xFF, 0xFF, 0xFF, 0xFF, 0xFF, 0xFF, 0x00, 0x00, 0x00, 0x00,
0x00, 0x00, 0x80, 0x00, 0xFF, 0x80, 0x00, 0xFF, 0x80, 0x00, 0xFF, 0x80, 0x00, 0xFF, 0x80, 0x00,
0xFF, 0x80, 0x00, 0xFF, 0x80, 0x00, 0xFF, 0x80, 0x00, 0xFF, 0x80, 0x00, 0xFF, 0x80, 0x00, 0xFF,
0x80, 0x00, 0xFF, 0x80, 0x00, 0xFF, 0x80, 0x00, 0xFF, 0x00, 0x00, 0x00, 0x00, 0xFF, 0xFF, 0x00,
0xFF, 0xFF, 0x00, 0xFF, 0xFF, 0x00, 0xFF, 0xFF, 0x00, 0xFF, 0xFF, 0x00, 0xFF, 0xFF, 0x00, 0xFF,
0xFF, 0x00, 0xFF, 0xFF, 0x00, 0xFF, 0xFF, 0x00, 0xFF, 0xFF, 0x00, 0xFF, 0xFF, 0x00, 0xFF, 0xFF,
0x00, 0xFF, 0xFF, 0x00, 0xFF, 0xFF, 0x00, 0xFF, 0xFF, 0x00, 0xFF, 0xFF, 0x00, 0xFF, 0xFF, 0x00,
0xFF, 0xFF, 0x00, 0xFF, 0xFF, 0x00, 0xFF, 0xFF, 0x00, 0xFF, 0xFF, 0x00, 0xFF, 0xFF, 0x00, 0xFF,
0xFF, 0x00, 0xFF, 0xFF, 0x00, 0xFF, 0xFF, 0x00, 0xFF, 0xFF, 0x00, 0xFF, 0xFF, 0x00, 0xFF, 0xFF,
0x00, 0xFF, 0xFF, 0x00, 0xFF, 0xFF, 0x00, 0xFF, 0xFF, 0x00, 0xFF, 0xFF, 0x00, 0x00, 0x00, 0x00,
0xFF, 0x00, 0x00, 0xFF, 0x00, 0x00, 0xFF, 0x00, 0x00, 0xFF, 0x00, 0x00, 0xFF, 0x00, 0x00, 0xFF,
0x00, 0x00, 0xFF, 0x00, 0x00, 0xFF, 0x00, 0x00, 0xFF, 0x00, 0x00, 0xFF, 0x00, 0x00, 0xFF, 0x00,
0x00, 0xFF, 0x00, 0x00, 0xFF, 0x00, 0x00, 0xFF, 0x00, 0x00, 0xFF, 0x00, 0x00, 0xFF, 0x00, 0x00,
0xFF, 0x00, 0x00, 0xFF, 0x00, 0x00, 0xFF, 0x00, 0x00, 0xFF, 0x00, 0x00, 0xFF, 0x00, 0x00, 0xFF,
0x00, 0x00, 0xFF, 0x00, 0x00, 0xFF, 0x00, 0x00, 0xFF, 0x00, 0x00, 0xFF, 0x00, 0x00, 0xFF, 0x00,
0x00, 0xFF, 0x00, 0x00, 0xFF, 0x00, 0x00, 0xFF, 0x00, 0x00, 0xFF, 0x00, 0x00, 0xFF, 0x00, 0x00,
0xFF, 0x00, 0x00, 0xFF, 0x00, 0x00, 0xFF, 0x00, 0x00, 0x00, 0x00, 0xFF, 0x00, 0x00, 0xFF, 0x00,
0x00, 0xFF, 0x00, 0x00, 0xFF, 0x00, 0x00, 0xFF, 0x00, 0x00, 0xFF, 0x00, 0x00, 0xFF, 0x00, 0x00,
0xFF, 0x00, 0x00, 0xFF, 0x00, 0x00, 0xFF, 0x00, 0x00, 0xFF, 0x00, 0x00, 0xFF, 0x00, 0x00, 0xFF,
0x00, 0x00, 0xFF, 0x00, 0x00, 0xFF, 0x00, 0x00, 0xFF, 0x00, 0x00, 0xFF, 0x00, 0x00, 0xFF, 0x00,
0x00, 0xFF, 0x00, 0x00, 0xFF, 0x00, 0x00, 0xFF, 0x00, 0x00, 0xFF, 0x00, 0x00, 0xFF, 0x00, 0x00,
0xFF, 0x00, 0x00, 0xFF, 0x00, 0x00, 0xFF, 0x00, 0x00, 0xFF, 0x00, 0x00, 0x00, 0x00, 0x00, 0x00,
0x00, 0x00, 0xFF, 0xFF, 0xFF, 0xFF, 0xFF, 0xFF, 0xFF, 0xFF, 0xFF, 0xFF, 0xFF, 0xFF, 0xFF, 0xFF,
0xFF, 0xFF, 0xFF, 0xFF, 0xFF, 0xFF, 0xFF, 0xFF, 0xFF, 0xFF, 0xFF, 0xFF, 0xFF, 0xFF, 0xFF, 0xFF,
```

```
0xFF, 0xFF, 0xFF, 0xFF, 0xFF, 0xFF, 0xFF, 0xFF, 0xFF, 0xFF, 0xFF, 0xFF, 0xFF, 0xFF, 0xFF, 0xFF,
0xFF, 0xFF, 0xFF, 0xFF, 0xFF, 0xFF, 0xFF, 0xFF, 0xFF, 0xFF, 0xFF, 0xFF, 0xFF, 0xFF, 0xFF, 0xFF,
0xFF, 0xFF, 0xFF, 0xFF, 0xFF, 0xFF, 0xFF, 0xFF, 0xFF, 0xFF, 0xFF, 0xFF, 0xFF, 0xFF, 0xFF, 0xFF,
0xFF, 0xFF, 0xFF, 0xFF, 0xFF, 0xFF, 0x00, 0x00, 0x00, 0x00, 0x00, 0x00, 0x80, 0x00, 0xFF, 0x80,
0x00, 0xFF, 0x80, 0x00, 0xFF, 0x80, 0x00, 0xFF, 0x80, 0x00, 0xFF, 0x80, 0x00, 0xFF, 0x80, 0x00,
0xFF, 0x80, 0x00, 0xFF, 0x80, 0x00, 0xFF, 0x80, 0x00, 0xFF, 0x80, 0x00, 0xFF, 0x00, 0x00, 0x00,
0x00, 0xFF, 0xFF, 0x00, 0xFF, 0xFF, 0x00, 0xFF, 0xFF, 0x00, 0xFF, 0xFF, 0x00, 0xFF, 0xFF, 0x00,
0xFF, 0xFF, 0x00, 0xFF, 0xFF, 0x00, 0xFF, 0xFF, 0x00, 0xFF, 0xFF, 0x00, 0xFF, 0xFF, 0x00, 0xFF,
0xFF, 0x00, 0xFF, 0xFF, 0x00, 0xFF, 0xFF, 0x00, 0xFF, 0xFF, 0x00, 0xFF, 0xFF, 0x00, 0xFF, 0xFF,
0x00, 0xFF, 0xFF, 0x00, 0xFF, 0xFF, 0x00, 0xFF, 0xFF, 0x00, 0xFF, 0xFF, 0x00, 0xFF, 0xFF, 0x00,
0xFF, 0xFF, 0x00, 0xFF, 0xFF, 0x00, 0xFF, 0xFF, 0x00, 0xFF, 0xFF, 0x00, 0xFF, 0xFF, 0x00, 0xFF,
0xFF, 0x00, 0xFF, 0xFF, 0x00, 0xFF, 0xFF, 0x00, 0xFF, 0xFF, 0x00, 0xFF, 0xFF, 0x00, 0xFF, 0xFF,
0x00, 0x00, 0x00, 0x00, 0xFF, 0x00, 0x00, 0xFF, 0x00, 0x00, 0xFF, 0x00, 0x00, 0xFF, 0x00, 0x00,
0xFF, 0x00, 0x00, 0xFF, 0x00, 0x00, 0xFF, 0x00, 0x00, 0xFF, 0x00, 0x00, 0xFF, 0x00, 0x00, 0xFF,
0x00, 0x00, 0xFF, 0x00, 0x00, 0xFF, 0x00, 0x00, 0xFF, 0x00, 0x00, 0xFF, 0x00, 0x00, 0xFF, 0x00,
0x00, 0xFF, 0x00, 0x00, 0xFF, 0x00, 0x00, 0xFF, 0x00, 0x00, 0xFF, 0x00, 0x00, 0xFF, 0x00, 0x00,
0xFF, 0x00, 0x00, 0xFF, 0x00, 0x00, 0xFF, 0x00, 0x00, 0xFF, 0x00, 0x00, 0xFF, 0x00, 0x00, 0xFF,
0x00, 0x00, 0xFF, 0x00, 0x00, 0xFF, 0x00, 0x00, 0xFF, 0x00, 0x00, 0xFF, 0x00, 0x00, 0xFF, 0x00,
0x00, 0xFF, 0x00, 0x00, 0xFF, 0x00, 0x00, 0xFF, 0x00, 0x00, 0xFF, 0x00, 0x00, 0x00, 0x00, 0xFF,
0x00, 0x00, 0xFF, 0x00, 0x00, 0xFF, 0x00, 0x00, 0xFF, 0x00, 0x00, 0xFF, 0x00, 0x00, 0xFF, 0x00,
0x00, 0xFF, 0x00, 0x00, 0xFF, 0x00, 0x00, 0xFF, 0x00, 0x00, 0xFF, 0x00, 0x00, 0xFF, 0x00, 0x00,
0xFF, 0x00, 0x00, 0xFF, 0x00, 0x00, 0xFF, 0x00, 0x00, 0xFF, 0x00, 0x00, 0xFF, 0x00, 0x00, 0xFF,
0x00, 0x00, 0xFF, 0x00, 0x00, 0xFF, 0x00, 0x00, 0xFF, 0x00, 0x00, 0xFF, 0x00, 0x00, 0xFF, 0x00,
0x00, 0xFF, 0x00, 0x00, 0xFF, 0x00, 0x00, 0xFF, 0x00, 0x00, 0x00, 0x00, 0x00, 0x00, 0x00, 0x00,
0xFF, 0xFF, 0xFF, 0xFF, 0xFF, 0xFF, 0xFF, 0xFF, 0xFF, 0xFF, 0xFF, 0xFF, 0xFF, 0xFF, 0xFF, 0xFF,
0xFF, 0xFF, 0xFF, 0xFF, 0xFF, 0xFF, 0xFF, 0xFF, 0xFF, 0xFF, 0xFF, 0xFF, 0xFF, 0xFF, 0xFF, 0xFF,
0xFF, 0xFF, 0xFF, 0xFF, 0xFF, 0xFF, 0xFF, 0xFF, 0xFF, 0xFF, 0xFF, 0xFF, 0xFF, 0xFF, 0xFF, 0xFF,
0xFF, 0xFF, 0xFF, 0xFF, 0xFF, 0xFF, 0xFF, 0xFF, 0xFF, 0xFF, 0xFF, 0xFF, 0xFF, 0xFF, 0xFF, 0xFF,
0xFF, 0xFF, 0xFF, 0xFF, 0xFF, 0xFF, 0xFF, 0xFF, 0xFF, 0xFF, 0xFF, 0xFF, 0xFF, 0xFF, 0xFF, 0xFF,
0xFF, 0xFF, 0xFF, 0xFF, 0xFF, 0xFF, 0xFF, 0xFF, 0xFF, 0xFF, 0xFF, 0xFF, 0xFF, 0xFF, 0xFF, 0xFF,
0x00, 0x00, 0x00, 0x00, 0x00, 0x00, 0x80, 0x00, 0xFF, 0x80, 0x00, 0xFF, 0x80, 0x00, 0xFF, 0x80,
0x00, 0xFF, 0x80, 0x00, 0xFF, 0x80, 0x00, 0xFF, 0x80, 0x00, 0xFF, 0x80, 0x00, 0xFF, 0x80, 0x00,
0xFF, 0x00, 0x00, 0x00, 0x00, 0xFF, 0xFF, 0x00, 0xFF, 0xFF, 0x00, 0xFF, 0xFF, 0x00, 0xFF, 0xFF,
0x00, 0xFF, 0xFF, 0x00, 0xFF, 0xFF, 0x00, 0xFF, 0xFF, 0x00, 0xFF, 0xFF, 0x00, 0xFF, 0xFF, 0x00,
0xFF, 0xFF, 0x00, 0xFF, 0xFF, 0x00, 0xFF, 0xFF, 0x00, 0xFF, 0xFF, 0x00, 0xFF, 0xFF, 0x00, 0xFF,
0xFF, 0x00, 0xFF, 0xFF, 0x00, 0xFF, 0xFF, 0x00, 0xFF, 0xFF, 0x00, 0xFF, 0xFF, 0x00, 0xFF, 0xFF,
0x00, 0xFF, 0xFF, 0x00, 0xFF, 0xFF, 0x00, 0xFF, 0xFF, 0x00, 0xFF, 0xFF, 0x00, 0xFF, 0xFF, 0x00,
0xFF, 0xFF, 0x00, 0xFF, 0xFF, 0x00, 0xFF, 0xFF, 0x00, 0xFF, 0xFF, 0x00, 0xFF, 0xFF, 0x00, 0xFF,
0xFF, 0x00, 0xFF, 0xFF, 0x00, 0x00, 0x00, 0x00, 0xFF, 0x00, 0x00, 0xFF, 0x00, 0x00, 0xFF, 0x00,
```

```
0x00, 0xFF, 0x00, 0x00, 0xFF, 0x00, 0x00, 0xFF, 0x00, 0x00, 0xFF, 0x00, 0x00, 0xFF, 0x00, 0x00,
0xFF, 0x00, 0x00, 0xFF, 0x00, 0x00, 0xFF, 0x00, 0x00, 0xFF, 0x00, 0x00, 0xFF, 0x00, 0x00, 0xFF,
0x00, 0x00, 0xFF, 0x00, 0x00, 0xFF, 0x00, 0x00, 0xFF, 0x00, 0x00, 0xFF, 0x00, 0x00, 0xFF, 0x00,
0x00, 0xFF, 0x00, 0x00, 0xFF, 0x00, 0x00, 0xFF, 0x00, 0x00, 0xFF, 0x00, 0x00, 0xFF, 0x00, 0x00,
0xFF, 0x00, 0x00, 0xFF, 0x00, 0x00, 0xFF, 0x00, 0x00, 0xFF, 0x00, 0x00, 0xFF, 0x00, 0x00, 0xFF,
0x00, 0x00, 0xFF, 0x00, 0x00, 0xFF, 0x00, 0x00, 0xFF, 0x00, 0x00, 0xFF, 0x00, 0x00, 0xFF, 0x00,
0x00, 0x00, 0x00, 0xFF, 0x00, 0x00, 0xFF, 0x00, 0x00, 0xFF, 0x00, 0x00, 0xFF, 0x00, 0x00, 0xFF,
0x00, 0x00, 0xFF, 0x00, 0x00, 0xFF, 0x00, 0x00, 0xFF, 0x00, 0x00, 0xFF, 0x00, 0x00, 0xFF, 0x00,
0x00, 0xFF, 0x00, 0x00, 0xFF, 0x00, 0x00, 0xFF, 0x00, 0x00, 0xFF, 0x00, 0x00, 0xFF, 0x00, 0x00,
0xFF, 0x00, 0x00, 0xFF, 0x00, 0x00, 0xFF, 0x00, 0x00, 0xFF, 0x00, 0x00, 0xFF, 0x00, 0x00, 0xFF,
0x00, 0x00, 0xFF, 0x00, 0x00, 0xFF, 0x00, 0x00, 0x00, 0x00, 0x00, 0x00, 0x00, 0x00, 0xFF, 0xFF,
0xFF, 0xFF, 0xFF, 0xFF, 0xFF, 0xFF, 0xFF, 0xFF, 0xFF, 0xFF, 0xFF, 0xFF, 0xFF, 0xFF, 0xFF, 0xFF,
0xFF, 0xFF, 0xFF, 0xFF, 0xFF, 0xFF, 0xFF, 0xFF, 0xFF, 0xFF, 0xFF, 0xFF, 0xFF, 0xFF, 0xFF, 0xFF,
0xFF, 0xFF, 0xFF, 0xFF, 0xFF, 0xFF, 0xFF, 0xFF, 0xFF, 0xFF, 0xFF, 0xFF, 0xFF, 0xFF, 0xFF, 0xFF,
0xFF, 0xFF, 0xFF, 0xFF, 0xFF, 0xFF, 0xFF, 0xFF, 0xFF, 0xFF, 0xFF, 0xFF, 0xFF, 0xFF, 0xFF, 0xFF,
0xFF, 0xFF, 0xFF, 0xFF, 0xFF, 0xFF, 0xFF, 0xFF, 0xFF, 0xFF, 0xFF, 0xFF, 0xFF, 0xFF, 0xFF, 0xFF,
0xFF, 0xFF, 0xFF, 0xFF, 0xFF, 0xFF, 0xFF, 0xFF, 0xFF, 0xFF, 0xFF, 0xFF, 0xFF, 0xFF, 0xFF, 0xFF,
0xFF, 0xFF, 0xFF, 0xFF, 0xFF, 0xFF, 0xFF, 0xFF, 0xFF, 0xFF, 0x00, 0x00, 0x00, 0x00, 0x00, 0x00,
0x00, 0x00, 0x00, 0x80, 0x00, 0xFF, 0x80, 0x00, 0xFF, 0x80, 0x00, 0xFF, 0x80, 0x00, 0xFF, 0x80,
0x00, 0xFF, 0x80, 0x00, 0xFF, 0x00, 0x00, 0x00, 0x00, 0xFF, 0xFF, 0x00, 0xFF, 0xFF, 0x00, 0xFF,
0xFF, 0x00, 0xFF, 0xFF, 0x00, 0xFF, 0xFF, 0x00, 0xFF, 0xFF, 0x00, 0xFF, 0xFF, 0x00, 0xFF, 0xFF,
0x00, 0xFF, 0xFF, 0x00, 0xFF, 0xFF, 0x00, 0xFF, 0xFF, 0x00, 0xFF, 0xFF, 0x00, 0xFF, 0xFF, 0x00,
0xFF, 0xFF, 0x00, 0xFF, 0xFF, 0x00, 0xFF, 0xFF, 0x00, 0xFF, 0xFF, 0x00, 0xFF, 0xFF, 0x00, 0xFF,
0xFF, 0x00, 0xFF, 0xFF, 0x00, 0xFF, 0xFF, 0x00, 0xFF, 0xFF, 0x00, 0xFF, 0xFF, 0x00, 0xFF, 0xFF,
0x00, 0xFF, 0xFF, 0x00, 0xFF, 0xFF, 0x00, 0xFF, 0xFF, 0x00, 0xFF, 0xFF, 0x00, 0xFF, 0xFF, 0x00,
0xFF, 0xFF, 0x00, 0xFF, 0xFF, 0x00, 0xFF, 0xFF, 0x00, 0x00, 0x00, 0x00, 0xFF, 0x00, 0x00, 0xFF,
0x00, 0x00, 0xFF, 0x00, 0x00, 0xFF, 0x00, 0x00, 0xFF, 0x00, 0x00, 0xFF, 0x00, 0x00, 0xFF, 0x00,
0x00, 0xFF, 0x00, 0x00, 0xFF, 0x00, 0x00, 0xFF, 0x00, 0x00, 0xFF, 0x00, 0x00, 0xFF, 0x00, 0x00,
0xFF, 0x00, 0x00, 0xFF, 0x00, 0x00, 0xFF, 0x00, 0x00, 0xFF, 0x00, 0x00, 0xFF, 0x00, 0x00, 0xFF,
0x00, 0x00, 0xFF, 0x00, 0x00, 0xFF, 0x00, 0x00, 0xFF, 0x00, 0x00, 0xFF, 0x00, 0x00, 0xFF, 0x00,
0x00, 0xFF, 0x00, 0x00, 0xFF, 0x00, 0x00, 0xFF, 0x00, 0x00, 0xFF, 0x00, 0x00, 0xFF, 0x00, 0x00,
0xFF, 0x00, 0x00, 0xFF, 0x00, 0x00, 0xFF, 0x00, 0x00, 0xFF, 0x00, 0x00, 0xFF, 0x00, 0x00, 0xFF,
0x00, 0x00, 0xFF, 0x00, 0x00, 0x00, 0x00, 0xFF, 0x00, 0x00, 0xFF, 0x00, 0x00, 0xFF, 0x00, 0x00,
0xFF, 0x00, 0x00, 0xFF, 0x00, 0x00, 0xFF, 0x00, 0x00, 0xFF, 0x00, 0x00, 0xFF, 0x00, 0x00, 0xFF,
0x00, 0x00, 0xFF, 0x00, 0x00, 0xFF, 0x00, 0x00, 0xFF, 0x00, 0x00, 0xFF, 0x00, 0x00, 0xFF, 0x00,
0x00, 0xFF, 0x00, 0x00, 0xFF, 0x00, 0x00, 0xFF, 0x00, 0x00, 0xFF, 0x00, 0x00, 0xFF, 0x00, 0x00,
0xFF, 0x00, 0x00, 0xFF, 0x00, 0x00, 0x00, 0x00, 0x00, 0x00, 0x00, 0x00, 0xFF, 0xFF, 0xFF, 0xFF,
0xFF, 0xFF, 0xFF, 0xFF, 0xFF, 0xFF, 0xFF, 0xFF, 0xFF, 0xFF, 0xFF, 0xFF, 0xFF, 0xFF, 0xFF, 0xFF,
0xFF, 0xFF, 0xFF, 0xFF, 0xFF, 0xFF, 0xFF, 0xFF, 0xFF, 0xFF, 0xFF, 0xFF, 0xFF, 0xFF, 0xFF, 0xFF,
```

```
0xFF, 0xFF, 0xFF, 0xFF, 0xFF, 0xFF, 0xFF, 0xFF, 0xFF, 0xFF, 0xFF, 0xFF, 0xFF, 0xFF, 0xFF, 0xFF,
0xFF, 0xFF, 0xFF, 0xFF, 0xFF, 0xFF, 0xFF, 0xFF, 0xFF, 0xFF, 0xFF, 0xFF, 0xFF, 0xFF, 0xFF, 0xFF,
0xFF, 0xFF, 0xFF, 0xFF, 0xFF, 0xFF, 0xFF, 0xFF, 0xFF, 0xFF, 0xFF, 0xFF, 0xFF, 0xFF, 0xFF, 0xFF,
0xFF, 0xFF, 0xFF, 0xFF, 0xFF, 0xFF, 0xFF, 0xFF, 0xFF, 0xFF, 0xFF, 0xFF, 0xFF, 0xFF, 0xFF, 0xFF,
0xFF, 0xFF, 0xFF, 0xFF, 0xFF, 0xFF, 0xFF, 0xFF, 0xFF, 0xFF, 0xFF, 0xFF, 0xFF, 0xFF, 0xFF, 0xFF,
0xFF, 0xFF, 0xFF, 0xFF, 0xFF, 0xFF, 0xFF, 0x00, 0x00, 0x00, 0x00, 0x00, 0x00, 0x80, 0x00, 0xFF,
0x80, 0x00, 0xFF, 0x80, 0x00, 0xFF, 0x80, 0x00, 0xFF, 0x00, 0x00, 0x00, 0x00, 0xFF, 0xFF, 0x00,
0xFF, 0xFF, 0x00, 0xFF, 0xFF, 0x00, 0xFF, 0xFF, 0x00, 0xFF, 0xFF, 0x00, 0xFF, 0xFF, 0x00, 0xFF,
0xFF, 0x00, 0xFF, 0xFF, 0x00, 0xFF, 0xFF, 0x00, 0xFF, 0xFF, 0x00, 0xFF, 0xFF, 0x00, 0xFF, 0xFF,
0x00, 0xFF, 0xFF, 0x00, 0xFF, 0xFF, 0x00, 0xFF, 0xFF, 0x00, 0xFF, 0xFF, 0x00, 0xFF, 0xFF, 0x00,
0xFF, 0xFF, 0x00, 0xFF, 0xFF, 0x00, 0xFF, 0xFF, 0x00, 0xFF, 0xFF, 0x00, 0xFF, 0xFF, 0x00, 0xFF,
0xFF, 0x00, 0xFF, 0xFF, 0x00, 0xFF, 0xFF, 0x00, 0xFF, 0xFF, 0x00, 0xFF, 0xFF, 0x00, 0xFF, 0xFF,
0x00, 0xFF, 0xFF, 0x00, 0xFF, 0xFF, 0x00, 0xFF, 0xFF, 0x00, 0xFF, 0xFF, 0x00, 0x00, 0x00, 0x00,
0xFF, 0x00, 0x00, 0xFF, 0x00, 0x00, 0xFF, 0x00, 0x00, 0xFF, 0x00, 0x00, 0xFF, 0x00, 0x00, 0xFF,
0x00, 0x00, 0xFF, 0x00, 0x00, 0xFF, 0x00, 0x00, 0xFF, 0x00, 0x00, 0xFF, 0x00, 0x00, 0xFF, 0x00,
0x00, 0xFF, 0x00, 0x00, 0xFF, 0x00, 0x00, 0xFF, 0x00, 0x00, 0xFF, 0x00, 0x00, 0xFF, 0x00, 0x00,
0xFF, 0x00, 0x00, 0xFF, 0x00, 0x00, 0xFF, 0x00, 0x00, 0xFF, 0x00, 0x00, 0xFF, 0x00, 0x00, 0xFF,
0x00, 0x00, 0xFF, 0x00, 0x00, 0xFF, 0x00, 0x00, 0xFF, 0x00, 0x00, 0xFF, 0x00, 0x00, 0xFF, 0x00,
0x00, 0xFF, 0x00, 0x00, 0xFF, 0x00, 0x00, 0xFF, 0x00, 0x00, 0xFF, 0x00, 0x00, 0xFF, 0x00, 0x00,
0xFF, 0x00, 0x00, 0xFF, 0x00, 0x00, 0xFF, 0x00, 0x00, 0x00, 0x00, 0xFF, 0x00, 0x00, 0xFF, 0x00,
0x00, 0xFF, 0x00, 0x00, 0xFF, 0x00, 0x00, 0xFF, 0x00, 0x00, 0xFF, 0x00, 0x00, 0xFF, 0x00, 0x00,
0xFF, 0x00, 0x00, 0xFF, 0x00, 0x00, 0xFF, 0x00, 0x00, 0xFF, 0x00, 0x00, 0xFF, 0x00, 0x00, 0xFF,
0x00, 0x00, 0xFF, 0x00, 0x00, 0xFF, 0x00, 0x00, 0xFF, 0x00, 0x00, 0xFF, 0x00, 0x00, 0xFF, 0x00,
0x00, 0x00, 0x00, 0x00, 0x00, 0x00, 0x00, 0x00, 0x00, 0x00, 0xFF, 0xFF, 0xFF, 0xFF, 0xFF, 0xFF,
0xFF, 0xFF, 0xFF, 0xFF, 0xFF, 0xFF, 0xFF, 0xFF, 0xFF, 0xFF, 0xFF, 0xFF, 0xFF, 0xFF, 0xFF, 0xFF,
0xFF, 0xFF, 0xFF, 0xFF, 0xFF, 0xFF, 0xFF, 0xFF, 0xFF, 0xFF, 0xFF, 0xFF, 0xFF, 0xFF, 0xFF, 0xFF,
0xFF, 0xFF, 0xFF, 0xFF, 0xFF, 0xFF, 0xFF, 0xFF, 0xFF, 0xFF, 0xFF, 0xFF, 0xFF, 0xFF, 0xFF, 0xFF,
0xFF, 0xFF, 0xFF, 0xFF, 0xFF, 0xFF, 0xFF, 0xFF, 0xFF, 0xFF, 0xFF, 0xFF, 0xFF, 0xFF, 0xFF, 0xFF,
0xFF, 0xFF, 0xFF, 0xFF, 0xFF, 0xFF, 0xFF, 0xFF, 0xFF, 0xFF, 0xFF, 0xFF, 0xFF, 0xFF, 0xFF, 0xFF,
0xFF, 0xFF, 0xFF, 0xFF, 0xFF, 0xFF, 0xFF, 0xFF, 0xFF, 0xFF, 0xFF, 0xFF, 0xFF, 0xFF, 0xFF, 0xFF,
0xFF, 0xFF, 0xFF, 0xFF, 0xFF, 0xFF, 0xFF, 0xFF, 0xFF, 0xFF, 0xFF, 0xFF, 0xFF, 0xFF, 0xFF, 0xFF,
0xFF, 0xFF, 0xFF, 0xFF, 0xFF, 0xFF, 0xFF, 0xFF, 0xFF, 0xFF, 0xFF, 0xFF, 0xFF, 0xFF, 0xFF, 0xFF,
0xFF, 0x00, 0x00, 0x00, 0x00, 0x00, 0x00, 0x00, 0x00, 0x00, 0x00, 0x00, 0x00, 0x00, 0x00, 0x00,
0x00, 0xFF, 0xFF, 0x00, 0xFF, 0xFF, 0x00, 0xFF, 0xFF, 0x00, 0xFF, 0xFF, 0x00, 0xFF, 0xFF, 0x00,
0xFF, 0xFF, 0x00, 0xFF, 0xFF, 0x00, 0xFF, 0xFF, 0x00, 0xFF, 0xFF, 0x00, 0xFF, 0xFF, 0x00, 0xFF,
0xFF, 0x00, 0xFF, 0xFF, 0x00, 0xFF, 0xFF, 0x00, 0xFF, 0xFF, 0x00, 0xFF, 0xFF, 0x00, 0xFF, 0xFF,
0x00, 0xFF, 0xFF, 0x00, 0xFF, 0xFF, 0x00, 0xFF, 0xFF, 0x00, 0xFF, 0xFF, 0x00, 0xFF, 0xFF, 0x00,
0xFF, 0xFF, 0x00, 0xFF, 0xFF, 0x00, 0xFF, 0xFF, 0x00, 0xFF, 0xFF, 0x00, 0xFF, 0xFF, 0x00, 0xFF,
0xFF, 0x00, 0xFF, 0xFF, 0x00, 0xFF, 0xFF, 0x00, 0xFF, 0xFF, 0x00, 0xFF, 0xFF, 0x00, 0xFF, 0xFF,
```

```
0x00, 0x00, 0x00, 0x00, 0xFF, 0x00, 0x00, 0xFF, 0x00, 0x00, 0xFF, 0x00, 0x00, 0xFF, 0x00, 0x00,
0xFF, 0x00, 0x00, 0xFF, 0x00, 0x00, 0xFF, 0x00, 0x00, 0xFF, 0x00, 0x00, 0xFF, 0x00, 0x00, 0xFF,
0x00, 0x00, 0xFF, 0x00, 0x00, 0xFF, 0x00, 0x00, 0xFF, 0x00, 0x00, 0xFF, 0x00, 0x00, 0xFF, 0x00,
0x00, 0xFF, 0x00, 0x00, 0xFF, 0x00, 0x00, 0xFF, 0x00, 0x00, 0xFF, 0x00, 0x00, 0xFF, 0x00, 0x00,
0xFF, 0x00, 0x00, 0xFF, 0x00, 0x00, 0xFF, 0x00, 0x00, 0xFF, 0x00, 0x00, 0xFF, 0x00, 0x00, 0xFF,
0x00, 0x00, 0xFF, 0x00, 0x00, 0xFF, 0x00, 0x00, 0xFF, 0x00, 0x00, 0xFF, 0x00, 0x00, 0xFF, 0x00,
0x00, 0xFF, 0x00, 0x00, 0xFF, 0x00, 0x00, 0xFF, 0x00, 0x00, 0xFF, 0x00, 0x00, 0x00, 0x00, 0xFF,
0x00, 0x00, 0xFF, 0x00, 0x00, 0xFF, 0x00, 0x00, 0xFF, 0x00, 0x00, 0xFF, 0x00, 0x00, 0xFF, 0x00,
0x00, 0xFF, 0x00, 0x00, 0xFF, 0x00, 0x00, 0xFF, 0x00, 0x00, 0xFF, 0x00, 0x00, 0xFF, 0x00, 0x00,
0xFF, 0x00, 0x00, 0xFF, 0x00, 0x00, 0xFF, 0x00, 0x00, 0x00, 0x00, 0x00, 0x00, 0x00, 0x00, 0x00,
0x00, 0x00, 0x00, 0x00, 0x00, 0xFF, 0xFF, 0xFF, 0xFF, 0xFF, 0xFF, 0xFF, 0xFF, 0xFF, 0xFF, 0xFF,
0xFF, 0xFF, 0xFF, 0xFF, 0xFF, 0xFF, 0xFF, 0xFF, 0xFF, 0xFF, 0xFF, 0xFF, 0xFF, 0xFF, 0xFF, 0xFF,
0xFF, 0xFF, 0xFF, 0xFF, 0xFF, 0xFF, 0xFF, 0xFF, 0xFF, 0xFF, 0xFF, 0xFF, 0xFF, 0xFF, 0xFF, 0xFF,
0xFF, 0xFF, 0xFF, 0xFF, 0xFF, 0xFF, 0xFF, 0xFF, 0xFF, 0xFF, 0xFF, 0xFF, 0xFF, 0xFF, 0xFF, 0xFF,
0xFF, 0xFF, 0xFF, 0xFF, 0xFF, 0xFF, 0xFF, 0xFF, 0xFF, 0xFF, 0xFF, 0xFF, 0xFF, 0xFF, 0xFF, 0xFF,
0xFF, 0xFF, 0xFF, 0xFF, 0xFF, 0xFF, 0xFF, 0xFF, 0xFF, 0xFF, 0xFF, 0xFF, 0xFF, 0xFF, 0xFF, 0xFF,
0xFF, 0xFF, 0xFF, 0xFF, 0xFF, 0xFF, 0xFF, 0xFF, 0xFF, 0xFF, 0xFF, 0xFF, 0xFF, 0xFF, 0xFF, 0xFF,
0xFF, 0xFF, 0xFF, 0xFF, 0xFF, 0xFF, 0xFF, 0xFF, 0xFF, 0xFF, 0xFF, 0xFF, 0xFF, 0xFF, 0xFF, 0xFF,
0xFF, 0xFF, 0xFF, 0xFF, 0xFF, 0xFF, 0xFF, 0xFF, 0xFF, 0xFF, 0xFF, 0xFF, 0xFF, 0xFF, 0xFF, 0xFF,
0xFF, 0xFF, 0xFF, 0xFF, 0xFF, 0xFF, 0xFF, 0xFF, 0xFF, 0xFF, 0xFF, 0xFF, 0xFF, 0xFF, 0xFF, 0xFF,
0xFF, 0x00, 0x00, 0x00, 0x00, 0x00, 0x00, 0x00, 0x00, 0x00, 0x00, 0xFF, 0xFF, 0x00, 0xFF, 0xFF,
0x00, 0xFF, 0xFF, 0x00, 0xFF, 0xFF, 0x00, 0xFF, 0xFF, 0x00, 0xFF, 0xFF, 0x00, 0xFF, 0xFF, 0x00,
0xFF, 0xFF, 0x00, 0xFF, 0xFF, 0x00, 0xFF, 0xFF, 0x00, 0xFF, 0xFF, 0x00, 0xFF, 0xFF, 0x00, 0xFF,
0xFF, 0x00, 0xFF, 0xFF, 0x00, 0xFF, 0xFF, 0x00, 0xFF, 0xFF, 0x00, 0xFF, 0xFF, 0x00, 0xFF, 0xFF,
0x00, 0xFF, 0xFF, 0x00, 0xFF, 0xFF, 0x00, 0xFF, 0xFF, 0x00, 0xFF, 0xFF, 0x00, 0xFF, 0xFF, 0x00,
0xFF, 0xFF, 0x00, 0xFF, 0xFF, 0x00, 0xFF, 0xFF, 0x00, 0xFF, 0xFF, 0x00, 0xFF, 0xFF, 0x00, 0xFF,
0xFF, 0x00, 0xFF, 0xFF, 0x00, 0x00, 0x00, 0x00, 0xFF, 0x00, 0x00, 0xFF, 0x00, 0x00, 0xFF, 0x00,
0x00, 0xFF, 0x00, 0x00, 0xFF, 0x00, 0x00, 0xFF, 0x00, 0x00, 0xFF, 0x00, 0x00, 0xFF, 0x00, 0x00,
0xFF, 0x00, 0x00, 0xFF, 0x00, 0x00, 0xFF, 0x00, 0x00, 0xFF, 0x00, 0x00, 0xFF, 0x00, 0x00, 0xFF,
0x00, 0x00, 0xFF, 0x00, 0x00, 0xFF, 0x00, 0x00, 0xFF, 0x00, 0x00, 0xFF, 0x00, 0x00, 0xFF, 0x00,
0x00, 0xFF, 0x00, 0x00, 0xFF, 0x00, 0x00, 0xFF, 0x00, 0x00, 0xFF, 0x00, 0x00, 0xFF, 0x00, 0x00,
0xFF, 0x00, 0x00, 0xFF, 0x00, 0x00, 0xFF, 0x00, 0x00, 0xFF, 0x00, 0x00, 0xFF, 0x00, 0x00, 0xFF,
0x00, 0x00, 0xFF, 0x00, 0x00, 0xFF, 0x00, 0x00, 0xFF, 0x00, 0x00, 0xFF, 0x00, 0x00, 0xFF, 0x00,
0x00, 0x00, 0x00, 0xFF, 0x00, 0x00, 0xFF, 0x00, 0x00, 0xFF, 0x00, 0x00, 0xFF, 0x00, 0x00, 0xFF,
0x00, 0x00, 0xFF, 0x00, 0x00, 0xFF, 0x00, 0x00, 0xFF, 0x00, 0x00, 0xFF, 0x00, 0x00, 0xFF, 0x00,
0x00, 0xFF, 0x00, 0x00, 0x00, 0x00, 0x00, 0x00, 0x00, 0x00, 0x00, 0x00, 0x00, 0xFF, 0xFF, 0xFF,
0xFF, 0xFF, 0xFF, 0xFF, 0xFF, 0xFF, 0xFF, 0xFF, 0xFF, 0xFF, 0xFF, 0xFF, 0xFF, 0xFF, 0xFF, 0xFF,
0xFF, 0xFF, 0xFF, 0xFF, 0xFF, 0xFF, 0xFF, 0xFF, 0xFF, 0xFF, 0xFF, 0xFF, 0xFF, 0xFF, 0xFF, 0xFF,
0xFF, 0xFF, 0xFF, 0xFF, 0xFF, 0xFF, 0xFF, 0xFF, 0xFF, 0xFF, 0xFF, 0xFF, 0xFF, 0xFF, 0xFF, 0xFF,
```

```
0xFF, 0xFF, 0xFF, 0xFF, 0xFF, 0xFF, 0xFF, 0xFF, 0xFF, 0xFF, 0xFF, 0xFF, 0xFF, 0xFF, 0xFF, 0xFF,
0xFF, 0xFF, 0xFF, 0xFF, 0xFF, 0xFF, 0xFF, 0xFF, 0xFF, 0xFF, 0xFF, 0xFF, 0xFF, 0xFF, 0xFF, 0xFF,
0xFF, 0xFF, 0xFF, 0xFF, 0xFF, 0xFF, 0xFF, 0xFF, 0xFF, 0xFF, 0xFF, 0xFF, 0xFF, 0xFF, 0xFF, 0xFF,
0xFF, 0xFF, 0xFF, 0xFF, 0xFF, 0xFF, 0xFF, 0xFF, 0xFF, 0xFF, 0xFF, 0xFF, 0xFF, 0xFF, 0xFF, 0xFF,
0xFF, 0xFF, 0xFF, 0xFF, 0xFF, 0xFF, 0xFF, 0xFF, 0xFF, 0xFF, 0xFF, 0xFF, 0xFF, 0xFF, 0xFF, 0xFF,
0xFF, 0xFF, 0xFF, 0xFF, 0xFF, 0xFF, 0xFF, 0xFF, 0xFF, 0xFF, 0xFF, 0xFF, 0xFF, 0xFF, 0xFF, 0xFF,
0xFF, 0xFF, 0xFF, 0xFF, 0xFF, 0xFF, 0xFF, 0xFF, 0xFF, 0xFF, 0xFF, 0xFF, 0xFF, 0xFF, 0xFF, 0xFF,
0xFF, 0xFF, 0xFF, 0xFF, 0xFF, 0xFF, 0xFF, 0xFF, 0xFF, 0xFF, 0xFF, 0xFF, 0xFF, 0xFF, 0x00, 0x00,
0x00, 0x00, 0x00, 0x00, 0x00, 0x00, 0x00, 0x00, 0x00, 0x00, 0x00, 0xFF, 0xFF, 0x00, 0xFF, 0xFF,
0x00, 0xFF, 0xFF, 0x00, 0xFF, 0xFF, 0x00, 0xFF, 0xFF, 0x00, 0xFF, 0xFF, 0x00, 0xFF, 0xFF, 0x00,
0xFF, 0xFF, 0x00, 0xFF, 0xFF, 0x00, 0xFF, 0xFF, 0x00, 0xFF, 0xFF, 0x00, 0xFF, 0xFF, 0x00, 0xFF,
0xFF, 0x00, 0xFF, 0xFF, 0x00, 0xFF, 0xFF, 0x00, 0xFF, 0xFF, 0x00, 0xFF, 0xFF, 0x00, 0xFF, 0xFF,
0x00, 0xFF, 0xFF, 0x00, 0xFF, 0xFF, 0x00, 0xFF, 0xFF, 0x00, 0xFF, 0xFF, 0x00, 0xFF, 0xFF, 0x00,
0xFF, 0xFF, 0x00, 0xFF, 0xFF, 0x00, 0xFF, 0xFF, 0x00, 0x00, 0x00, 0x00, 0xFF, 0x00, 0x00, 0xFF,
0x00, 0x00, 0xFF, 0x00, 0x00, 0xFF, 0x00, 0x00, 0xFF, 0x00, 0x00, 0xFF, 0x00, 0x00, 0xFF, 0x00,
0x00, 0xFF, 0x00, 0x00, 0xFF, 0x00, 0x00, 0xFF, 0x00, 0x00, 0xFF, 0x00, 0x00, 0xFF, 0x00, 0x00,
0xFF, 0x00, 0x00, 0xFF, 0x00, 0x00, 0xFF, 0x00, 0x00, 0xFF, 0x00, 0x00, 0xFF, 0x00, 0x00, 0xFF,
0x00, 0x00, 0xFF, 0x00, 0x00, 0xFF, 0x00, 0x00, 0xFF, 0x00, 0x00, 0xFF, 0x00, 0x00, 0xFF, 0x00,
0x00, 0xFF, 0x00, 0x00, 0xFF, 0x00, 0x00, 0xFF, 0x00, 0x00, 0xFF, 0x00, 0x00, 0xFF, 0x00, 0x00,
0xFF, 0x00, 0x00, 0xFF, 0x00, 0x00, 0xFF, 0x00, 0x00, 0xFF, 0x00, 0x00, 0xFF, 0x00, 0x00, 0xFF,
0x00, 0x00, 0xFF, 0x00, 0x00, 0x00, 0x00, 0xFF, 0x00, 0x00, 0xFF, 0x00, 0x00, 0xFF, 0x00, 0x00,
0xFF, 0x00, 0x00, 0xFF, 0x00, 0x00, 0xFF, 0x00, 0x00, 0xFF, 0x00, 0x00, 0x00, 0x00, 0x00, 0x00,
0x00, 0x00, 0x00, 0x00, 0x00, 0x00, 0x00, 0x00, 0xFF, 0xFF, 0xFF, 0xFF, 0xFF, 0xFF, 0xFF, 0xFF,
0xFF, 0xFF, 0xFF, 0xFF, 0xFF, 0xFF, 0xFF, 0xFF, 0xFF, 0xFF, 0xFF, 0xFF, 0xFF, 0xFF, 0xFF, 0xFF,
0xFF, 0xFF, 0xFF, 0xFF, 0xFF, 0xFF, 0xFF, 0xFF, 0xFF, 0xFF, 0xFF, 0xFF, 0xFF, 0xFF, 0xFF, 0xFF,
0xFF, 0xFF, 0xFF, 0xFF, 0xFF, 0xFF, 0xFF, 0xFF, 0xFF, 0xFF, 0xFF, 0xFF, 0xFF, 0xFF, 0xFF, 0xFF,
0xFF, 0xFF, 0xFF, 0xFF, 0xFF, 0xFF, 0xFF, 0xFF, 0xFF, 0xFF, 0xFF, 0xFF, 0xFF, 0xFF, 0xFF, 0xFF,
0xFF, 0xFF, 0xFF, 0xFF, 0xFF, 0xFF, 0xFF, 0xFF, 0xFF, 0xFF, 0xFF, 0xFF, 0xFF, 0xFF, 0xFF, 0xFF,
0xFF, 0xFF, 0xFF, 0xFF, 0xFF, 0xFF, 0xFF, 0xFF, 0xFF, 0xFF, 0xFF, 0xFF, 0xFF, 0xFF, 0xFF, 0xFF,
0xFF, 0xFF, 0xFF, 0xFF, 0xFF, 0xFF, 0xFF, 0xFF, 0xFF, 0xFF, 0xFF, 0xFF, 0xFF, 0xFF, 0xFF, 0xFF,
0xFF, 0xFF, 0xFF, 0xFF, 0xFF, 0xFF, 0xFF, 0xFF, 0xFF, 0xFF, 0xFF, 0xFF, 0xFF, 0xFF, 0xFF, 0xFF,
0xFF, 0xFF, 0xFF, 0xFF, 0xFF, 0xFF, 0xFF, 0xFF, 0xFF, 0xFF, 0xFF, 0xFF, 0xFF, 0xFF, 0xFF, 0xFF,
0xFF, 0xFF, 0xFF, 0xFF, 0xFF, 0xFF, 0xFF, 0xFF, 0xFF, 0xFF, 0xFF, 0xFF, 0xFF, 0xFF, 0xFF, 0xFF,
0xFF, 0xFF, 0xFF, 0xFF, 0xFF, 0xFF, 0xFF, 0xFF, 0xFF, 0xFF, 0xFF, 0xFF, 0xFF, 0xFF, 0xFF, 0xFF,
0xFF, 0xFF, 0xFF, 0xFF, 0xFF, 0xFF, 0xFF, 0xFF, 0xFF, 0xFF, 0xFF, 0xFF, 0xFF, 0xFF, 0x00, 0x00,
0x00, 0x00, 0x00, 0x00, 0x00, 0x00, 0x00, 0x00, 0x00, 0x00, 0x00, 0x00, 0x00, 0x00, 0x00, 0x00,
0x00, 0xFF, 0xFF, 0x00, 0xFF, 0xFF, 0x00, 0xFF, 0xFF, 0x00, 0xFF, 0xFF, 0x00, 0xFF, 0xFF, 0x00,
0xFF, 0xFF, 0x00, 0xFF, 0xFF, 0x00, 0xFF, 0xFF, 0x00, 0xFF, 0xFF, 0x00, 0xFF, 0xFF, 0x00, 0xFF,
0xFF, 0x00, 0xFF, 0xFF, 0x00, 0xFF, 0xFF, 0x00, 0xFF, 0xFF, 0x00, 0xFF, 0xFF, 0x00, 0xFF, 0xFF,
```

```
0x00, 0xFF, 0xFF, 0x00, 0xFF, 0xFF, 0x00, 0xFF, 0xFF, 0x00, 0xFF, 0xFF, 0x00, 0x00, 0x00, 0x00,
0xFF, 0x00, 0x00, 0xFF, 0x00, 0x00, 0xFF, 0x00, 0x00, 0xFF, 0x00, 0x00, 0xFF, 0x00, 0x00, 0xFF,
0x00, 0x00, 0xFF, 0x00, 0x00, 0xFF, 0x00, 0x00, 0xFF, 0x00, 0x00, 0xFF, 0x00, 0x00, 0xFF, 0x00,
0x00, 0xFF, 0x00, 0x00, 0xFF, 0x00, 0x00, 0xFF, 0x00, 0x00, 0xFF, 0x00, 0x00, 0xFF, 0x00, 0x00,
0xFF, 0x00, 0x00, 0xFF, 0x00, 0x00, 0xFF, 0x00, 0x00, 0xFF, 0x00, 0x00, 0xFF, 0x00, 0x00, 0xFF,
0x00, 0x00, 0xFF, 0x00, 0x00, 0xFF, 0x00, 0x00, 0xFF, 0x00, 0x00, 0xFF, 0x00, 0x00, 0xFF, 0x00,
0x00, 0xFF, 0x00, 0x00, 0xFF, 0x00, 0x00, 0xFF, 0x00, 0x00, 0xFF, 0x00, 0x00, 0xFF, 0x00, 0x00,
0xFF, 0x00, 0x00, 0xFF, 0x00, 0x00, 0xFF, 0x00, 0x00, 0x00, 0x00, 0xFF, 0x00, 0x00, 0x00, 0x00,
0x00, 0x00, 0x00, 0x00, 0x00, 0x00, 0x00, 0x00, 0x00, 0x00, 0x00, 0x00, 0x00, 0x00, 0x00, 0x00,
0xFF, 0xFF, 0xFF, 0xFF, 0xFF, 0xFF, 0xFF, 0xFF, 0xFF, 0xFF, 0xFF, 0xFF, 0xFF, 0xFF, 0xFF, 0xFF,
0xFF, 0xFF, 0xFF, 0xFF, 0xFF, 0xFF, 0xFF, 0xFF, 0xFF, 0xFF, 0xFF, 0xFF, 0xFF, 0xFF, 0xFF, 0xFF,
0xFF, 0xFF, 0xFF, 0xFF, 0xFF, 0xFF, 0xFF, 0xFF, 0xFF, 0xFF, 0xFF, 0xFF, 0xFF, 0xFF, 0xFF, 0xFF,
0xFF, 0xFF, 0xFF, 0xFF, 0xFF, 0xFF, 0xFF, 0xFF, 0xFF, 0xFF, 0xFF, 0xFF, 0xFF, 0xFF, 0xFF, 0xFF,
0xFF, 0xFF, 0xFF, 0xFF, 0xFF, 0xFF, 0xFF, 0xFF, 0xFF, 0xFF, 0xFF, 0xFF, 0xFF, 0xFF, 0xFF, 0xFF,
0xFF, 0xFF, 0xFF, 0xFF, 0xFF, 0xFF, 0xFF, 0xFF, 0xFF, 0xFF, 0xFF, 0xFF, 0xFF, 0xFF, 0xFF, 0xFF,
0xFF, 0xFF, 0xFF, 0xFF, 0xFF, 0xFF, 0xFF, 0xFF, 0xFF, 0xFF, 0xFF, 0xFF, 0xFF, 0xFF, 0xFF, 0xFF,
0xFF, 0xFF, 0xFF, 0xFF, 0xFF, 0xFF, 0xFF, 0xFF, 0xFF, 0xFF, 0xFF, 0xFF, 0xFF, 0xFF, 0xFF, 0xFF,
0xFF, 0xFF, 0xFF, 0xFF, 0xFF, 0xFF, 0xFF, 0xFF, 0xFF, 0xFF, 0xFF, 0xFF, 0xFF, 0xFF, 0xFF, 0xFF,
0xFF, 0xFF, 0xFF, 0xFF, 0xFF, 0xFF, 0xFF, 0xFF, 0xFF, 0xFF, 0xFF, 0xFF, 0xFF, 0xFF, 0xFF, 0xFF,
0xFF, 0xFF, 0xFF, 0xFF, 0xFF, 0xFF, 0xFF, 0xFF, 0xFF, 0xFF, 0xFF, 0xFF, 0xFF, 0xFF, 0xFF, 0xFF,
0xFF, 0xFF, 0xFF, 0xFF, 0xFF, 0xFF, 0xFF, 0xFF, 0xFF, 0xFF, 0xFF, 0xFF, 0xFF, 0xFF, 0xFF, 0xFF,
0xFF, 0xFF, 0xFF, 0xFF, 0xFF, 0xFF, 0xFF, 0xFF, 0xFF, 0xFF, 0xFF, 0xFF, 0xFF, 0xFF, 0xFF, 0xFF,
0xFF, 0xFF, 0xFF, 0xFF, 0xFF, 0xFF, 0xFF, 0xFF, 0xFF, 0xFF, 0xFF, 0xFF, 0xFF, 0xFF, 0xFF, 0xFF,
0xFF, 0xFF, 0xFF, 0xFF, 0x00, 0x00, 0x00, 0x00, 0x00, 0x00, 0x00, 0x00, 0x00, 0x00, 0x00, 0x00,
0x00, 0x00, 0x00, 0x00, 0x00, 0x00, 0x00, 0x00, 0x00, 0x00, 0xFF, 0xFF, 0x00, 0xFF, 0xFF, 0x00,
0xFF, 0xFF, 0x00, 0xFF, 0xFF, 0x00, 0xFF, 0xFF, 0x00, 0xFF, 0xFF, 0x00, 0xFF, 0xFF, 0x00, 0xFF,
0xFF, 0x00, 0xFF, 0xFF, 0x00, 0xFF, 0xFF, 0x00, 0xFF, 0xFF, 0x00, 0xFF, 0xFF, 0x00, 0xFF, 0xFF,
0x00, 0x00, 0x00, 0x00, 0xFF, 0x00, 0x00, 0xFF, 0x00, 0x00, 0xFF, 0x00, 0x00, 0xFF, 0x00, 0x00,
0xFF, 0x00, 0x00, 0xFF, 0x00, 0x00, 0xFF, 0x00, 0x00, 0xFF, 0x00, 0x00, 0xFF, 0x00, 0x00, 0xFF,
0x00, 0x00, 0xFF, 0x00, 0x00, 0xFF, 0x00, 0x00, 0xFF, 0x00, 0x00, 0xFF, 0x00, 0x00, 0xFF, 0x00,
0x00, 0xFF, 0x00, 0x00, 0xFF, 0x00, 0x00, 0xFF, 0x00, 0x00, 0xFF, 0x00, 0x00, 0xFF, 0x00, 0x00,
0xFF, 0x00, 0x00, 0xFF, 0x00, 0x00, 0xFF, 0x00, 0x00, 0xFF, 0x00, 0x00, 0xFF, 0x00, 0x00, 0xFF,
0x00, 0x00, 0xFF, 0x00, 0x00, 0xFF, 0x00, 0x00, 0xFF, 0x00, 0x00, 0xFF, 0x00, 0x00, 0x00, 0x00,
0x00, 0x00, 0x00, 0x00, 0x00, 0x00, 0x00, 0x00, 0x00, 0x00, 0x00, 0x00, 0x00, 0x00, 0x00, 0x00,
0x00, 0x00, 0xFF, 0xFF, 0xFF, 0xFF, 0xFF, 0xFF, 0xFF, 0xFF, 0xFF, 0xFF, 0xFF, 0xFF, 0xFF, 0xFF,
0xFF, 0xFF, 0xFF, 0xFF, 0xFF, 0xFF, 0xFF, 0xFF, 0xFF, 0xFF, 0xFF, 0xFF, 0xFF, 0xFF, 0xFF, 0xFF,
0xFF, 0xFF, 0xFF, 0xFF, 0xFF, 0xFF, 0xFF, 0xFF, 0xFF, 0xFF, 0xFF, 0xFF, 0xFF, 0xFF, 0xFF, 0xFF,
0xFF, 0xFF, 0xFF, 0xFF, 0xFF, 0xFF, 0xFF, 0xFF, 0xFF, 0xFF, 0xFF, 0xFF, 0xFF, 0xFF, 0xFF, 0xFF,
0xFF, 0xFF, 0xFF, 0xFF, 0xFF, 0xFF, 0xFF, 0xFF, 0xFF, 0xFF, 0xFF, 0xFF, 0xFF, 0xFF, 0xFF, 0xFF,
```

```
0xFF, 0xFF, 0xFF, 0xFF, 0xFF, 0xFF, 0xFF, 0xFF, 0xFF, 0xFF, 0xFF, 0xFF, 0xFF, 0xFF, 0xFF, 0xFF,
0xFF, 0xFF, 0xFF, 0xFF, 0xFF, 0xFF, 0xFF, 0xFF, 0xFF, 0xFF, 0xFF, 0xFF, 0xFF, 0xFF, 0xFF, 0xFF,
0xFF, 0xFF, 0xFF, 0xFF, 0xFF, 0xFF, 0xFF, 0xFF, 0xFF, 0xFF, 0xFF, 0xFF, 0xFF, 0xFF, 0xFF, 0xFF,
0xFF, 0xFF, 0xFF, 0xFF, 0xFF, 0xFF, 0xFF, 0xFF, 0xFF, 0xFF, 0xFF, 0xFF, 0xFF, 0xFF, 0xFF, 0xFF,
0xFF, 0xFF, 0xFF, 0xFF, 0xFF, 0xFF, 0xFF, 0xFF, 0xFF, 0xFF, 0xFF, 0xFF, 0xFF, 0xFF, 0xFF, 0xFF,
0xFF, 0xFF, 0xFF, 0xFF, 0xFF, 0xFF, 0xFF, 0xFF, 0xFF, 0xFF, 0xFF, 0xFF, 0xFF, 0xFF, 0xFF, 0xFF,
0xFF, 0xFF, 0xFF, 0xFF, 0xFF, 0xFF, 0xFF, 0xFF, 0xFF, 0xFF, 0xFF, 0xFF, 0xFF, 0xFF, 0xFF, 0xFF,
0xFF, 0xFF, 0xFF, 0xFF, 0xFF, 0xFF, 0xFF, 0xFF, 0xFF, 0xFF, 0xFF, 0xFF, 0xFF, 0xFF, 0xFF, 0xFF,
0xFF, 0xFF, 0xFF, 0xFF, 0xFF, 0xFF, 0xFF, 0xFF, 0xFF, 0xFF, 0xFF, 0xFF, 0xFF, 0xFF, 0xFF, 0xFF,
0xFF, 0xFF, 0xFF, 0xFF, 0xFF, 0xFF, 0xFF, 0xFF, 0xFF, 0xFF, 0xFF, 0xFF, 0xFF, 0xFF, 0xFF, 0xFF,
0xFF, 0xFF, 0xFF, 0xFF, 0xFF, 0xFF, 0xFF, 0xFF, 0xFF, 0xFF, 0xFF, 0xFF, 0xFF, 0xFF, 0xFF, 0xFF,
0xFF, 0xFF, 0xFF, 0xFF, 0xFF, 0xFF, 0xFF, 0xFF, 0xFF, 0xFF, 0xFF, 0xFF, 0xFF, 0x00, 0x00, 0x00,
0x00, 0x00, 0x00, 0x00, 0x00, 0x00, 0x00, 0x00, 0x00, 0x00, 0x00, 0x00, 0x00, 0x00, 0x00, 0x00,
0x00, 0x00, 0x00, 0x00, 0x00, 0x00, 0x00, 0x00, 0x00, 0xFF, 0xFF, 0x00, 0xFF, 0xFF, 0x00, 0xFF,
0xFF, 0x00, 0xFF, 0xFF, 0x00, 0x00, 0x00, 0x00, 0xFF, 0x00, 0x00, 0xFF, 0x00, 0x00, 0xFF, 0x00,
0x00, 0xFF, 0x00, 0x00, 0xFF, 0x00, 0x00, 0xFF, 0x00, 0x00, 0xFF, 0x00, 0x00, 0xFF, 0x00, 0x00,
0xFF, 0x00, 0x00, 0xFF, 0x00, 0x00, 0xFF, 0x00, 0x00, 0xFF, 0x00, 0x00, 0xFF, 0x00, 0x00, 0xFF,
0x00, 0x00, 0xFF, 0x00, 0x00, 0xFF, 0x00, 0x00, 0xFF, 0x00, 0x00, 0xFF, 0x00, 0x00, 0xFF, 0x00,
0x00, 0xFF, 0x00, 0x00, 0xFF, 0x00, 0x00, 0x00, 0x00, 0x00, 0x00, 0x00, 0x00, 0x00, 0x00, 0x00,
0x00, 0x00, 0x00, 0x00, 0x00, 0x00, 0x00, 0x00, 0x00, 0x00, 0x00, 0x00, 0x00, 0x00, 0x00, 0x00,
0x00, 0xFF, 0xFF, 0xFF, 0xFF, 0xFF, 0xFF, 0xFF, 0xFF, 0xFF, 0xFF, 0xFF, 0xFF, 0xFF, 0xFF, 0xFF,
0xFF, 0xFF, 0xFF, 0xFF, 0xFF, 0xFF, 0xFF, 0xFF, 0xFF, 0xFF, 0xFF, 0xFF, 0xFF, 0xFF, 0xFF, 0xFF,
0xFF, 0xFF, 0xFF, 0xFF, 0xFF, 0xFF, 0xFF, 0xFF, 0xFF, 0xFF, 0xFF, 0xFF, 0xFF, 0xFF, 0xFF, 0xFF,
0xFF, 0xFF, 0xFF, 0xFF, 0xFF, 0xFF, 0xFF, 0xFF, 0xFF, 0xFF, 0xFF, 0xFF, 0xFF, 0xFF, 0xFF, 0xFF,
0xFF, 0xFF, 0xFF, 0xFF, 0xFF, 0xFF, 0xFF, 0xFF, 0xFF, 0xFF, 0xFF, 0xFF, 0xFF, 0xFF, 0xFF, 0xFF,
0xFF, 0xFF, 0xFF, 0xFF, 0xFF, 0xFF, 0xFF, 0xFF, 0xFF, 0xFF, 0xFF, 0xFF, 0xFF, 0xFF, 0xFF, 0xFF,
0xFF, 0xFF, 0xFF, 0xFF, 0xFF, 0xFF, 0xFF, 0xFF, 0xFF, 0xFF, 0xFF, 0xFF, 0xFF, 0xFF, 0xFF, 0xFF,
0xFF, 0xFF, 0xFF, 0xFF, 0xFF, 0xFF, 0xFF, 0xFF, 0xFF, 0xFF, 0xFF, 0xFF, 0xFF, 0xFF, 0xFF, 0xFF,
0xFF, 0xFF, 0xFF, 0xFF, 0xFF, 0xFF, 0xFF, 0xFF, 0xFF, 0xFF, 0xFF, 0xFF, 0xFF, 0xFF, 0xFF, 0xFF,
0xFF, 0xFF, 0xFF, 0xFF, 0xFF, 0xFF, 0xFF, 0xFF, 0xFF, 0xFF, 0xFF, 0xFF, 0xFF, 0xFF, 0xFF, 0xFF,
0xFF, 0xFF, 0xFF, 0xFF, 0xFF, 0xFF, 0xFF, 0xFF, 0xFF, 0xFF, 0xFF, 0xFF, 0xFF, 0xFF, 0xFF, 0xFF,
0xFF, 0xFF, 0xFF, 0xFF, 0xFF, 0xFF, 0xFF, 0xFF, 0xFF, 0xFF, 0xFF, 0xFF, 0xFF, 0xFF, 0xFF, 0xFF,
0xFF, 0xFF, 0xFF, 0xFF, 0xFF, 0xFF, 0xFF, 0xFF, 0xFF, 0xFF, 0xFF, 0xFF, 0xFF, 0xFF, 0xFF, 0xFF,
0xFF, 0xFF, 0xFF, 0xFF, 0xFF, 0xFF, 0xFF, 0xFF, 0xFF, 0xFF, 0xFF, 0xFF, 0xFF, 0xFF, 0xFF, 0xFF,
0xFF, 0xFF, 0xFF, 0xFF, 0xFF, 0xFF, 0xFF, 0xFF, 0xFF, 0xFF, 0xFF, 0xFF, 0xFF, 0xFF, 0xFF, 0xFF,
0xFF, 0xFF, 0xFF, 0xFF, 0xFF, 0xFF, 0xFF, 0xFF, 0xFF, 0xFF, 0xFF, 0xFF, 0xFF, 0xFF, 0xFF, 0xFF,
0xFF, 0xFF, 0xFF, 0xFF, 0xFF, 0xFF, 0xFF, 0xFF, 0xFF, 0xFF, 0xFF, 0xFF, 0xFF, 0xFF, 0xFF, 0xFF,
0xFF, 0xFF, 0xFF, 0xFF, 0xFF, 0xFF, 0xFF, 0xFF, 0xFF, 0xFF, 0xFF, 0xFF, 0xFF, 0xFF, 0xFF, 0xFF,
0xFF, 0xFF, 0xFF, 0xFF, 0xFF, 0xFF, 0xFF, 0xFF, 0xFF, 0xFF, 0xFF, 0xFF, 0xFF, 0xFF, 0xFF, 0xFF,
```

```
0xFF, 0xFF, 0xFF, 0xFF, 0xFF, 0xFF, 0xFF, 0xFF, 0xFF, 0xFF, 0xFF, 0xFF, 0x00, 0x00, 0x00, 0x00,
0x00, 0x00, 0x00, 0x00, 0x00, 0x00, 0x00, 0x00, 0x00, 0x00, 0x00, 0x00, 0x00, 0x00, 0x00, 0x00,
0x00, 0x00, 0x00, 0x00, 0x00, 0x00, 0x00, 0x00, 0x00, 0x00, 0x00, 0x00, 0x00, 0x00, 0x00, 0x00,
0x00, 0x00, 0x00, 0x00, 0x00, 0x00, 0x00, 0x00, 0x00, 0x00, 0x00, 0x00, 0x00, 0x00, 0x00, 0x00,
0x00, 0x00, 0x00, 0x00, 0x00, 0x00, 0x00, 0x00, 0x00, 0x00, 0x00, 0x00, 0x00, 0x00, 0x00, 0x00,
0x00, 0x00, 0x00, 0x00, 0x00, 0x00, 0x00, 0x00, 0x00, 0x00, 0xFF, 0xFF, 0xFF, 0xFF, 0xFF, 0xFF,
0xFF, 0xFF, 0xFF, 0xFF, 0xFF, 0xFF, 0xFF, 0xFF, 0xFF, 0xFF, 0xFF, 0xFF, 0xFF, 0xFF, 0xFF, 0xFF,
0xFF, 0xFF, 0xFF, 0xFF, 0xFF, 0xFF, 0xFF, 0xFF, 0xFF, 0xFF, 0xFF, 0xFF, 0xFF, 0xFF, 0xFF, 0xFF,
0xFF, 0xFF, 0xFF, 0xFF, 0xFF, 0xFF, 0xFF, 0xFF, 0xFF, 0xFF, 0xFF, 0xFF, 0xFF, 0xFF, 0xFF, 0xFF,
0xFF, 0xFF, 0xFF, 0xFF, 0xFF, 0xFF, 0xFF, 0xFF, 0xFF, 0xFF, 0xFF, 0xFF, 0xFF, 0xFF, 0xFF, 0xFF,
0xFF, 0xFF, 0xFF, 0xFF, 0xFF, 0xFF, 0xFF, 0xFF, 0xFF, 0xFF, 0xFF, 0xFF, 0xFF, 0xFF, 0xFF, 0xFF,
0xFF, 0xFF, 0xFF, 0xFF, 0xFF, 0xFF, 0xFF, 0xFF, 0xFF, 0xFF, 0xFF, 0xFF, 0xFF, 0xFF, 0xFF, 0xFF,
0xFF, 0xFF, 0xFF, 0xFF, 0xFF, 0xFF, 0xFF, 0xFF, 0xFF, 0xFF, 0xFF, 0xFF, 0xFF, 0xFF, 0xFF, 0xFF,
0xFF, 0xFF, 0xFF, 0xFF, 0xFF, 0xFF, 0xFF, 0xFF, 0xFF, 0xFF, 0xFF, 0xFF, 0xFF, 0xFF, 0xFF, 0xFF,
0xFF, 0xFF, 0xFF, 0xFF, 0xFF, 0xFF, 0xFF, 0xFF, 0xFF, 0xFF, 0xFF, 0xFF, 0xFF, 0xFF, 0xFF, 0xFF,
0xFF, 0xFF, 0xFF, 0xFF, 0xFF, 0xFF, 0xFF, 0xFF, 0xFF, 0xFF, 0xFF, 0xFF, 0xFF, 0xFF, 0xFF, 0xFF,
0xFF, 0xFF,

};

char RX0(void)
{
    while(!(UCSR0A & 0x80));
    return UDR0;
}

void TX0(char data)
{
    while((UCSR0A & 0x20)==0x00);
    UDR0 = data;
}
void tx_string(unsigned char *str)
{
    while(*str != '\0')
    {
        TX0(*str);
        str++;
    }
}
```

```
void HEX2ASC_TX( unsigned char tx_data)
{
  if ((tx_data >= 0 )&&( tx_data <= 9))
          TX0( tx_data + '0');

  else if ((tx_data >= 10)&&(tx_data <= 15))
          TX0( tx_data + 'A' - 10);
}
void tx_hex_string(int hex_data)
{
         unsigned char tx_data;
         tx_data = ((hex_data >> 28) & 0x0f);
         HEX2ASC_TX(tx_data);

         tx_data = ((hex_data >> 24) & 0x0f);
         HEX2ASC_TX(tx_data);

         tx_data = ((hex_data >> 20) & 0x0f);
         HEX2ASC_TX(tx_data);

         tx_data = ((hex_data >> 16) & 0x0f);
         HEX2ASC_TX(tx_data);

         tx_data = ((hex_data >> 12) & 0x0f);
         HEX2ASC_TX(tx_data);

         tx_data = ((hex_data >> 8) & 0x0f);
         HEX2ASC_TX(tx_data);

         tx_data = ((hex_data >> 4) & 0x0f);
         HEX2ASC_TX(tx_data);

         tx_data = ((hex_data >> 0) & 0x0f);
         HEX2ASC_TX(tx_data);


}

         unsigned long makepixel(unsigned char r, unsigned char g, unsigned char b){
```

```
        unsigned long rr, gg, bb;
        rr = (unsigned long)r;
        gg = (unsigned long)g;
        bb = (unsigned long)b;
        return (long )( ((rr>>4)<<8) | ((gg>>4)<<4) | (bb>>4) );
}


void clear_screen(void)
{
        unsigned long x,y,offset;

        for( y=0;  y < yres ; y++) {

        offset = (y * xres);

        nCS_Image_BUFFER_address_low =  ( unsigned char)(offset & 0xff);
        nCS_Image_BUFFER_address_high = ( unsigned char)(((offset & 0xff00)>>8) & 0xff);
        nCS_Image_BUFFER_address_high_high =
                                    (unsigned char)(((offset&0x30000)>>16)&0x03);


      for(x = 0;   x < xres;  x++){

        nCS_Image_BUFFER_DATA_low  = 0xff;
        nCS_Image_BUFFER_DATA_hign = 0xff;

        Image_BUFFER_DATA_WR = 0x00;             // data write, 0x00 = no meaning
        nCS_Image_BUFFER_ADDRESS_INC = 0x00;   // address increment 0x00 = no meaning

      }

    }
}

void put_image( long location_x, long location_y)
{
    unsigned long x,y,offset;                    // int x,y,offset
    unsigned long bmp_w,bmp_h ;
```

```
unsigned long pos_y1, pos_y2, pixel,index;
unsigned char hex_data[ 2] ;

        tx_string("This is a test program of VGA component!!! \r\n ");

        tx_string(" \r\n location_x = ");
        tx_hex_string( (long)location_x);

        tx_string(" \r\n location_y = ");
        tx_hex_string( (long)location_y);

        hex_data[ 0] = pgm_read_byte(&image_data[ 0x12] );
        hex_data[ 1] = pgm_read_byte(&image_data[ 0x13] );

        bmp_w = (hex_data[ 0]  + (hex_data[ 1] *256));
        tx_string(" \r\n bmp_w size =  ");
        tx_hex_string( (long)bmp_w);


        hex_data[ 0] = pgm_read_byte(&image_data[ 0x16] );
        hex_data[ 1] = pgm_read_byte(&image_data[ 0x17] );

        bmp_h = (hex_data[ 0]  + (hex_data[ 1] *256));
        tx_string(" \r\n bmp_h size  ");
        tx_hex_string( (long)bmp_h);

        index= 54;

        pos_y1 = location_y;
        pos_y2 = pos_y1 + bmp_h;

        for( y=pos_y1;  y < pos_y2 ; y++) {

offset = (y * xres) + location_x;
nCS_Image_BUFFER_address_low =  ( unsigned char) (offset & 0xff);
nCS_Image_BUFFER_address_high = ( unsigned char) (((offset & 0xff00)>>8) & 0xff);
CS_Image_BUFFER_address_high_high = ( unsigned char) (((offset & 0x30000)>>16) & 0x03);

        for(x = 0;   x < bmp_w;  x++){
```

```
            hex_data[ 0] = pgm_read_byte( &image_data[ index] );
            hex_data[ 1] = pgm_read_byte( &image_data[ index+1] );
            hex_data[ 2] = pgm_read_byte( &image_data[ index+2] );

            index = index+3;

            pixel = makepixel(hex_data[ 2] ,  hex_data[ 1] ,  hex_data[ 0] );

            nCS_Image_BUFFER_DATA_low  = ( unsigned char) ( pixel & 0xff);
            nCS_Image_BUFFER_DATA_hign = ( unsigned char) (( pixel & 0xff00)>>8);
            _delay_us(300);
            Image_BUFFER_DATA_WR = 0x00;                  // data write, 0x00 = no meaning
            _delay_us(300);
            nCS_Image_BUFFER_ADDRESS_INC = 0x00;   // address increment, 0x00 = no meaning
            _delay_us(300);
        }

    }

}



int main()
{
    MCUCR = 0x80;
    XMCRA = 0x00;
    XMCRB = 0x80;

        UCSR0B = 0x18;   // uart_reg_set
        UBRR0L = 103;       // uart_reg_set
        tx_string(" \r\n Clear Screen \n");            //Diaplay Image raw data
        tx_string(" \r\n drawing \n");                 //Diaplay Image raw data
        clear_screen();
        put_image(100,20);
        put_image(100,130);
  }
```

# 3. 프로그램 소스 설명

- 하드웨어 프로그램 소스 -

entity ex9_VGA는 VGA컴포넌트와 SRAM제어를 위한 SRAM_VGA_component 사용하여 VGA모니터에 이미지를 표시한다. AVR128은 16비트 주소영역을 가지고 있기 때문에 320x240의 이미지 영역을 접근할 수 있는 주소범위를 가지지 못한다. 따라서 이미지 주소를 접근하기 위하여 24비트의 주소 영역을 갖추기 위하여 nCS_Image_BUFFER_address_low, nCS_Image_BUFFER_address_high 및 nCS_Image_BUFFER_address_high_high로 두었다. 그리고 연속적인 이미지 주소를 사용하기 위하여 nCS_Image_BUFFER_address_INC를 사용하여 이 주소를 접근할 때 마다 이미지 버퍼주소(nCS_Image_BUFFER_ADDRESS)를 자동 증가 하게 하였다. 그리고 R, G, B이미지 비트데이터를 위하여 12비트가 필요하므로 이미지 데이터를 16비트로 두었다.

즉, nCS_Image_BUFFER_DATA_low와 nCS_Image_BUFFER_DATA_high로 두었다. 그리고 SRAM에 데이터를 저장하기 위하여 Image_BUFFER_DATA_WR의 제어 신호를 사용하였다.

SRAM_VGA_component는 SRAM에 데이터를 저장하고 데이터를 읽는 제어 로직의 컴포넌트이다. SRAM의 신호 단자는 다음과 같다.

```
SRAM_Nios_cpu_nCS          --SRAM 칩 선택 단자.
SRAM_Nios_cpu_address      -- SRAM의 주소.
SRAM_Nios_cpu_data         --SRAM의 데이터 신호선.
SRAM_Nios_cpu_nOE          --SRAM의 RD제어 단자.
SRAM_Nios_cpu_nWR--SRAM의 WR제어 단자.
```

AVR128에서 SRAM에 접근할 시에는 SRAM의 모든 단자들은 AVR128의 신호선으로 연결 되고 그렇지 않을 경우에는 VGA컴포넌트를 통하여 SRAM의 단자들이 연결된다. 즉 AVR128에서 SRAM에 접근할 시 SRAM_Nios_cpu_nCS가 '0'이 되고 VGA컴포넌트가 SRAM으로부터 데이터를 읽을 시에는 SRAM_Nios_cpu_nCS이 '1'이 된다.

```
if SRAM_Nios_cpu_nCS= '0' then
        SRAM_nCS          <= SRAM_Nios_cpu_nCS;
        SRAM_address      <= SRAM_Nios_cpu_address;
```

```
            SRAM_data          <= SRAM_Nios_cpu_data;
            nSRAM_nOE          <= SRAM_Nios_cpu_nOE;
            nSRAM_nWE          <= SRAM_Nios_cpu_nWR;

        else
            SRAM_nCS           <= '0';
            SRAM_address       <= Image_Addr;
            SRAM_data          <= (others => 'Z');
            nSRAM_nOE          <= '0';
            nSRAM_nWE          <= '1';

        end if;
```

VGA컴포넌트에서 SRAM을 접근할 시 VGA컴포넌트에서 제공하고 있는 비트 이미지 주소가 SRAM의 주소에 인가된다. 그리고 그 데이터는 VGA컴포넌트로 읽어지며 이를 위해서 nSRAM_nOE는 '0'이 된다. 이때 SRAM_data를 하이 임피던스로 두는 것은 SRAM_data를 읽기 위하여 입출력 단자의 입력단자를 하이 임피던스로 두어야 하기 때문이다.

**-소프트웨어 프로그램 소스-**

VGA컴포넌트에 제공될 image_data는 배열로 구성하여 다음과 같이 선언되어 있다.

prog_uchar image_data[21488]는 플래쉬메모리의 배열을 선언할 때 사용하는 명령어이며 플래쉬메모리이 RD는 pwm_read_byte(주소)의 명령으로 접근한다.

여기서 배열의 크기는 이미지 크기에 의존적이며 배열에 데이터는 임의의 이미지의 bmp 파일이다. 이 bmp파일은 hex파일로 변환되어 저장되어야 한다. location_x와 location_y는 각각 이미지가 위치될 x축과 y축의 VGA화면에 위치이다. 이미지의 크기를 알기 위하여 pgm_read_byte(&image_data[0x12]), pgm_read_byte(&image_data[0x13])는 각각 bmp파일의 x방향의 넓이가 저장되어 있다. 그리고 pgm_read_byte(&image_data[0x16]), pgm_read_byte(&image_data[0x17])은 bmp파일의 높이가 저장되어 있다. bmp파일 이미지를 화면에 표시하기 위하여 먼저 이미지 주소(이미지 저장위치)를 설정하여야 한다. 이미지 저장위치는 nCS_Image_BUFFER_low, nCS_Image_BUFFER_high 및 nCS_Image_BUFFER_high_high에 저장한다. x축의 범위를 먼저 그리고 난 뒤에 y축은 새로운 위치를 지정하게 되어 있다.

bmp데이터는 pgm_read_byte로 세 번(R, G, B)에 걸쳐 한 픽셀을 얻게 된다. 이 픽셀을 nCS_image_data_low와 nCS_image_data_high에 나누어 저장하고 SRAM에 WR시그널을 통하여 저장된다. 이 WR시그널은 Image_BUFFER_DATA_WR로 제어된다. SRAM에 주소 증가는 nCS_Image_BUFFER_ADDRESS_INC에 의해서 동작한다.

# Ⅱ. 실험 결과

이미지 데이터에 저장되어 있는 bmp파일의 데이터가 VGA모니터상에 표시됨을 알 수 있다.

# Ⅲ. 실험 과제

다양한 bmp파일의 이미지를 VGA모니터에 디스플레이 해보고 그 이미지가 이동하는 것을 설계하여 보자.

# 실험 실습 안내서 [15주차]

## 실험 제목 : AVR(ATmega128)과 FPGA를 이용한 RC CAR설계

**실험 목적 :** 마이크로프로세서AVR(ATmega128)를 사용하여 지금까지 배운 DC MOTOR 컴포넌트와 SERVO MOTOR 컴포넌트 그리고 초음파 센서(SRF04) 컴포넌트를 인터페이스하고 C언어로 RC CAR를 제어한다.

**기초 지식 :** AVR 인터페이스, DC 모터 기본이론, SERVO모터 기본이론, 초음파 센서 기본이론

**자 료 :** 설치 및 준비 사항 : Quartus II(9.0이상) 설치, Cyclone I, DC모터, 서보모터, 초음파센서, RC자동차

**실험 절차 :** ① Quartus II(9.0이상) 설치.
② VHDL설계.
③ 다운 로드.

# Ⅰ. 실험 실습

## 1. 기본이론

### 1-1 RC_car 기본이론

마이크로프로세서 AVR(ATmega128)를 사용하여 지금까지 배운 DC MOTOR 컴포넌트와 SERVO MOTOR 컴포넌트 그리고 초음파 센서(SRF04) 컴포넌트를 인터페이스하고 C 언어로 RC CAR를 제어한다.

RC_car는 시판되고 있는 RC_car모델을 기계적인 구동부만 이용하고 내부 제어 회로는 새로이 설계하고자 한다. 내부 제어 회로는 크게 FPGA와 AVR128 그리고 무선통신을 위한 ZigBee를 이용하여 구성한다. FPGA에서 사용될 내부 컴포넌트는 세 개의 컴포넌트를 사용한다. 그중 DC모터 컴포넌트는 RC_car의 전진과 후진 그리고 PWM에 의한 속도 제어를 담당한다. 서보모터 컴포넌트는 RC_car의 방향을 제어한다. 그리고 초음파 센서 컴포넌트는 RC_car의 진행방향에 놓여있는 장애물을 인식하고 이를 회피하기 위하여 장애물과의 거리를 측정하는데 사용한다. 이 세 개의 컴포넌트를 AVR128에 의해 제어하기 위해 인터페이스를 하고 C언어로 이 세 개의 컴포넌트를 프로그램 한다.

컴포넌트 없이도 RC_car를 순수 AVR128 소프트웨어에 의해서 제어할 수 있으나 컴포넌트를 사용한 것과의 차이는 다음과 같다.

첫째 하드웨어에 의해서 제어하기 때문에 속도가 빠르다. 둘째 제어를 위한 프로그램의 부하를 줄일 수 있다. 즉 장애물인식을 위한 프로그램과 방향을 제어하는 프로그램 속도를 제어하는 프로그램들이 동시에 동작하기 위해서는 다양한 소프트웨어 적인 기교가 필요하다.

그러나 하드웨어 제어방식은 프로그램의 도움 없이 이러한 일을 각 컴포넌트들이 담당하며 소프트웨어적으로는 아주 작은 처리만으로 시스템 전체를 제어할 수 있다. 셋째 소프트웨어의 프로그램 사이즈가 작아진다. 넷째 소프트웨어 디버그가 간단해진다. 다섯째 시스템 구성이 간단해진다.

## 1-2 AVR(ATmega128)과 FPGA를 이용한 RC CAR설계 하드웨어 블록도

다음 그림은 RC_car의 시스템 구성 블록도이다. RC_car는 RC_car본체와 무선 조종기로 나눌 수 있다. 무선 조종기와 본체간의 통신은 시리얼 통신을 이용한 ZigBee모듈이 담당한다.

RC_car본체는 세 개의 컴포넌트를 가지고 있다. RC_car본체에서 전진과 후진 그리고 속도를 담당하는 컴포넌트는 컴포넌트 DC_MOTOR이다. 컴포넌트 DC_MOTOR는 L298을 통하여 전진을 위한 DC_MOTOR를 제어한다. 그리고 RC_car의 방향전환을 담당하고 있는 모터는 서보모터이며 이 서보모터를 담당하는 컴포넌트는 SERVO_MOTOR이다. 서보모터는 PWM제어를 통하여 방향을 전환한다. 그리고 장애물 인식을 위하여 거리측정 초음파센서를 사용한다. 초음파센서는 RC_car의 전진 방향에 두 개를 배치하고 진행방향의 좌우에 장애물을 검출한다. 초음파 센서를 위한 컴포넌트는 컴포넌트 SRF04이다.

이 세 개의 컴포넌트는 AVR128을 통하여 버스인터페이스 되어 있고 AVR128의 프로그램에 의해서 각각 컴포넌트를 제어한다.

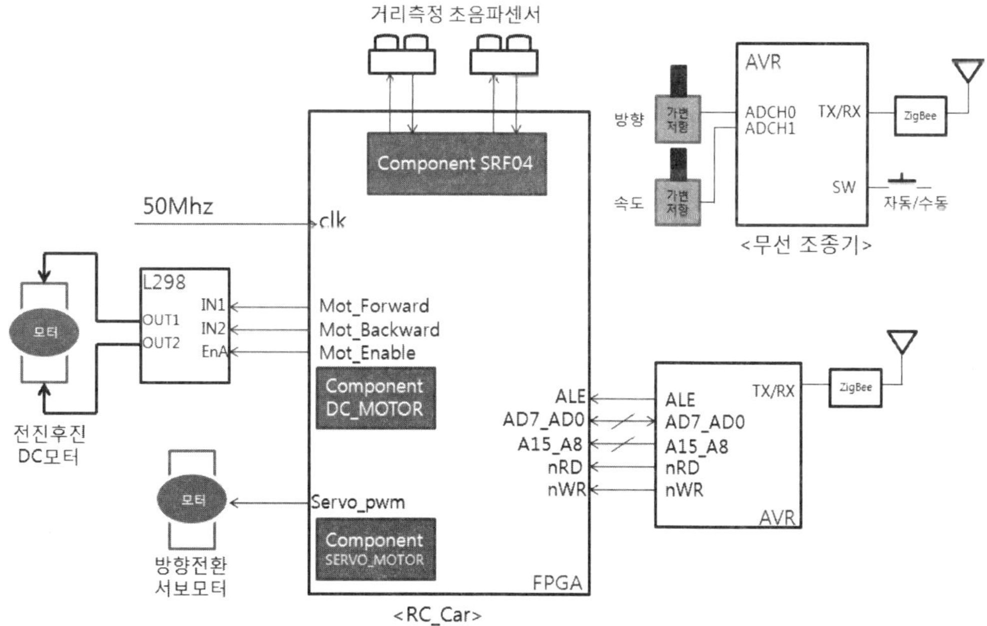


[그림 15.1] L298,AVR과 FPGA인터페이스

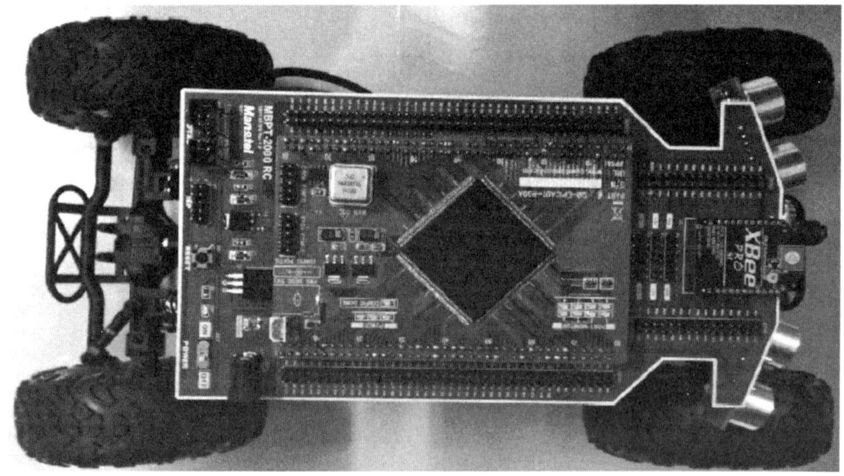

[그림 15.2] RC_car 본체기판

무선 조종기는 AVR128을 사용하였다. 본체의 RC_car를 제어하기 위하여 가변저항기를 두 개 사용하였는데 하나는 방향전환을 위한 것이고 또 하나는 속도제어를 위한 것이다. 각각은 AVR128의 ADC CH0와 ADC CH1을 사용하여 두 단계로 제어한다. 그리고 제어 모드선택을 위해서 토글스위치 입력을 받는데 제어 모드는 자율주행모드와 수동주행모드이다. 자율주행모드는 RC_car가 스스로 장애물을 회피하여 주행하는 모드이며 수동주행모드는 가변저항기를 돌려 RC_car의 방향과 속도를 직접 제어하는 모드이다.

다음 그림은 각각 RC_car의 본체의 AVR128, DC모터, 서보모터, 초음파센서, ZigBee의 외부 회로 연결 상태를 나타낸 것이다.

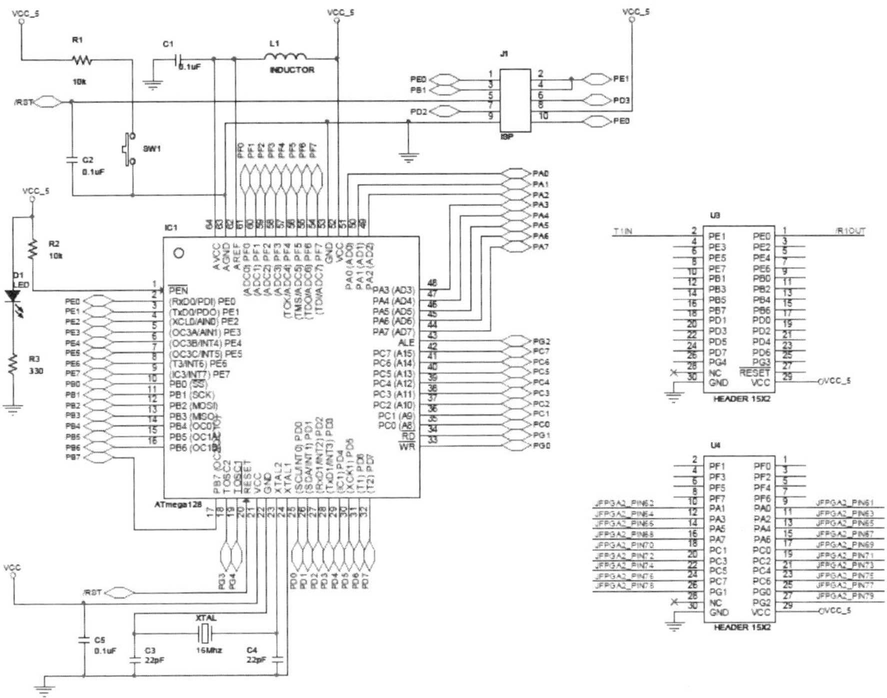

[그림 15.3] AVR과 FPGA 핀 회로도

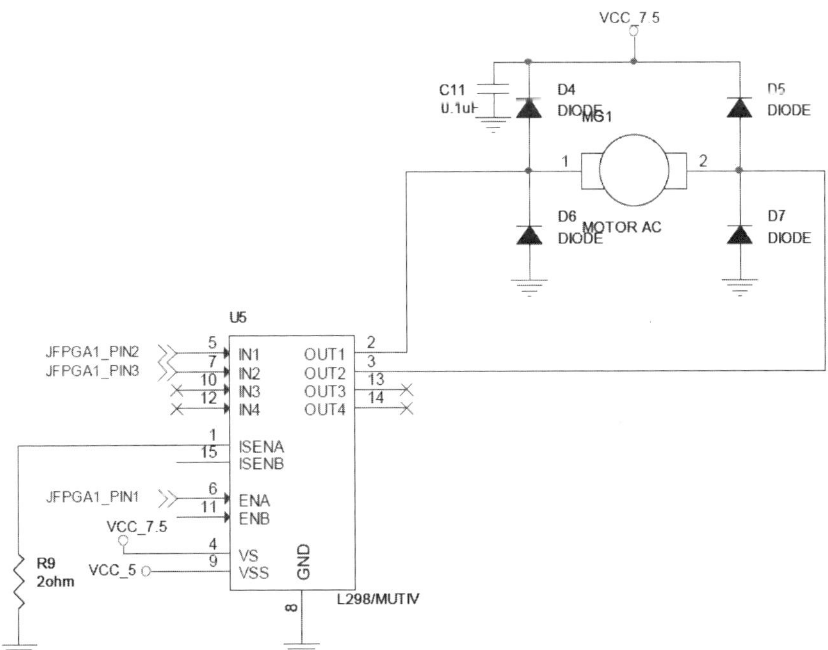


[그림 15.4] L298 DC모터 회로도

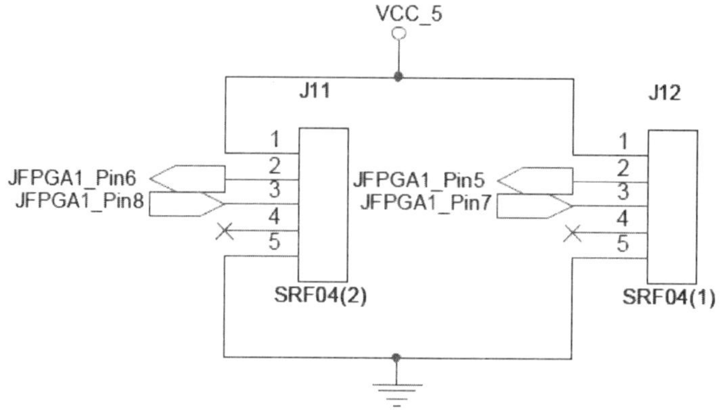


[그림 15.5] SFR04 회로도

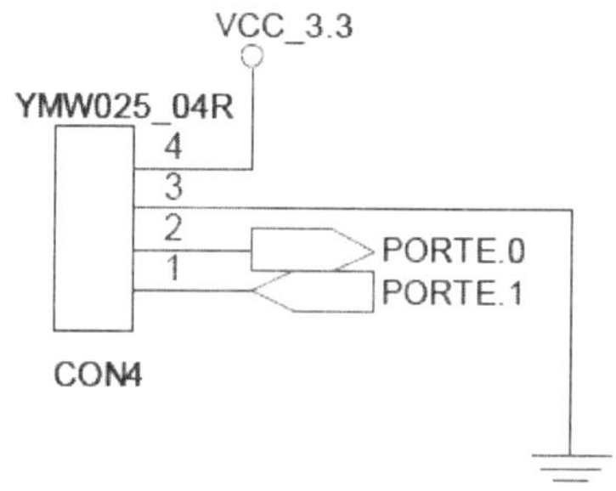


[그림 15.6] Zigbee 회로도

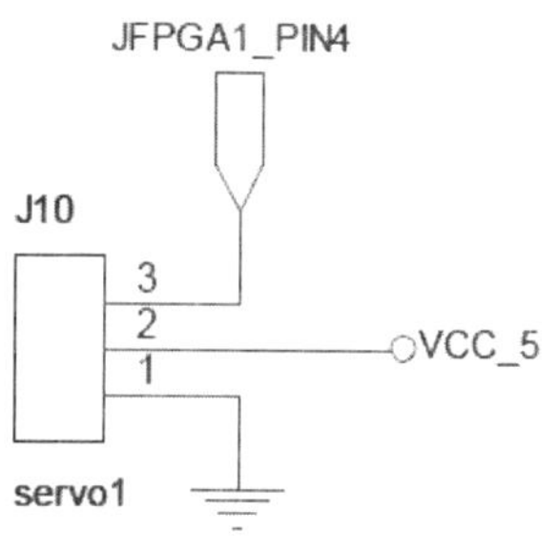


[그림 15.7] SERVO_MOTOR 회로도

[그림 15.8] RC_car 및 조종기

다음 사진은 시판되고 있는 RC_car모델에 탑재된 본체회로와 무선조종기의 외형을 보여주고 있다. 본체에 탑재된 FPGA는 Cyclone Ⅰ과 AVR128, 초음파센서 및 ZigBee를 보여주고 있다. RC_car의 하단부에는 DC모터, 서보모터 및 리튬배터리가 내장되어 있다.

[그림 15.9] 위 회로를 탑재한 RC_car

## 2. 프로그램 소스

### -하드웨어 프로그램 소스-

```
         Library ieee;
use ieee.std_logic_1164.all;
use ieee.std_logic_unsigned.all;

entity FPGA_RCcar is
         port(
                 -- AVR signal
                 ALE                : in std_logic;
                 AD7_AD0            : inout std_logic_vector(7 downto 0); -- address/data
                 A15_A8             : in std_logic_vector(7 downto 0);   -- address
                 nRD, nWR           : in std_logic;

                 -- test_led
                 led                : out std_logic_vector(7 downto 0);

                 -- DC MOTOR signal
                 Main_clk           : in std_logic;                      -- 50Mhz
                 Mot_Foward         : out std_logic;
                 Mot_Backward       : out std_logic;
                 Mot_Enable         : out std_logic;
                 Servo_Pwm          : out std_logic;

                 -- Sonic signal
                 trigger_input              : buffer std_logic;
                 echo_pulse_output          : in std_logic;
                 trigger_input_1            : buffer std_logic;
                 echo_pulse_output_1        : in std_logic
                 );
end FPGA_RCcar;

architecture sam of FPGA_RCcar is

 signal nCS_DC_pwm_control          : std_logic;
```

```
signal nCS_DC_dir_control          : std_logic;
signal nCS_Servo_control           : std_logic;
        signal A7_A0                        : std_logic_vector( 7 downto 0);
        signal Addr15_0                     : std_logic_vector(15 downto 0);
        signal INTER_AD7_AD0                : std_logic_vector( 7 downto 0);
        signal DC_pwm_data                  : std_logic_vector( 7 downto 0);
        signal DC_dir_data                  : std_logic_vector( 7 downto 0);
        signal Servo_data                   : std_logic_vector( 7 downto 0);
        signal nCS_sonic_control_low        : std_logic;
signal nCS_sonic_control_high               : std_logic;
signal save_Get_time                        : std_logic_vector( 15 downto 0);
signal nCS_sonic_control_low_1     : std_logic;
signal nCS_sonic_control_high_1    : std_logic;
signal save_Get_time_1             : std_logic_vector( 15 downto 0);

        component DC_MOTOR is
        port(
                        main_clk            : in std_logic;    --50Mhz
                        Mot_Foward          : out std_logic;
                        Mot_Backward        : out std_logic;
                        Mot_Enable          : out std_logic;
                        DC_dir_Forward      : in std_logic;
                        DC_dir_Backward     : in std_logic;
                        DC_duty             : in std_logic_vector(7 downto 0)
                );
        end component;

        component SERVO_MOTOR is
        port(
                        main_clk            : in std_logic;    --50Mhz
                        mot_pwm             : out std_logic;
                        servo_angle         : in std_logic_vector(7 downto 0)
                );
        end component;

        component srf04 is
        port(
                        CLK_50Mhz           : in std_logic;
                        trigger_input       : buffer std_logic;
```

```
                    echo_pulse_output : in std_logic;
                    save_Get_time     : out std_logic_vector( 15 downto 0)
             );
    end component;

    begin

    -- BUS interface
    process(ALE,AD7_AD0,nCS_DC_pwm_control,
    nCS_DC_dir_control,nCS_Servo_control,nCS_sonic_control_low,
    nCS_sonic_control_high,nCS_sonic_control_low_1,nCS_sonic_control_high_1)
    begin

            if ALE = '1' then                          -- address latch
                    A7_A0    <= AD7_AD0;
                    AD7_AD0 <= (others =>'Z');
            elsif nCS_DC_pwm_control = '0' then     -- write cycle address 0x8000
                    DC_pwm_data         <=  AD7_AD0;
                    AD7_AD0  <= (others =>'Z');
            elsif nCS_DC_dir_control = '0' then     -- write cycle address 0x8000
                    DC_dir_data         <=  AD7_AD0;
                    AD7_AD0  <= (others =>'Z');
            elsif nCS_Servo_control = '0' then     -- write cycle address 0x8000
                    Servo_data          <=  AD7_AD0;
                    AD7_AD0  <= (others =>'Z');
            elsif nCS_sonic_control_low = '0' then
                    AD7_AD0  <= save_Get_time( 7 downto 0);
            elsif nCS_sonic_control_high = '0' then
                    AD7_AD0  <= save_Get_time( 15 downto 8);
            elsif nCS_sonic_control_low_1 = '0' then
                    AD7_AD0  <= save_Get_time_1( 7 downto 0);
            elsif nCS_sonic_control_high_1 = '0' then

                    AD7_AD0  <= save_Get_time_1( 15 downto 8);
            else
                    AD7_AD0  <= (others =>'Z');
            end if;

    end process;
```

```
-- 16 bit address
Addr15_0 <= A15_A8 & A7_A0 ;

-- Address Decorder
process( Addr15_0, nRD, nWR )
begin

        if (Addr15_0 = x"8000" ) and ( nWR = '0') then
-- Select DC motor dir
                nCS_DC_pwm_control <= '0';
        else
                nCS_DC_pwm_control <= '1';
        end if;

        if (Addr15_0 = x"8001" ) and ( nWR = '0') then    -- Select DC motor dir
                nCS_DC_dir_control <= '0';
        else
                nCS_DC_dir_control <= '1';
        end if;

        if (Addr15_0 = x"9000" ) and ( nWR = '0') then -- Select DC motor dir
                nCS_Servo_control <= '0';
        else
                nCS_Servo_control <= '1';
        end if;

        if (Addr15_0 = x"7000" ) and ( nRD = '0') then -- read cycle address 0x8000
                nCS_sonic_control_low <= '0';
        else
                nCS_sonic_control_low <= '1';
        end if;

        if (Addr15_0 = x"7001" ) and ( nRD = '0') then -- read cycle address 0x8001
                nCS_sonic_control_high <= '0';
        else
                nCS_sonic_control_high <= '1';
        end if;
```

```
                if (Addr15_0 = x"7002" ) and ( nRD = '0') then -- read cycle address 0x8000
                        nCS_sonic_control_low_1 <= '0';
                else
                        nCS_sonic_control_low_1 <= '1';
                end if;

                if (Addr15_0 = x"7003" ) and ( nRD = '0') then -- read cycle address 0x8001
                        nCS_sonic_control_high_1 <= '0';
                else
                        nCS_sonic_control_high_1 <= '1';
                end if;

        end process;

    led <= DC_dir_data;                                  -- test_led

        DC_control_device : DC_MOTOR
        port map(
                        main_clk,
                        Mot_Foward,
                        Mot_Backward,
                        Mot_Enable,
                        DC_dir_data(0),
                        DC_dir_data(1),
                        DC_pwm_data
                );
        Servo_control_device : SERVO_MOTOR
        port map(
                        main_clk,
                        Servo_pwm,
                        Servo_data
                );
        SRF_control : srf04
        port map(
                        Main_clk,
                        trigger_input,
                        echo_pulse_output,
                        save_Get_time
                );
```

```
        SRF_control_1 : srf04
        port map(
                        Main_clk,
                        trigger_input_1,
                        echo_pulse_output_1,
                        save_Get_time_1
                );

end sam;
```

**-소프트웨어 프로그램 소스(RC_car본체)-**

```
#define F_CPU 16000000UL
#include <avr/io.h>
#include <avr/interrupt.h>
#include <avr/signal.h>
#include <util/delay.h>

#define SRF04_BASE_ADDR            0x7000
#define DC_MOTOR_BASE ADDR         0x8000
#define SERVO_BASE_ADDR            0x9000

#define SONIC_DATA_low       (*(volatile unsigned char *)(SRF04_BASE_ADDR))
#define SONIC_DATA_high      (*(volatile unsigned char *)(SRF04_BASE_ADDR+1))
#define SONIC_DATA_low_1     (*(volatile unsigned char *)(SRF04_BASE_ADDR+2))
#define SONIC_DATA_high_1    (*(volatile unsigned char *)(SRF04_BASE_ADDR+3))
#define DC_MOTOR_PWM_DATA    (*(volatile unsigned char *)(DC_MOTOR_BASE_ADDR ))
#define DC_MOTOR_DIR_DATA    (*(volatile unsigned char *)(DC_MOTOR_BASE_ADDR + 1 ))
#define SERVO_ANGLE_DATA     (*(volatile unsigned char *)(SERVO_BASE_ADDR ))

char RX0(void)
{
   if(!(UCSR0A & 0x80)) return 0;
   else return UDR0;
}

void TX0(char data)
{
   while((UCSR0A & 0x20)==0x00);
```

```
    UDR0 = data;
}

void TX0_str(unsigned char *str)
{
    while(*str != '\0')
    {
        TX0(*str);
        str++;
    }
}

unsigned int  Get_Distance()
{
        unsigned int  distance;
        unsigned int  data_low, data_high, time;
        data_low = SONIC_DATA_low;
        data_high = SONIC_DATA_high;
        time = data_low +( data_high*256);
        distance = ((time/2)*3)+10;      //346.5*1000*10*10^-6 mm단위로 표현 10us클럭을 사용
        return distance;
}

unsigned int  Get_Distance_1()
{
        unsigned int  distance;
        unsigned int  data_low, data_high, time;
        data_low = SONIC_DATA_low_1;
        data_high = SONIC_DATA_high_1;
        time = data_low +( data_high*256);
        distance = ((time/2)*3)+10;   //346.5*1000*10*10^-6 mm단위로 표현 10us클럭을 사용
        return distance;
}

void External_interface_init(void)
{
    MCUCR = 0x80;
    XMCRA = 0x00;
    XMCRB = 0x80;
```

```
}

void Uart_init(void)
{
        UCSR0B = 0x18;
        UBRR0L = 103;
}

int main(void)
{
        unsigned int distance, distance_1 = 0;
        unsigned char M_speed;
        unsigned char M_direction = 0x00;
        unsigned char S_direction = 0x0d;
        unsigned char recv_data;

        Uart_init();
        External_interface_init();

        TX0_str("start_Program \r");

        while(1)
        {
                distance   = Get_Distance();
                distance_1 = Get_Distance_1();

                recv_data = RX0();
                TX0(recv_data);

                DC_MOTOR_PWM_DATA = M_speed;
                DC_MOTOR_DIR_DATA = M_direction;
                SERVO_ANGLE_DATA = S_direction;

//-----------------------------------AUTO MODE
                if(recv_data == 'A')
                {
                        if(distance < 100)
                        {
                                M_speed = 0x8d;
```

```
                    M_direction =0x02;
                    S_direction= 0x13;
                    TX0_str("danger-zone \r");
                }

                else if(distance_1 < 100)
                {
                    M_speed = 0x8d;
                    M_direction =0x02;
                    S_direction= 0x0a;
                    TX0_str("danger-zone \r");
                }
                else
                {
                    M_direction =0x02;
                    M_speed = 0x8d;
                    S_direction= 0x0d;
                    TX0_str("safety-zone \r");
                }
            }
//----------------------------------MENUAL MODE
            else

            {
                //---------- motor speed & direction
                if(recv_data == 'E')
                {
                    M_speed = 0x8d;
                M_direction =0x02;
                }
                if(recv_data == 'M')
                {
                    M_speed = 0xff;
                    M_direction =0x02;
                }
                if(recv_data == 'B')
                {
                    M_speed = 0x8d;
                    M_direction =0x01;
```

```
                    }
                    if(recv_data == 'S')
                    {
                            M_direction =0x00;
                    }

                    //---------------------- servo angle
                    if(recv_data == 'R')
                    {
                             S_direction= 0x13;
                    }
                     if(recv_data == 'L')
                    {
                            S_direction= 0x0a;
                    }
                    if(recv_data == 'C')
                    {
                            S_direction= 0x0d;
                    }
            }
        }
}
```

-소프트웨어 프로그램 소스(RC_car_controller(무선조종기))-

```
#include<avr/io.h>
#include <avr/signal.h>
#include <avr/interrupt.h>

volatile unsigned int sum, value = 0;
volatile unsigned int temp[ 2] ;

void MCU_init(void)
{
        DDRF = 0x00;
        DDRC = 0xff;
        DDRD = 0xff;
        DDRA = 0x00;
}
```

```
void Uart_init(void)
{
        UCSR0B = 0x18;
        UBRR0L = 103;
}

void ADC_set(void)
{
      ADCSRA = 0xc7;
      while((ADCSRA & 0x10) != 0x10);
      sum = ADCL + ADCH*256;
      value = sum;
      delay_ms(1);
}

char RX0(void)
{
   if(!(UCSR0A & 0x80)) return 0;
   else return UDR0;
}

void TX0(char data)
{
   while((UCSR0A & 0x20)==0x00);
   UDR0 = data;
}

void TX0_str(unsigned char *str)
{
   while(*str != '\0')
   {
      TX0(*str);
      str++;
   }
}

int main(void)
{
```

```
unsigned char routine = 0;
unsigned char adc_sampling = 0;

MCU_init();
Uart_init();
delay_us(10);

 while(1)
 {
     if(PINA==0x01)
     {
          TX0_str("A\r");
     }
     else
     {
     for(routine = 0; routine < 2 ; routine++)
     {
    ADMUX = routine;

          for(adc_sampling=0;adc_sampling<16;adc_sampling++)
          {
               ADC_set();
          }
          temp[ routine] = value;
          //-----------------temp[ 0] = direction
          if(temp[ 0] < 300)
          {

               TX0_str("L\r");
          }
          else if(temp[ 0] > 700)
          {
               TX0_str("R\r");
          }
          else
          {
               TX0_str("C\r");
          }
          //-----------------temp[ 1] = speed
```

```
                    if((temp[1] > 530)&&(temp[1] < 620))
                    {
                            TX0_str("E\r");
                    }
                    else if(temp[1] > 620)
                    {
                            TX0_str("M\r");
                    }
                    else if(temp[1] < 450)
                    {
                            TX0_str("B\r");
                    }
                    else
                    {
                            TX0_str("S\r");
                    }
            }
        }
    }
}
```

## 3. 프로그램 소스 설명

**-하드웨어 프로그램 소스-**

entity FPGA_RCcar는 앞에서 설계된 컴포넌트 DC_MOTOR, SERVO_MOTOR, srf04를 사용하여 AVR128과 인터페이스 하였다. 이들 컴포넌트는 앞에서 이미 설명한바 있으므로 설명은 생략한다.

DC모터에서는 nCS_DC_pwm_control로 속도를 제어하며 nCS_DC_dir_control로 방향을 제어한다. 각각 주소는 0x8000과 0x8001이다. 서보모터는 nCS_Servo_control이며 0x9000번지를 가진다. 좌우 초음파센서의 거리값은 nCS_sonic_control_low와 nCS_sonic_control_high에서 장애물과의 거리를 측정하며 각각의 주소는 0x7000과 0x7001이다.

**-소프트웨어 프로그램 소스(RC_car)-**

본체의 프로그램의 시작은 DC모터를 정지시키고 방향은 정방향으로 둔다. 여기서 DC_MOTOR_PWM_DATA는 DC모터의 속도를 설정하는 포트이고 DC_MOTOR_DIR_DATA는 DC모터의 방향을 설정하는 포트이다. 그리고 SERVO_ANGLE_DATA는 서보모터의 각(방향)을 설정하는 포트이다.

M_speed와 M_direction은 각각 DC모터의 속도와 방향을 저장하는 변수이다. M-direction변수의 초기값으로 0x00을 줌으로 DC모터를 정지시킨다. S_direction은 서보모터의 각을 설정하는 변수이며 초기값으로 0x0d를 줌으로써 서보모터의 각을 90도 방향으로 설정한다. 따라서 RC_car는 정면을 바라보는 정지 상태이다.

무선 조종기로부터 명령어가 들어오면 recv_data에 명령어가 저장된다. recv_data가 'A'라면 자동주행 모드이고 그렇지 않으면 수동주행모드가 된다.

먼저 자동주행 모드를 설명하면 다음과 같다. 초음파 센서의 장애물과의 거리는 좌우가 distance와 distacne1에 저장된다. 만약 좌측 센서 값이 100(100mm)보다 작으면 장애물이 있다고 판단하고 반대쪽 방향으로 진행하게 된다.

즉 M_speed는 0x8d(중간속도), M_direction은 0x02(정회전), S_direction은 0x13(오른쪽)이다.

우측 센서의 값이 100(100mm)보다 작으면 장애물이 있다고 판단하고 반대쪽 방향으로 진행하게 된다. 즉 M_speed는 0x8d(중간속도), M_direction은 0x02(정회전), S_direction은 0x0a(왼쪽)이다. 장애물이 없을 경우에는 직진으로 움직인다. M_speed는 0x8d(중간속도), M_direction은 0x02(정회전), S_direction은 0x0d(센터방향).

수동주행모드는 다음과 같다. 각 명령어의 결과값은 FPGA내의 각 컴포넌트에 저장이 되며 다음 명령이 올 때까지 동일한 값을 유지하게 된다.

| 명령어 | M_speed | M_direction | S_direction |
|---|---|---|---|
| E | 0x8d(중간속도) | 0x02(정회전) | |
| M | 0xff(최고속도) | 0x02(정회전) | |
| B | 0x8d(중간속도) | 0x01(역회전) | |
| S | | 0x00(정지) | |
| R | | | 0x13(오른쪽 방향) |
| L | | | 0x0a(왼쪽 방향) |
| C | | | 0x0d(센터방향) |

[그림 15.9] 명령어에 따른 DC모터와 서보모터의 속도 및 방향

**-소프트웨어 프로그램 소스(RC_car_controller(무선조종기))-**

무선조종기의 프로그램은 먼저 포트A의 최하위 비트를 체크하여 자동과 수동모드를 판별하게 한다. 스위치가 눌려졌을 경우 자율주행모드가 되어 TX포트를 통하여 'A'를 송신하게 된다. 'A'를 송신할 경우 더 이상 무선조종기는 명령어 발생을 하지 않는다. 그러나 포트A의 최하위 값이 '0'일 경우 수동주행모드가 되며 A/D컨버터 2개의 채널로부터 데이터를 받아 서보모터제어와 DC모터 제어를 수행하게 된다.

A/D컨버터의 두 개의 채널은 각각 가변저항기로 연결되어 있어 변이에 따른 전압값의 출력이 인가된다. 각 채널은 서보모터와 DC모터를 제어하게 한다.

CH0는 temp[0]에 저장되며 300이하와 700이상 그 외의 값으로 서보모터 명령어를 구별한다. 각각 RC_car의 'L', 'R' 및 'C'의 명령어를 전송한다. 이것은 각각 서보모터의 상태가 왼쪽, 오른쪽 및 센터 방향을 지정하게 한다.

CH1은 temp[1]에 저장되며 DC모터를 제어하는데 사용된다. temp[1]이 530보다 크고 620보다 작을 때 그리고 620보다 클 때, 450보다 작을 때 끝으로 그 외의 경우에 따라서 각각 'E', 'M', 'B' 및 'S'명령어를 RC_car에 전송한다. 이것은 각각 DC모터가 중간속도, 최고속도, 역방향 및 정지를 뜻한다.

# Ⅱ. 실험 결과

무선조종기의 명령에 따라 RC_car가 좌, 우로 움직이는지 알아보고 또 정방향, 역방향 및 속도가 변하는지 알아본다.

# Ⅲ. 실험 과제

RC_car의 자율주행모드에 알고리즘을 변화시켜 보다 복잡한 장애물 회피 전략을 창의적으로 구현하도록 한다.

# INDEX

## (영문)



## (국문)

**박 세 현**

공학박사

국립 안동대학교 공과대학 전자공학과 교수

국립 안동대학교 공과대학 초대학장

〈저서〉 하드웨어 엔지니어를 위한 VHDL (도서출판 그린)

디지털 시스템 설계를 위한 VHDL 기본과 활용 (도서출판 그린)

VHDL에 의한 디지털 설계와 구현 (도서출판 그린)

프로젝트 중심의 VHDL 디지털시스템설계 (도서출판 그린)

도서출판 그린

로봇 제어를 위한 AVR128 인터페이스용

**VHDL 컴포넌트 설계**

– MBPT-2000을 이용한 컴포넌트 기반의 VHDL 실습 –

| | |
|---|---|
| 인쇄일 | 2011년 12월 26일 |
| 발행일 | 2011년 12월 30일 |
| 저 자 | 박 세 현 |
| 발행처 | 도서출판 **그린** |
| 발행인 | 윤 덕 우 |
| 출판등록 | 제8-161호(1995. 5. 3.) |
| 주 소 | 서울시 서대문구 연희동 219-20 (우)120-828 |
| 전 화 | 02)333-2574, 2575 |
| F a x | 02)333-2561 |
| E-mail | greenpress@greenpress.co.kr |
| Homepage | http://www.greenpress.co.kr |

저자와의 협의하에 인지를 생략합니다

**정가 : 16,000원**

ISBN : 978-89-5727-163-6